Performance Evaluation of Supporting Policy for Science and Technology
—— Taking Chongqing Municipality as an Example

科技支持政策绩效评估
——以重庆市为例

王崇举　陈新力　徐刚◎等著

经济管理出版社
ECONOMY & MANAGEMENT PUBLISHING HOUSE

图书在版编目（CIP）数据

科技支持政策绩效评估——以重庆为例/王崇举等著 . —北京：经济管理出版社，2015.5
ISBN 978 - 7 - 5096 - 3736 - 4

Ⅰ.①科…　Ⅱ.①王…　Ⅲ.①技术革新—科技政策—评估—重庆市　Ⅳ.①G322.771.9

中国版本图书馆 CIP 数据核字（2015）第 088764 号

组稿编辑：宋　娜　陈美思
责任编辑：宋　娜
责任印制：黄章平
责任校对：赵天宇

出版发行：经济管理出版社
　　　　　（北京市海淀区北蜂窝 8 号中雅大厦 A 座 11 层　100038）
网　　址：www. E - mp. com. cn
电　　话：（010）51915602
印　　刷：北京晨旭印刷厂
经　　销：新华书店
开　　本：720mm×1000mm/16
印　　张：16.5
字　　数：315 千字
版　　次：2015 年 7 月第 1 版　　2015 年 7 月第 1 次印刷
书　　号：ISBN 978 - 7 - 5096 - 3736 - 4
定　　价：78.00 元

确保科技政策准确作为，助推经济社会创新发展

党的十八大报告强调要实施创新驱动发展战略，强调通过理念创新、管理创新、技术创新、产品创新来满足全社会不断变化和增长的物质和文化消费需求，不断提高社会劳动生产率、民族素质、综合国力和国家核心竞争力。其中，又必须将科技创新摆在国家发展全局的核心位置，使其成为促进经济增长转型的重要途径和主要动力。科技创新主要以人与企业的主观活动为驱动力，因此必须通过行之有效的科技政策来营造人与企业的创新环境、激励人与企业的创新激情和培育人与企业的创新能力。正是基于这样的目的，重庆市自1997年直辖以来，先后制定和出台了一系列鼓励和支持科技创新活动的政策措施。

现在，十多年过去了，这些政策的实施是否真实顺畅？政策的内涵是否科学合理？政策的关联是否系统协调？政策的效率、效益是否达到了预期？哪些政策还需要创新、细化和深化？这些都需要进行系统调查和综合评估。我和我的项目组同仁承担了对重庆市直辖以来所实施的科技政策实施绩效评估的任务。要完成这个任务，重要的基础工作有两个，一个是用什么样的方法来评估较为全面、准确和科学；另一个是对众多的科技政策如何进行分类，才能提高绩效评估的针对性和有效性。

经过认真的讨论，我们首先确定了政策的分类。科技政策制定和实施的关键，是实现对企业、科技人员和团队的创新精神的激励及对他们创新组织和创新活力的激发，而这种激励和激发无外乎在人才的吸引、税收的优惠、金融的扶持、投入的倾斜和知识产权的保护5个方面，于是我们将科技政策分为这5个方面进行调研分析。至于评估分析的方法，我们借鉴了近年来国内外同类评估分析常用的一些工具，并充分结合了重庆市创新企业和行政管理的实际。如在基础资料和被调查者主观意愿的获取方面，我们采取了两次问卷调查，采用问题逐次收缩和深入的方法，并辅之以深度访谈，仅此项工作就历时一年多。我们还借用了较权威的统计数据、文献收集，进行了典型案例分析和兄弟省市的分析借鉴。

在 2008 年全球金融危机爆发之后，世界经济的长周期变化和国际政治的风云变幻不断出现新情况、新问题，致使我国进出口贸易、吸引外商投资的环境趋紧。另外，自 21 世纪开始，我国模仿型排浪式消费阶段逐渐结束，个性化、多样化、拉开档次的消费渐成主流；传统的高强度大规模投资将让位于较为精准化的对功能设施及对新技术、新产品、新业态、新产业模式的投资；传统产业产能过剩、房地产产业趋势性转弱，新兴产业、服务业加快发展，智能化、专业化将成为产业组织的新特征；劳动力的数量及成本优势和引进技术引领创新的驱动力都在持续减弱，经济增长将更多依赖人力资本质量和自主创新能力；环境承载能力接近极限，资源约束全面趋紧，人民群众生态需求日益迫切，需在绿色低碳发展中寻找新的增长点；以全面刺激投资来拉动消费的边际效果不断递减，新消费、新需求将由市场来培育，政府如何创造环境、政策调控和适度干预将会不断有新的探索和尝试；一些企业仅仅想将现有产能搬出境外转移生产的打算会遭到冷遇，只有创新的技术、创新的产品才能实现"走出去"的目标。这些趋势性的变化和走向，既是中央政府的冷静分析，也是各行各业有识之士的共同判识，中国经济发展必须转型。正确认识到这些，也才会形成创新驱动转型的动力。

创新驱动需要着力点，需要沉气静心、扎扎实实地努力工作，需要人才、资金、需求等各种各样的基础环境及条件，需要从领导到基层、从社会到个人的境界偏好、思维习惯、文化习俗，需要有良好引导和激励功能的体制机制，需要有各级政府的帮扶作为和科学管理，这一切构成了鼓励和培育创新的国家科技政策和系统设计相关政策的基础。通过调查、分析和研究，我们发现，我们这些年，尤其是新兴的重庆直辖市，在鼓励和支持科技创新的政策的制定和出台、推行方面做了大量的工作，无论是政策的数量、政策的包容面、政策的精准性和政策的含金量都在不断地产生令人欣喜和鼓舞的进步，成绩和作用也是显而易见和不容置疑的。重庆市近些年一直持续地保持着社会经济发展、产业结构提升优化、工业新产品率和规模以上工业企业利润率在全国领先的第一梯队的地位，这些科技政策支持和激励下的创新活动功不可没。但是，同样地我们也发现，我们创新人才的队伍和创新团队的数量仍然偏少、有持续创新活动和创新业绩的领军人物和顶尖团队更是比较稀缺；我们在面向市场、有创新需求和熟悉成果转化的一线生产企业与创新人才数量和能从事创新活动基础平台数量较多、设备设施条件较好的高等院校及科研院所之间，用于实现它们的优势资源互补和协同创新的工作开展得较为落后；财政、税收、金融对创新活动的扶持存在申报程序繁复、支持面偏窄、知晓度不高的现象；政府部门、大众媒体和社会公众对创新活动、创新活动的艰辛、创新的成果及其对经济社会进步所起的作用未表现出如人们所期待的赞许、宣扬和褒奖，激励创新的社会氛围不浓。发现这些问题，对于我们评估过去已经出台的，今后还将补充和完善的科技政策的适应性、精准性和系统性，将是非常必要的。

创新是科技活动，也是文化活动，它的文化活动属性通过三个层次显现出来。首先是个人从事创新的理念、知识、技能、习惯，它要通过人在成长过程中从小到大的教育环境、教育过程和教育效果来保证和实现。其次是企业和创新团队在创新实践过程中的灵感、钻研、攻关和协同，它需要使命意识、荣誉意识、协同意识的鼓舞和能随时把握和利用的各种功能、各个环节的政策的激励。最后是社会表现出的对创新活动的欣赏、宽容，对创新成果的勇于尝试，对创新氛围的营造、宣扬。我和我的研究同伴们非常期盼，我们为重庆市科技政策绩效所做的评估工作以及我们的这部拙作，能引起读者对创新活动、对从事这些活动的科技工作者、对将创新成果转化成市场产品的企业家们的一些关注，对创新文化的建设作一点自己的贡献。

王崇举

2015 年 3 月

目　录

第一章　前　言 ··· 1

　第一节　研究背景 ··· 1

　第二节　科技政策评估的工作内容 ······················· 2

　第三节　科技创新政策评估方法 ························· 3

第二章　重庆市科技投入政策绩效评估 ··············· 5

　第一节　重庆市科技投入基本情况 ······················· 5

　　一、科技投入总体情况 ································· 5

　　二、科技政策概况 ····································· 7

　第二节　重庆市科技投入政策实施绩效评估 ············· 8

　　一、构建评估指标体系的原则 ························· 8

　　二、评估指标体系 ····································· 9

　　三、科技投入比较分析——与全国及上海市、天津市、四川省、陕西省比

　　　　较分析 ··· 10

　　四、创新能力的评价分析 ····························· 14

　　五、科技成果比较分析 ······························· 18

　　六、科技投入对促进经济社会发展的作用 ··········· 25

　第三节　重点科技政策及实施流程调查分析 ··········· 30

　　一、科技成果转化股权和分红激励政策实施调查分析 ··· 30

　　二、财政奖励 ··· 32

　　三、科技创新考核 ····································· 35

　　四、科技政策实施流程调查分析 ····················· 35

　第四节　重庆市科技投入政策执行中存在的问题分析 ··· 36

一、政策知晓度不是很高，科技投入总量不足 …………… 36

二、R&D 投入在不同产业间与企业间分配不均衡 ……… 37

三、政策申报程序及条件烦琐，企业积极性较低 ………… 38

第五节 对策和建议 ……………………………………… 38

一、发展和完善多元化的科技投入体系 …………………… 38

二、不断优化科技投入政策实施环境 ……………………… 39

三、简化申报流程，降低企业申报成本 …………………… 39

四、完善政策、细则的具体建议 …………………………… 39

第三章 重庆市科技税收政策绩效评估 ……………… 40

第一节 研究背景 ………………………………………… 40

第二节 工作开展情况 …………………………………… 41

一、信息调查组织方式 ……………………………………… 41

二、信息汇总统计组织方式 ………………………………… 42

第三节 重庆市科技创新税收优惠政策实施绩效调查与分析 … 42

一、科技创新税收优惠政策实施状况调查与评估 ………… 42

二、科技创新税收优惠政策绩效分析 ……………………… 49

第四节 重庆市科技创新税收优惠政策实施过程中的经验及存在的问题 … 72

一、重庆市科技创新税收优惠政策实施过程中的成功经验 … 72

二、重庆市科技创新税收优惠政策实施过程中存在的问题 … 74

第五节 完善科技创新税收优惠政策的建议 …………… 77

一、继续完善科技创新税收优惠政策 ……………………… 77

二、协调科技税收优惠政策区域间均衡实施 ……………… 78

三、注重科技创新税收优惠政策执行的条件和程序设计 … 78

四、逐步放宽优惠范围和幅度 ……………………………… 78

五、进一步强化政策宣传 …………………………………… 78

六、建立工作协调机制 ……………………………………… 79

七、适时优化调整税收优惠政策 …………………………… 79

八、注重税收优惠政策与其他激励创新政策的协调配套 … 80

第四章 重庆市科技金融政策绩效评估 ……………… 81

第一节 研究背景 ………………………………………… 81

第二节 本章统计方法概述 ……………………………… 81

第三节 重庆市科技金融政策概述 ……………………… 84

一、科技金融政策环境不断优化 ……………………………… 85

二、科技金融政策实施力度不断加强 …………………………… 85

三、重庆市科技金融支持政策类型 ……………………………… 87

四、科技金融政策体系初步建立 ………………………………… 88

第四节 重庆市科技金融政策效果实证测评 ……………………… 91

一、统计调查问卷分析 …………………………………………… 91

二、科技金融政策实施效果的量化得分评价 ………………… 113

三、政策满意度评价 …………………………………………… 117

四、政策重要性排序 …………………………………………… 119

五、已出台科技政策对促进企业科技创新的效果评价 ……… 119

六、科技金融政策实施效果的总体评价 ……………………… 120

七、金融机构访谈结果评价 …………………………………… 121

第五节 重庆市科技金融政策存在的主要问题 ………………… 122

一、科技金融政策信息服务不对称，缺乏共享平台 ………… 122

二、科技金融规模结构难以满足需求，科技企业融资困难 … 123

三、科技金融体系制度设计分散，整体性创新不够 ………… 123

四、科技金融人才引培力度不够，科技金融人才匮乏 ……… 124

第六节 优化重庆市科技金融政策的对策措施 ………………… 124

一、政府层面 …………………………………………………… 124

二、金融机构 …………………………………………………… 129

三、资本市场 …………………………………………………… 130

四、中介机构 …………………………………………………… 131

五、科技企业 …………………………………………………… 133

第五章 重庆市科技人才政策绩效评估 ……………………… 134

第一节 研究背景 ………………………………………………… 134

第二节 工作开展情况 …………………………………………… 135

第三节 重庆市科技人才政策实施绩效调查与分析 …………… 136

一、科技人才政策实施状况调查与评估 ……………………… 137

二、科技人才政策的绩效分析 ………………………………… 141

第四节 重庆市科技人才政策实施过程中的经验及存在的问题 … 166

一、科技人才政策实施过程中的成功经验 …………………… 166

二、重庆市科技人才政策实施过程中存在的问题 …………… 168

第五节 完善科技人才政策的建议 ……………………………… 171

第六章　重庆市知识产权政策绩效评估 ·············· 175

　　第一节　研究背景 ························· 175

　　第二节　研究工作概述 ····················· 176

　　第三节　问卷调查结果及分析 ················· 177

　　第四节　主要结论 ························· 245

　　第五节　主要经验 ························· 246

　　第六节　存在的主要问题及改善建议 ············· 247

第七章　研究展望 ························· 249

参考文献 ····························· 251

后　记 ····························· 254

第一章 前 言

第一节 研究背景

党的十八大报告强调要实施创新驱动发展战略，强调科技创新是提高社会生产力和综合国力的战略支撑，必须摆在国家发展全局的核心位置。科技创新是促进经济增长的重要途径，通过采取行之有效的科技政策可以促进科技创新的发展。科技配套政策因其实用性和针对性，对于促进科技创新、推动科技企业产业结构调整具有重要作用。改革开放以来，我国陆续出台了有关科技创新的各项激励政策。其中，最具有代表性的是 2006 年 2 月由国务院发布的《实施〈国家中长期科学和技术发展规划纲要（2006～2020 年）〉的若干配套政策》，提出了支持科技创新的 60 条政策措施，分别涉及科技投入、税收激励、金融支持、知识产权等 10 个方面的配套政策。从 2006 年 4 月开始，科技部、发展和改革委员会、财政部等 16 个部门陆续发布了 76 个实施细则。《中华人民共和国科学技术进步法》（以下简称《科学技术进步法》）也已于 2007 年 12 月 29 日经十届全国人大常委会第三十一次会议修订通过，修订后的《科学技术进步法》已于 2008 年 7 月 1 日起施行。

自 1997 年直辖以来，重庆市把科技兴市摆在了经济社会发展的重要战略地位。市委市政府十分重视科技政策的制定和落实工作，先后制定和出台了一系列鼓励和支持科技创新活动的政策措施，为推进自主创新营造了良好的环境。近年来，重庆市先后在税收激励、金融支持、知识产权保护、人才队伍建设、科技创新平台建设等方面出台了系列优惠政策，建立了以政府投入为引导、企业投入为主体、社会资本广泛参与的多层次、多元化科技投入体系。若干政策属于全国首创，如出台的高新技术企业和国家级创新型企业所得税地方留成部分 50% 的财政奖励、新产品增值税地方留成部分 60% 的财政奖励、高新技术企业生产性用房和科研机构科研用房城市建设配套费减免、职务成果转化 20% ~70% 的股权和分红激励、科研项目人力资源费 30% ~60% 的补助等，已成为推动科技创新、成果转化和招商引资引智的重要政策。

为促进科技创新，在政策实施过程中，为了落实创新驱动成效，不断完善科技政策，有效激发企业的创新能力，需要调查分析重庆市科技政策执行情况，分析研究政策实施过程中存在的问题与原因，进而完善和修订相关科技政策。

根据《重庆市国民经济和社会发展第十二个五年规划科学和技术发展重点专项规划》的总体部署，在深入调研和充分论证的基础上，设立了重庆市科技配套政策执行情况与实施绩效评估研究 5 个重点项目，分别从投入政策、税收政策、金融政策、人才政策和知识产权政策等方面对重庆市科技创新政策的执行状况与绩效进行评估研究。本书汇集了该项目研究的核心成果。

第二节　科技政策评估的工作内容

科技政策评估既是科技政策运行的重要一环，也是实施科技管理的有效手段。科学完善的科技政策评估，能促进和加快科技政策制定体系的完善。

评估需要按照特定的标准来进行，标准的选择与评估效应有着极大的相关性。因为就同一项政策来说，选择不同的评估标准，会导致不同的评估结论。从理论上讲，政策评估标准主要分为事实标准和价值标准两种。事实标准是指公共政策在事实上产生了哪些实际效果和影响，而价值标准是指在道德、伦理、观念、文化等社会和政治价值观基础上，公共政策对价值的影响。从评估标准的综合角度来看，政策评估既需要尊重客观事实判断，又需要重视价值判断。基于公正原则为首位的思想，价值判断应在评估标准中占据主导作用。

科技创新政策的评估涉及多个主体，包括政府、企业、银行和科研机构等，因此对科技创新政策的全面评估也是具有多视角的，可以从政府、银行、企业等视角来进行评估。因为政府是科技创新政策的制定者，银行为科技创新政策执行的中介机构，企业则是科技创新政策的重要实施对象。

在全面把握和细分科技配套政策的过程中，为了能对每一类科技配套政策进行科学有效地评估，结合国家和重庆市出台的若干科技政策，分为科技投入政策、税收优惠政策、科技金融政策、科技人才政策和知识产权政策 5 大部分。每一个部分都从如下几个方面展开具体深入的执行状况考察和绩效评估分析。

1. 科技政策执行状况调查

通过问卷调查和数据统计，分析研究重庆市科技配套各项政策的制定和落实情况，以及科技政策对重庆市科技创新的引导和推动作用。这主要调查和评估重庆市科技政策执行过程中的普及度、申请率、受理率、政策兑现程度、执行难度、政策绩效（创新能力、创新效果、创新产值、社会效益）等。

2. 科技政策执行的影响因素分析

仔细挖掘影响重庆市科技配套政策落实与绩效发挥的各级因素，分别从宏观和微观层面进行考虑。宏观方面的政策宣传方式、政策满意度、政策执行效率、政策流程与周期、相关机构服务水平与态度、政策执行环境制度、经济发展水平、资金核算体系、信息流通等，微观方面的企业效力、创新投入、企业执行部门等。

3. 科技政策执行问题与原因分析

根据政策执行的影响因素，进而研究执行过程中存在的问题及其形成的原因。从政策宣传是否到位，服务对象是否了解政策，政策条件与实际是否相符，政策制定是否规范，条例是否明确，执行部门的服务意识与态度是否得当，政策执行流程是否透明、合理，政策间的协调性是否合理、企业创新绩效是否显著等方面进行研究。

4. 科技配套政策实施绩效评估

根据社会统计方法，建立一整套的绩效评估指标体系，从政策落实程度、实施效果、存在的问题和成因等方面进行评估，最后给出 5 大类科技政策的评估结果。

5. 对策建议

基于前述研究内容，针对性地给出提高重庆市科技创新政策执行效力和实施效果的政策建议。同时，提炼被调研企业对重庆市科技政策未来发展的建议，形成有目的的实效性强的政策建议报告。

第三节　科技创新政策评估方法

在科技创新政策研究过程中，遵循科学性、客观性、相关性和系统性原则，对不同的评估主体进行价值标准和事实标准的评估，采取不同的研究方法，以达到准确、有效、全面评估的目的。

由于科技创新政策包括的内容广泛，不同政策的评估方法并不完全相同。因此，在研究中，对不同的政策在不同的研究阶段，采用了不同的研究方法。这些方法主要包括：

1. 专家咨询法

选择从事多年工作的研究人员、管理人员作为咨询专家，利用其知识、经验和分析判断能力对科技创新政策管理相关问题进行鉴察。得到专家对科技创新政策实施绩效提出的相关意见或建议后，由项目组成员运用统计分析和决策分析方法对专家意见进行分析处理，形成项目组并提供相关决策建议。

2. 数据采集与调查法

采用重点调查、深度访谈、座谈会等调研方法，对重庆市部分企业和研究机构开展调研，获取准确翔实的一手信息资料。

3. 文献资料梳理法

通过对文献、政策报告等二手信息资料的收集整理，获得能够帮助项目组进行有效决策建议的参考依据；为了横向有效对比国内不同地区科技创新政策及实施效果，通过对部分地区年检资料整体分析，得到相关数据资料。

4. 信息汇总统计方法

对各类调查表格进行分类编号；组织专门人员负责调查表格的回收、审定，制定验收、审定的标准；组织专门人员负责信息录入，信息录入采用 SPSS、STATA 等专业统计软件进行汇总和统计。

第二章 重庆市科技投入政策绩效评估

第一节 重庆市科技投入基本情况

重庆市坚持把科技进步和创新作为加快转变经济发展方式、加快提升工业经济实力的重要支撑，研发总体实力、创新环境、科技体制改革等方面取得了长足发展，研发投入经费、研发人员素质、研发质量都有显著的提升，培养了一批高素质科研队伍，科技与经济的融合度明显提高，有力推动了长江上游科技创新中心建设。

一、科技投入总体情况

政府对科技支持力度逐步加大，R&D 投入规模和强度显著提升。"十一五"以来，重庆市科技工作以"打基础，增能力"为重心，政府预算科学技术支出和 R&D 投入规模实现了快速增长。市级财政科学技术预算支出从 2005 年的 6.3 亿元增长到 2012 年的 9 亿元。R&D 经费投入从 2005 年的 32.0 亿元增长到 2012 年的 162.0 亿元（见图 2-1）。重庆市 R&D 投入规模在 2005 年全国排名第 19 位，在 2012 年全国排名第 17 位。

制造业及企业是科技投入的重心。从国民经济行业分布来看，制造业 R&D 经费投入占 70.3%，教育占 14.3%，信息传输、计算机服务和软件业占 0.4%，科学研究、技术服务和地质勘察业占 12.8%，卫生、社会保障和社会福利业占 1.1%，其他行业占 1.1%。制造业 R&D 经费内部支出 2006 年为 26.2 亿元，2011 年达到 94.4 亿元（见图 2-2），制造业年均 R&D 经费投入占全部经费支出的比重保持在 70% 左右。在制造业内部，R&D 经费内部支出主要投向了化工医药制造业、材料工业、装备制造业和电子信息产业。这 4 大支柱产业集中了 95%

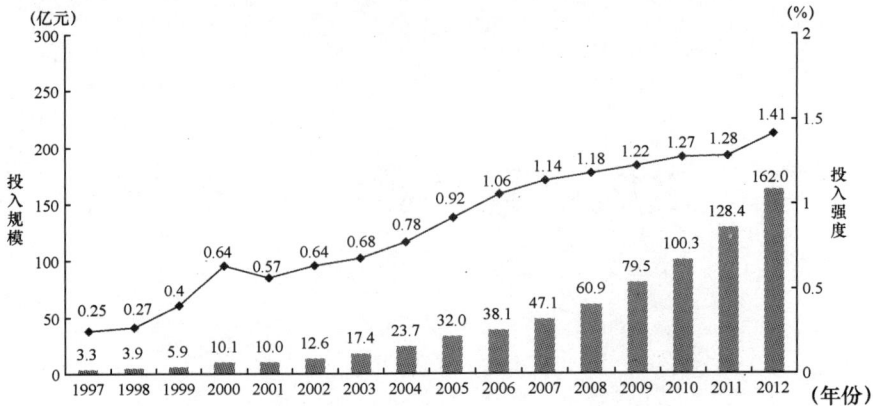

图 2-1 1997~2012 年重庆市 R&D 投入规模及投入强度

的 R&D 经费（见表 2-1），切实增强了科技对支柱产业发展的创新引领和基础支撑作用。全市规模以上工业企业中有 350 多家建立了研发中心等科技活动组织。开展科技活动，成为企业科技创新的重要载体。

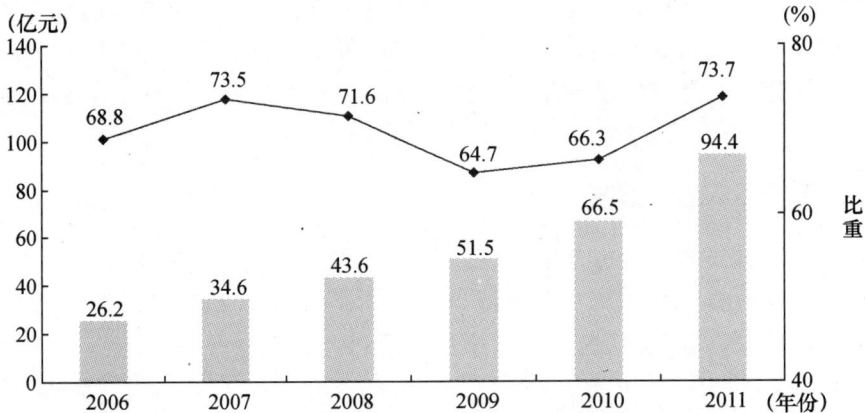

图 2-2 2006~2011 年重庆市制造业 R&D 经费内部支出占全部支出比重

表 2-1 2006~2010 年重庆市主要工业 R&D 经费内部支出比重

年度 产业	2006	2007	2008	2009	2010
化工医药制造业（%）	7.0	8.8	13.2	13.4	12.9
材料工业（%）	13.2	9.7	6.7	7.1	9.2
装备制造业（%）	70.5	71.5	72.7	71.3	69.3
电子信息产业（%）	5.6	6.0	4.0	3.8	5.2

资料来源：重庆市统计年鉴。

二、科技政策概况

"十一五"以来，重庆市积极落实国家科技政策，结合重庆市发展实际，先后在税收减免、财政激励、科技配套等方面出台了系列优惠政策，科技政策体系不断完善。主动落实企业研发费用加计扣除政策、高新技术企业所得税优惠、大学科技园建设政策等，还在全国首创了高新技术企业和国家级创新型企业所得税地方留成部分50%的财政奖励、新产品增值税地方留成部分60%的财政奖励、高新技术企业生产性用房和科研机构科研用房城市建设配套费减免、职务成果转化20%~70%的股权和分红激励等若干政策。这些已成为推动重庆市科技创新、成果转化和招商引资引智的重要政策。重庆市支持科技创新发展的主要政策如表2-2所示。

表2-2　重庆市支持科技创新发展的主要政策概况

措　施	政策主要内容	市级政策文件
税收减免	研发费用150%加计扣除	《关于办理企业研究开发费用税前扣除所涉研究开发项目鉴定程序的通知》（渝科委发〔2009〕74号） 《关于企业研究开发费用税前扣除鉴定有关工作的通知》（渝科委发〔2012〕156号）
	高新技术企业15%所得税优惠	《重庆市国家高新技术企业认定管理办法》（渝科委发〔2009〕31号） 《重庆市科技创新促进条例》 《关于对高新技术企业和国家级创新型企业实施财政奖励有关事项的通知》（渝财企〔2011〕169号）
	国家大学科技园、科技企业孵化器税收优惠	《关于延续重庆市大学科技园建设有关优惠政策的意见》（渝府发〔2008〕137号）
财政激励	新产品奖励、创新型企业奖励、增值税奖励、财政采购奖励	《重庆市科技创新促进条例》 《重庆市对企业新产品开发实行优惠扶持政策的实施办法》（渝办发〔2011〕74号）
	高新技术企业的生产性建设用房的城市建设配套费实行免缴	《重庆市科技创新促进条例》 《重庆市城市建设配套费征收管理办法》
	专利资助	《重庆市专利资助办法（试行）》（渝财教〔2008〕54号）
	大学科技园建设	《关于延续重庆市大学科技园建设有关优惠政策的意见》（渝府发〔2008〕137号）
	引进高层次人才	《重庆市人民政府关于印发重庆市引进高层次人才若干优惠政策规定的通知》（渝府发〔2009〕58号）

续表

措　施	政策主要内容	市级政策文件
科技配套	科技成果股权激励和分红激励	《重庆市人民政府关于印发重庆市促进科技成果转化股权和分红激励若干规定的通知》（渝府发〔2012〕116号）
	外经贸企业技改项目补助	《重庆市外经贸企业技术改造及新产品研发资助暂行办法》（渝外经贸发〔2007〕416号）
	"投保贷补扶"等科技金融政策	《重庆市科技投融资专项补助资金管理暂行办法》（渝财教〔2010〕119号） 《重庆市知识产权质押贷款贴息暂行办法》
	企业科技基础条件平台补贴政策；大型科技平台分析测试经费补贴政策；分析测试补贴政策	《重庆市大型科学仪器资源共享促进办法》（渝科委发〔2009〕89号） 《重庆市大型科学仪器资源共享促进办法》（渝科发财字〔2009〕30号） 《关于调整重庆科技资源共享平台大型科学仪器资源共享用户测试补贴政策的通知》（渝科委发〔2012〕107号）

第二节　重庆市科技投入政策实施绩效评估

一、构建评估指标体系的原则

科技投入政策实施效果，需要建立切实可行的评价指标体系，才能做到全面、客观、科学地评估科技投入政策的效果。因此，构建合理、可行的评估指标体系应遵循以下原则：

科学性与可操作性相结合。指标体系应能够科学地评价科技投入政策的实施效果，能够对各方面的科技投入政策以及各个政策之间的兼容性、衔接性进行客观的评价。指标体系同时也要考虑实际的可操作和现实性，对指标值可以进行测量，能有效地为科技事业的发展服务，同时对某特定方面的评价指标体系的构建要考虑其个性。

定性评估与定量评估相结合。定性评估是定量评估的基础，定量评估进一步客观验证定性评估的结果。因而，科技投入政策实施的情况，需要定性和定量分析结合起来，才能够科学、全面地评价其实施效果。

社会效益与经济效益相结合。科技创新活动既是为了促进经济增长，更是为了推动社会进步。因此，建立科技投入政策实施效果的评价指标体系，必须将社会效益和经济效益结合起来共同考虑，否则容易出现重经济效益而轻社会效益，导致评估结果有所偏颇。

直接效益与间接效益相结合。建立科技投入政策实施效果的评估指标体系，还应将直接效益和间接效益结合起来。间接效益往往是在政策实施过程中间接地带来的其他产品、其他企业和其他行业的效益，在制定政策时不易准确预计，但又是必须考量的因素，应该有所测度；而直接效益是在制定政策时能够一定程度把握的效益。

当前效益与长远效益相结合。在构建科技投入政策实施效果评估的指标体系时，在考虑当前效益的同时还应兼顾长远的效益。科学技术的进步、科学技术的创新都不是一蹴而就的，而是在长期坚持研究之下显现的效益。

价值维度与非价值维度相结合。评价科技投入政策实施效果，要站在政策时效的基础上构建评价指标体系。政策产生的经济效益是非常重要的，但还有促进企业创新体系建设的不可度量价值的效益。因此，确定该体系中的每一个指标，既要考虑其价值维度，还要考虑非价值维度，确保考核指标之间的完整性与充分性。

二、评估指标体系

科技投入政策包括促进企业创新、推动科研机构发展、知识产权保护、科技平台建设、人才建设等多方面的促进政策。要科学地评估这些政策所产生的效果，需要构建客观、科学、可行的指标体系。

基于以上指标体系的构建原则，重庆市科技投入政策实施效果的评估指标体系包括科技投入、创新能力、科技成果以及社会效果4个一级指标。科技投入包括科技总投入、R&D和规模以上工业企业科技投入3个二级指标。创新能力是指企业、学校、科研机构或自然人等在某一科学技术领域具备发明创新的综合实力，包括科研人员的专业知识水平、知识结构、研发经验、研发经历、科研设备、经济实力、创新精神7个主要因素，这7个因素缺一不可。结合数据的可获得性和可操作性，因此创新能力这一指标用以下6个二级指标来衡量：科研人员数量、研发人员学历结构、科研仪器设备原值、研发机构成立时间、科技经费筹集累计额以及对科技创新有关扶持政策的评价。科技成果包括科技奖获得数、专利申请数、专利授权数、产学研结合程度、科技成果转化程度和主导产品技术水平6个指标。社会效果从三个方面来阐述：一是对GDP的贡献；二是对高新技术产业的贡献；三是对社会发展的贡献，具体如表2-3所示。

表 2 - 3　科技投入政策实施效果评估指标体系

科技投入	科技总投入
	R&D
	规模以上工业企业科技投入
创新能力	研发人员数量
	研发人员学历结构
	科研仪器设备原值
	研发机构成立时间
	科研经费筹集累计额
	对科技创新有关扶持政策的评价
科技成果	科技奖获得数
	专利申请数
	专利授权数
	产学研结合程度
	科技成果转化程度
	主导产品技术水平
社会效果	对 GDP 的贡献
	对高新技术产业的贡献
	对社会发展的贡献

三、科技投入比较分析——与全国及上海市、天津市、四川省、陕西省比较分析

1. 总量比较分析

这里说到的"总量"，即地方政府财政在科学技术方面的支出。地方政府科技拨款是完成地方政府科技发展目标的重要手段。如表 2 - 4 所示，2011 年重庆市地方财政科技拨款 25.04 亿元，排在上海市、天津市、四川省和陕西省之后，低于全国平均水平，仅为上海市的 1/10，天津市的 2/5，可见重庆市财政科技投入总量偏小。地方财政科技拨款占地方财政支出的比重是衡量地方政府科技投入力度的重要指标。2011 年，重庆市的这一项比重为 0.97%，低于全国 2.03% 的平均水平，和上海市、天津市的 5.58%、3.35% 差距明显，依然在 5 个省市里排名第 5。相比财政科技拨款和其他 4 省市的较大差距，在地方财政科技拨款占地方财政支出的比重方面，重庆市分别只比陕西省和四川省低 0.02%、0.01%，且高于西部平均水平（0.95%），说明重庆市比较重视财政科技支出，相应的投入力度稍好。

表 2 - 4　2011 年渝与沪、津、川、陕地方财政科技投入比较

地区	地方财政支出		地方财政科技拨款		地方财政科技拨款占地方财政支出的比重	
	金额（亿元）	位次	金额（亿元）	位次	比重（%）	位次
重庆	2570.24	4	25.04	5	0.97	5
上海	3914.88	2	218.50	1	5.58	1
天津	1796.33	5	60.17	2	3.35	2
四川	4674.92	1	45.75	3	0.98	4
陕西	2930.81	3	29.01	4	0.99	3
西部平均	2283.06	—	21.74	—	0.95	—
全国平均	2991.41	—	60.83	—	2.03	—

2. R&D 比较分析

（1）R&D 经费支出比较分析。虽然重庆市 R&D 经费支出多年保持快速增长，但是，其 R&D 经费支出远落后于上海和天津两个直辖市，也低于四川和陕西两个省。如表 2 - 5，2011 年重庆市 R&D 经费支出为 128.4 亿元，上海市和天津市分别为 597.7 亿元、297.8 亿元，四川省、陕西省同期为 294.1 亿元和 249.4 亿元，表明重庆市 R&D 经费支出总量较小。2011 年重庆市 R&D 经费投入强度为 1.28%，较 2010 年仅提高 0.01 个百分点，远远低于上海市（3.11%）、天津市（2.63%）的同期水平，上海市和天津市的 R&D 经费投入强度分别是重庆市同期的 2.43 倍和 2.05 倍。虽然略高于西部平均水平（1.04%），但仍低于四川省和陕西省。而且 2011 年重庆市已经加入了 GDP 的万亿俱乐部，说明投入强度没有与经济发展水平相适应。仍旧以 2011 年为例，重庆市 R&D 人员人均经费支出为 31.54 万元/人年，远低于上海市的 40.25 万元/人年和天津市的 40.08 万元/人年，仅略高于全国平均水平（30.13 万元/人年）和西部平均水平（29.27 万元/人年），可见重庆市人均 R&D 经费支出较低，处于中等偏下水平。

表 2 - 5　2011 年渝与沪、津、川、陕 R&D 经费支出比较

地区	R&D 经费支出		R&D 经费投入强度（R&D/GDP）		R&D 人员人均经费支出		R&D 人员全时当量	
	金额（亿元）	位次	比重（%）	位次	金额（万元/人年）	位次	金额（万元/人年）	位次
重庆	128.4	5	1.28	5	31.54	4	40698	5
上海	597.7	1	3.11	1	40.25	2	148500	1
天津	297.8	2	2.63	2	40.08	1	74293	3

续表

地区	R&D 经费支出		R&D 经费投入强度（R&D/GDP）		R&D 人员人均经费支出		R&D 人员全时当量	
	金额（亿元）	位次	比重（%）	位次	金额（万元/人年）	位次	金额（万元/人年）	位次
四川	294.1	3	1.40	4	35.66	3	82485	2
陕西	249.4	4	1.99	3	33.93	5	73501	4
西部平均	86.7	—	1.04	—	29.27	—	29636	—
全国平均	280.2	—	1.84	—	30.13	—	92997	—

（2）R&D 经费分配结构比较分析。R&D 经费按研究类型可分为三类：基础研究、应用研究和试验发展。基础研究是为了获得关于现象和可观察事实的基本原理的新知识而进行的实验性或理论性研究，短期内难以产生经济效益。应用研究是为了确定基础研究成果可能的用途，或是为达到预定的目标探索应采取的新方法（原理性）或新途径而进行的创造性研究。试验发展是利用基础研究、应用研究和实际经验所获得的现有知识的系统性工作。基础研究和应用研究虽然不易在短期内产生经济效益，但是从长期来看是一个国家或地区保持竞争力的源泉。2009 年，美国的基础研究和应用研究比重分别为 19.0% 和 17.8%，日本分别为 12.5% 和 22.3%，韩国分别为 18.2% 和 19.9%。而我国 2011 年的平均水平分别是 4.7% 和 11.8%（见表 2-6），重庆市的基础研究和应用研究所占比重高于西部和全国平均水平，分别为 7.0% 和 16.1%，分别位居比较范围内 5 省市的并列第 1 和第 3，即重庆市的基础研究和应用研究的比重相对较大。这表明重庆市 R&D 经费分配结构相对合理，为试验发展打下可靠基础。

表 2-6　2011 年渝与沪、津、川、陕 R&D 经费的分配结构比较

地区	基础研究			应用研究			试验发展		
	金额（万元）	比重（%）	位次	金额（万元）	比重（%）	位次	金额（万元）	比重（%）	位次
重庆	89403	7.0	1	206510	16.1	3	987649	76.9	3
上海	377819	6.3	3	924252	15.5	4	4675064	78.2	2
天津	130040	4.4	5	372977	12.5	5	2474566	83.1	1
四川	207079	7.0	2	796042	27.1	1	1937889	65.9	5
陕西	129869	5.2	4	461563	18.5	2	1902111	76.3	4
西部平均	22596	2.6	—	64902	7.5	—	248297	28.6	—
全国平均	132843	4.7	—	331739	11.8	—	2337679	83.4	—

3. R&D 经费来源结构比较分析

R&D 经费来自多种渠道,有政府、企业、外资和其他。其中,政府和企业是主要的渠道。目前发达国家的 R&D 经费的来源大都是以企业为主体,如美国企业资金占 61.6% (2009 年)、德国占 66.1% (2009 年)、日本占75.9% (2010 年)。如表 2-7 所示,重庆市 R&D 经费中企业资金已经占到79.1%,高于国内平均水平,且位列比较范围内的第 1,可见重庆市企业占R&D 经费来源的绝对主导地位。国外经验表明,政府对 R&D 活动投入的资金可以起到导向和刺激作用,然而,重庆市 R&D 经费来源的政府资金比例为15.7%,比西部平均水平和全国平均水平低 22.7%、6.0%,足见重庆市政府资金的投入不足。

表 2-7　2011 年渝与沪、津、川、陕 R&D 经费来源结构比较

地区	政府资金			企业资金			国外资金			其他资金		
	金额 (千万元)	比重 (%)	位次	金额 (千万元)	比重 (%)	位次	金额 (千万元)	比重 (%)	位次	金额 (千万元)	比重 (%)	位次
重庆	201.4	15.7	5	1014.8	79.1	1	5.4	0.4	3	62.0	4.8	1
上海	1759.3	29.4	3	3920.5	65.6	2	102.3	1.7	2	195.1	3.3	4
天津	476.0	16.0	4	2314.7	77.7	2	59.8	2.0	1	127.1	4.3	2
四川	1501.3	51.0	2	1354.7	46.1	4	9.2	0.3	4	75.9	2.6	5
陕西	1414.4	56.7	1	977.7	39.2	5	1.9	0.1	5	99.6	4.0	3
西部平均	333.0	38.4	—	500.6	57.7	—	2.2	0.3	—	31.6	3.6	—
全国平均	607.4	21.7	—	2071.2	73.9	—	37.5	1.3	—	86.2	3.1	—

4. 规模以上工业企业科技投入情况比较分析

如表 2-8,2011 年重庆市规模以上工业企业 R&D 经费支出为 94.4 亿元,和四川省、陕西省基本持平,仅为上海市的 2/7、天津市的 1/2,其占全社会R&D 经费支出的 73.5%,高于全国平均水平 4.5%,位居比较范围内的第 1,可见重庆市规模以上工业企业的科技投入意识之强。另外,企业 R&D 经费内部支出占主营业务收入的比重作为一个衡量企业科技投入和自主创新能力的重要指标,反映了企业创新能否形成良性循环。发达国家经验表明,其值低于 2%,企业创新将难以维持。2011 年重庆市该比重仅为 0.83%,虽高于全国平均水平,仍不容乐观,可见重庆市规模以上工业企业的自主创新能力亟待提高。

表2-8　2011年渝与沪、津、川、陕规模以上工业企业科技经费投入比较

地区	规模以上工业企业 R&D 经费支出		规模以上工业企业 R&D 经费内部支出占全社会 R&D 经费比重		规模以上工业企业 R&D 经费内部支出占主营业务收入比重	
	金额（亿元）	位次	比重（%）	位次	比重（%）	位次
重庆	94.4	5	73.5	1	0.83	2
上海	343.8	1	57.5	3	1.00	1
天津	210.8	2	70.8	2	1.00	1
四川	104.5	3	35.5	5	0.35	4
陕西	96.7	4	38.8	4	0.70	3
西部平均	45.9	—	52.9	—	0.47	—
全国平均	193.3	—	69.0	—	0.71	—

四、创新能力的评价分析

创新能力的评价分析主要采取问卷调查的方式进行。该问卷主要涉及企业基本情况、企业自主创新平台情况、企业研发投入产出情况、企业技术优势和发展方向以及对自主创新有关扶持政策的评价5个方面的内容。该问卷调查的对象为重庆市规模以上工业企业。该问卷的调研方式主要以对企业实地走访的方式进行；总共走访80家企业（其中科研机构92家），有效问卷65份，问卷有效率为81%。通过对问卷的整理分析，从以下几个方面对创新能力进行论述。

1. 科研人员数量

科研人员数量是反映科研实力的一个基本指标。从表2-9可以看出，所调查的研发机构中，有28家研发机构人数在50人以下，占总调查科研机构数的32.6%；有49家科研机构人数在100人以下，占总调查科研机构数的57.0%；超过80%的科研机构科研人员数量在200人以下。

表2-9　研发机构科研人员数量分布表

研发人员数量（人）	研发机构数（家）	研发机构数占比（%）	累计占比（%）
50 以下	28	32.6	32.6
50~100	21	24.4	57.0
100~200	20	23.3	80.3
200 以上	17	19.7	100
合　计	86	100	—

2. 研发人员学历结构

研发人员的学历结构可以反映一个科研机构知识储备水平，在一定程度上反映一个科研机构的科研水平和科研能力。从调查中可以看出（见表2-10），研究生学历占总科研人员的比例在10%以下的科研机构有23家，占总调查科研机构数的28%；研究生学历占总科研人员比例30%以下的有57家，占总调查科研机构数的69%。企业的科研机构科研人员的学历水平偏低。整个调查的83家科研机构中，拥有留学回国人员的科研机构数是23家，占总调查科研机构数的28%；拥有外籍专家的科研机构数仅有18家，约占总调查科研机构数的23%。

表2-10　研发人员的学历结构

研究生学历占比	科研机构数（家）
10%以下	23
10%~30%	34
30%~50%	17
50%以上	9
拥有留学回国人员的科研机构数	23
拥有外籍专家的科研机构数	18

注：研究生包括博士研究生和硕士研究生两种。

3. 科研仪器设备原值

科研仪器设备原值这一创新能力的指标，在一定程度上反映了企业科研的硬件投入水平。从表2-11可以看出，科研仪器设备原值在200万元以下的科研机构数就达到14家，占整个调查科研机构总数的23.3%；调查中的近1/3（28.3%）的科研机构仪器设备的原值在500万~2000万元；达到61.7%的科研机构仪器设备原值小于2000万元。

表2-11　企业科研仪器设备原值分布表

科研仪器设备原值	科研机构数	科研机构数占比（%）	累计占比（%）
200万元以下	14	23.3	23.3
200~500万元	6	10.0	33.3
500~2000万元	17	28.3	61.7
2000~5000万元	8	13.4	75.0
5000~10000万元	6	10.0	85.0
10000万元以上	9	15.0	100.0
合　计	60	100	—

同时从表2－12企业科研仪器设备原值占固定资产的比例可以看出，在调查的科研机构中有23家，占调查科研机构数的一半的企业科研仪器设备原值占固定资产的比例不超过5%；占调查科研机构数74%的企业，科研仪器设备原值占固定资产的比例不超过20%。结合表2－12分析的结果，重庆市规模以上工业企业硬件设备科研投入量不足，有待进一步加强。

表2－12　企业科研仪器设备原值占固定资产的比例

科研仪器设备原值占固定资产的比例（%）	科研机构数（家）	占比（%）
5 以下	23	50
5～20	11	24
20～50	6	13
50 以上	6	13
合　计	46	100

4. 科研经费筹集累计额

科研经费筹集累计额是截至2010年该企业科研经费总的投入量。从表2－13可以看到，科研经费筹集累计额多分布在1000万元至2亿元之间，总共有36家，占总调查企业数的60%；科研经费筹集累计额在2亿~5亿元的企业共有10家，占总调查企业数的16.7%；科研经费筹集累计额在1000万元以下的有5家，在5亿元以上的仅有9家。

表2－13　企业科研经费筹集累计额分布表

科研经费筹集累计额（万元）	科研机构数（家）	占比（%）
1000 以下	5	8.3
1000～5000	20	33.3
5000～20000	16	26.7
20000～50000	10	16.7
50000 以上	9	15.0
合　计	60	100

5. 研发机构成立时期

从表2－14可以看出，企业研发机构成立的时期少于5年的有22家，占总调查研发机构数的26.2%；企业研发机构成立的时期在5～10年的研发机构有38家，占总调查研发机构数的45.2%，近乎一半。因此可以看出，71.4%的企业研发机构成立的时期不超过 10 年，<u>企业的研发机构成立时期较短</u>。

表 2 - 14　企业研发机构成立的时期分布表

研发机构成立时期	研发机构数（家）	占比（%）
5 年以下	22	26.2
5~10 年	38	45.2
10~15 年	12	14.3
15 年以上	12	14.3
合　计	84	100

6. 企业对自主创新有关扶持政策的评价

如表 2 - 15 所示，调查问卷中涉及 7 种自主创新的扶持政策，调查了被访企业对这 7 种政策的评价，包括已享受该政策、未享受该政策和不知道该政策 3 种评价。企业科技基础条件平台补贴政策，仅有 5 家被访企业已享受该政策，占总被调查企业的 8.1%；有 42 家被访企业未享受该政策，占总被调查企业的 67.7%；有 15 家被访企业不知道该政策，占总被调查企业的 24.2%。分析测试补贴政策，仅有 3 家被访企业已享受该政策；有 46 家被访企业未享受该政策；有 16 家企业不知道该政策。企业引进高层次人才优惠政策，也仅有 9 家企业已享受该政策；50 家企业未享受该政策；6 家企业不知道该政策。这 3 种政策已享受率较低，不知道上述政策的企业数偏多。

高新企业所得税奖励政策、新产品增值税奖励政策、获得发明专利等奖励政策以及企业研发费用加计扣除政策，这 4 种政策已享受的企业数和未享受的企业数相当，不知道这 4 种政策的企业数较少。因此针对不同的政策分析其不被企业享受的原因，才能让政策真正落到实处，而非只停留在文件中，具体的分析如第三节所示。

表 2 - 15　企业对自主创新有关扶持政策评价分布表

序　号	政　策	企业数		占比（%）
1	企业科技基础条件平台补贴政策	已享受	5	8.1
		未享受	42	67.7
		不知道	15	24.2
2	高新企业所得税奖励政策	已享受	32	49.2
		未享受	31	47.7
		不知道	2	3.1

续表

序　号	政　　策		企业数	占比（%）
3	新产品增值税奖励政策	已享受	34	52.3
		未享受	28	43.1
		不知道	3	4.6
4	获得发明专利等奖励政策	已享受	39	60
		未享受	21	32.3
		不知道	5	7.7
5	企业研发费用加计扣除政策	已享受	33	50.8
		未享受	31	47.7
		不知道	1	1.5
6	分析测试补贴政策	已享受	3	4.6
		未享受	46	70.8
		不知道	16	24.6
7	企业引进高层次人才优惠政策	已享受	9	13.8
		未享受	50	76.9
		不知道	6	9.2

五、科技成果比较分析

1. 获得科技奖励数量比较分析

科技奖励包括国家级和市级科学技术奖。调查问卷主要集中于对科学技术奖中的科技进步奖得奖数量进行统计。以下先在宏观层面上对重庆市整体获得国家级和市级科学技术奖数量变化做出比较分析。

（1）获得国家级科技奖励数量分析。国家科学技术奖是我国科学技术领域的最高奖励，具有显示度高、影响力大、示范性强的特点，是衡量一个地区学术水平、自主创新能力和社会贡献程度的重要指标之一。2007～2011年重庆市获得的国家以及地方科技奖励情况，具体数据如表2－16所示。

表2－16　2007～2011年重庆市获得科技奖励情况

年份 奖励	2007	2008	2009	2010	2011
重庆市获得国家级科技奖励（项）	8	7	13	14	13
重庆市科技奖励（项）	134	144	153	180	180
国家科技奖励颁奖总数（项）	352	348	374	356	384

从表 2－16 可以看到，在国家科技奖励方面，2009 年之前重庆市获奖项目保持在个位数，多年没有大的突破；2009 年共有 13 项成果获奖，相比 2008 年增长率为 85.7%，当年获奖数占国家总颁奖数的 3.5%，相较于 2007 与 2008 年上升了约 1.5%；2010 年与 2011 年和 2009 年水平持平，近几年科技奖励获奖数虽然有所增加，但相较于全国来说，科研实力还有待提高。

（2）获得市级科技奖励数量分析。如表 2－16，整体上看来，重庆市科技成果获得市级科技奖励数呈现出逐年稳步递增的趋势。其中在 2010 年，重庆市共有 180 项科技研究成果获此殊荣，增长幅度为 17.6%，明显超过 2007 年、2008 年、2009 年水平；2011 年继续保持了 2010 年的增长势头，共有 180 项科研成果获得科学技术奖，表现出了良好的科技创新能力。

（3）对调查问卷企业的数据分析。调查问卷对重庆市不同行业的 65 家企业自主创新能力进行了调研，而在科技奖励方面主要指的是 2010 年以来企业所获得的国家与地方的科技进步奖。国家科技进步奖授予在技术研究、技术开发、技术创新、推广应用先进科学技术成果、促进高新技术产业化以及完成重大科学技术工程、计划等过程中做出创造性贡献的中国公民和组织。

根据调查问卷统计，2010 年以来参与调查的 65 家企业累计获得国家级科技进步奖 13 项、市级科技进步奖 174 项，但是仔细观察样本数据就会发现，科技奖励过度集中于国有企业，由表 2－17 可见，重庆市企业 2010 年以来的 13 项国家级科技进步奖中重庆钢铁集团占据 4 项，中国四联仪器仪表集团拥有 2 项，西南铝业集团、长安汽车、重庆四维卫浴有限公司、重庆跃进机械厂、重庆诗仙太白酒业集团分别获得 1 项，这 7 家国有企业占据了 13 项国家级科技奖励中的 11 项；在市级科技奖励方面，共有 30 家企业获得奖励，其中有 17 家是国有企业，它们获得了 174 项奖励中的 152 项，获得 10 项以上奖励的 8 家企业全部是国有企业。可见，国有企业在技术研发方面相比民营或其他企业具有绝对优势，民营企业的科技研发能力有待提高。

表 2－17　2010 年以来企业累计获奖情况

	国家级科技进步奖（项）	市级科技进步奖（项）
国有企业	11	152
其他企业	2	22

2. 专利申请数与授权数比较分析

专利是保护知识产权的重要手段之一。一个国家或地区的专利信息数可以从某种角度表现出这个国家或地区的科技发展水平、科技创新能力及其竞争优势。

我国的专利分为3种类型：发明专利、实用新型专利和外观设计专利。其中，发明专利可以形成具有自主知识产权的产品，在3种类型中代表着创新水平。

（1）重庆市总体情况。表2-18与表2-19是2007~2011年重庆市总体专利申请量和授权量情况。通过对专利申请量和授权量对比分析可以得出以下结果：

表2-18　2007~2011年重庆市专利申请量情况

年份	2007	2008	2009	2010	2011
专利申请量（件）	6715	8324	13482	22825	32039
发明专利（件）	1601	1997	3845	5150	8839
实用新型（件）	2838	3237	5503	11985	16786
外观设计（件）	2276	3090	4134	5690	6414

表2-19　2007~2011年重庆市专利授权量情况

年份	2007	2008	2009	2010	2011
专利授权量（件）	4994	4820	7501	12080	15525
发明专利（件）	354	532	834	1143	1865
实用新型（件）	2500	2765	3274	6704	8749
外观设计（件）	2140	1523	3393	4233	4911

从总量上看，2007~2011年重庆市专利申请与授权量整体上呈增长态势，其中在2009年与2010年专利申请总量增长率分别达到了62%与69%，授权量增长率也分别达到了55.6%与61%，增长率处于较高水平。之后在2011年增长率有所下降，但依然延续了良好的上升态势。

从结构上看，虽然3种专利类型整体上呈现出稳步递增趋势，但2007~2011年累积5年的发明专利授权量为4728件，实用新型授权量为23992件，外观设计授权量为16200件，标志着创新水平的发明专利仅占总授权量的10.5%，远低于实用新型的53.4%与外观设计的36.1%。这说明重庆市专利结构不够合理，在科技发明创新方面还有待提高。

（2）调查问卷企业的数据分析。如表2-20，2010年以来65家被调研企业专利授权总量为6106件，其中发明专利总量为970件，占据总授权量的15.9%，说明被调研的65家企业创新能力好于重庆市平均水平。根据表2-21、表2-22

与表2-23，拥有发明专利的企业有49家，拥有30件以下发明专利的其他企业数和国有企业数基本持平，专利拥有情况总体来看比较均匀。但是根据表2-22与表2-23，我们发现数据分布同样呈现出这样一种特点：专利授权总量超过100件的有12家企业，其中10家为国有企业；拥有发明专利超过30件的有8家企业，其中7家为国有企业。可见，技术创新的优势目前还是基本掌握在国有企业手中。

表2-20 2010年以来65家企业累计专利申请与授权总量 单位：件

专利授权总量	发明专利授权量	发明专利申请量
6106	970	2682

表2-21 2010年以来企业累计拥有发明专利情况

	拥有发明专利	无发明专利	未知
企业数（家）	49	12	4

表2-22 专利授权数量分布情况 单位：件

	专利数量（0~50）	专利数量（50~100）	专利数量（100~200）	专利数量（200以上）
国有企业（家）	15	4	5	5
其他企业（家）	21	4	1	1

表2-23 发明专利授权数量分布情况 单位：件

	专利数量（0~10）	专利数量（10~30）	专利数量（30~100）	专利数量（100以上）
国有企业（家）	17	6	5	2
其他企业（家）	14	3	1	0

3. 产学研结合程度

产学研，即产业、学校、科研机构等相互配合，发挥各自优势，形成强大的研究、开发、生产一体化的先进系统，并在运行过程中体现出综合优势。产学研结合程度是衡量企业将科研成果产业化能力的重要指标。

根据对重庆市65家企业自主创新能力调研结果，对产学研结合程度的影响因素进行统计分析。

（1）设立研发机构情况。根据调研结果，统计出重庆市企业设立研发机构情况，如表2-24所示。

表 2 – 24　重庆市企业设立研发机构情况

设立机构情况	占比（%）		占比（%）
没有设立研发机构	7.7	高新技术企业	50
		非高新技术企业	50
设立研发机构	92.3	设立多个（≥2）	13.3
		设立一个	86.7

如表 2 – 24，7.7% 的企业没有设立研发机构，其中 50% 为高新技术企业；92.3% 设立了研发机构，其中 13.3% 设立了 2 个以上（含 2 个）的研发机构，企业设立的研发机构最多有 7 个。重庆市大部分企业已经设立了研发机构，少数企业设置了多个研发机构。这说明，重庆市企业逐渐重视科技投入，增强了"产学研"中的"研"。

（2）研发机构性质。根据调研结果，统计出重庆市企业设立的研发机构的性质和时间。

表 2 – 25　重庆市研发机构性质、设立时间以及其合作机构统计表

	分类	占比（%）
研发机构性质	国家级	26.0
	市级	69.9
	自主设立市级	4.1
研发机构设立时间	2007 年以后	72.6
	2007 年之前	27.4
合作机构	没有与高校合作	49.3
	国内高校	46.6
	国外高校	4.1
上年度专项经费支出额	0	4.1
	0（不含）～1000 万元	52.1
	≥1000 万元	43.8

如表 2 – 25 所示，在所有企业设立或合作的研发机构中，26.0% 为国家级研发机构，69.9% 为市级研发机构，4.1% 为企业自主设立的市级研发机构。重庆市少数企业设立的研发机构是自主设立的，大部分为国家级和市级的，其中市级居多。这说明重庆市企业科研投入是在政府的大力支持下完成的，具体落实和贯彻地方政府的政策。

（3）研发机构成立时间。如表 2 - 25，72.6% 的企业研发机构成立时间是 2007 年以后（含 2007 年）。这说明近几年重庆市企业开始重视科研投入和产学研结合，这与重庆市政府逐年提高科技投入的政策密不可分。

以上 3 点体现了产学研中的"研"。近几年在重庆市科技投入新政策的指引下，重庆市企业越来越重视科研投入。但国家级研发机构还不够多，研发层次还有待提高。

（4）上年度专项经费支出额。统计企业上年度的专项经费支出额分为 3 类，分别是 0，0 ~ 1000 万元，1000 万元以上（含 1000 万元）。如表 2 - 25，统计出 4.1% 的企业经费支出为 0，52.1% 为 0 ~ 1000 万元，43.8% 为 1000 万元以上。这说明重庆市企业上年度科研专项经费一半以上的企业还是比较低，更有少部分企业没有专项经费，重庆市企业科技投入仍需提高，产学研结合程度有待提高。

（5）研发人员及构成。根据调查问卷统计结果，重庆市企业的研究人员主要由博士、硕士、本科、本科以下、海归及外籍专家组成。统计出本科学历研发人员占研究人员总数的比重为 57.8%，硕士占 12.3%，博士占 2%，海归占 0.4%，外籍专家占 0.5%。可以看出重庆市企业研发人员学历大部分为本科、硕士，博士、海归及外籍专家偏少，说明重庆市企业研发人员综合素质还需提高，同时应该加强吸引外籍专家的力度以吸取国外先进科技水平。

（6）合作机构。如表 2 - 25，重庆市企业的有些研发机构并没有与高校合作，少部分已经与国外高校或科研机构合作。统计出 49.3% 的企业研发机构没有与高校合作，46.6% 的企业研发机构与国内高校合作，4.1% 的企业研发机构与国外高校合作。可以看出重庆市企业的研发机构将近一半没有与高校合作，与高校合作的大部分为国内高校，极少数为国外高校。结合上面第 5 点的分析，这体现出重庆市"产学研"合体有待加强，尤其是"产学研"合作中的"学"还有待提高，与国际科技接轨程度很低。

（7）核心技术来源。根据调研结果，统计出核心技术来源于产学研合作开发的比重为 24.6%，这说明企业与高校的科研合作转化为先进生产力的程度还不高，即"产学研"中"产"的水平还有待提高。

综上 7 点分析可得，在重庆市相关科技政策的引导和鼓励下，企业重视了研发机构的设立，但与高校合作和核心技术开发的工作仍滞后，重庆市企业产学研结合程度还有待提高。

4. 科技成果转化程度

科技成果是指人们通过实验观察、调查研究、综合分析、研制开发、生产考核等研究活动取得的具有一定的学术意义或实用价值的创造性结果。科技成果是社会的重要精神财富和物质财富，是国家的重要智力资源，也是衡量从事科技活动人员贡献大小的重要标志。

科技成果转化评价指标体系分为科技成果形式和科技成果转化效果，具体有以下 7 种：

(1) 获得国家级科技进步奖等奖项个数，记 a；

(2) 获得市级科技进步奖等奖项个数，记 b；

(3) 授权专利总数，记 c；

(4) 授权发明专利数，记 d；

(5) 发明专利申请数，记 e；

(6) 开发新产品个数，记 f；

(7) 参与制定国家或行业标准个数，记 g。

根据重庆市 65 家企业自主创新调研问卷，统计出这 7 种指标分别所占总的科技成果转化比重如表 2-26 所示。

表 2-26　各因素科技成果转化比重

	a	b	c	d	e	f	g
个数	11	160	5769	911	2538	3214	170
占比（%）	0.1	1.3	45.2	7.1	19.9	25.2	13.3

根据以上统计结果可以得出以下结论：

第一，近年来重庆市授权专利总数所占比重为 45.2%，而获得科技奖项比重仅占 1.4%，尤其是获得国家级科技奖项更是只有 0.1%。这显示出科研成果的形式以专利为主，重大科研成果较少，但科技成果转化效率较高。

第二，调研中重庆市企业授权发明专利为 7.1%，只占授权总数的 15.7%。发明专利所需周期长，科研投入大，代表着科技创新水平，对科技转化生产力的效果更明显。这说明专利结构不够合理，重庆市企业科技自主创新能力还有待提高。

第三，在整个科研成果转化过程中，开发新产品所占比重为 25.2%，说明重庆市企业科技成果转化效果较好。

综上所述，重庆市企业近年来科技成果研发能力低而科技成果转化的效果较高，说明重庆市各企业科研潜力还有待发挥。重庆市企业可以通过加强高层次人才的引入、科技投入的重视、加大产学研结合强度等措施来提高其自身的科技创新能力和企业核心竞争力。

5. 主导产品技术水平

近年来重庆市政府为了鼓励科技创新，推出了一系列的政策与措施。在政府的支持下，重庆市企业科技投入不断加大，科技成果形式逐步丰富化，企业研发机构与高校合作不断密切，企业将科技成果转化为现实先进生产力的能力逐渐提高，主导产品的技术水平也发生了质的变化。通过对 65 家重庆市中小企业调研，统计其主导技术水平如表 2 - 27 所示。

表 2 - 27　重庆市企业主导产品技术水平

	国内领先	国内先进	国际领先	国际先进
占比（%）	43..1	40	9.2	7.7

从上表可以发现，在 65 家中小企业中，约有 83% 的企业的主导产品技术水平仅在国内有竞争优势，只有约 17% 的企业技术具备国际水准。一方面说明重庆市实施科技投入政策取得了一定的成效，扶植起了一批技术水平具备国内竞争力的企业；另一方面也反映出重庆市还需继续大力加强科技创新激励政策的推广，成长起更多核心技术具备国际竞争力的标杆型企业。

六、科技投入对促进经济社会发展的作用

"今天的科技投入就是对未来国家竞争力的投资"。科学技术对经济发展起着巨大的引导和培育作用，而对社会发展的作用则主要体现在缩小社会发展的城乡差距、区域差距、提高社会消费水平和人民群众生活质量等方面。政府在科技方面投入的多少在很大程度上决定了该地区的经济发展和社会职能。加大地方的科技投入，能越来越明显地增加科技对当地经济增长的直接影响。而科技投入欠缺的地方仍停留在传统发展模式的困境中，经济增长乏力，结构调整缓慢，社会矛盾多发。尤其社会发展到新兴科技时代，科技投入对经济社会发展的贡献将更加直观地显现出来。

1. 对 GDP 增长的贡献

重庆市科技投入所占的比重逐年增加，其对重庆市经济发展的贡献越来越显现。测算科技投入对经济增长的贡献此处将采用两种方法，首先将用相关分析检测二者之间的相关程度，证明科技投入是经济增长的重要促进因素，同时参考美国经济学家索洛提出的科技进步为经济增长带来贡献率的生产函数来计算重庆市科技投入对经济社会发展贡献的贡献率。

（1）相关性分析（见表 2 - 28）。

表 2 - 28（a） 1999 ~ 2012 年重庆市科技投入与 GDP 总值的原始数据

年　份	科技投入（亿元）	GDP 总值（亿元）	年　份	科技投入（亿元）	GDP 总值（亿元）
1999	5. 90	1663. 20	2006	38. 07	3907. 23
2000	10. 10	1791. 00	2007	47. 07	4676. 13
2001	10. 00	1976. 86	2008	60. 88	5793. 66
2002	12. 60	2232. 86	2009	79. 46	6530. 01
2003	17. 40	2555. 72	2010	100. 27	7925. 58
2004	23. 70	3034. 58	2011	128. 00	10011. 37
2005	32. 00	3467. 72	2012	162. 00	11459. 00

表 2 - 28（b） Correlations GDP 总值的相关性矩阵

		科技投入	GDP 总值
科技投入	Pearson Correlation	1	0.998 **
	Sig.（2 - tailed）		0.000
	N	14	14
GDP 总值	Pearson Correlation	0.998 **	1
	Sig.（2 - tailed）	0.000	
	N	14	14

＊＊Correlation is significant at the 0.01 level（2 - tailecl）.

将以上基本数据输入 SPSS 软件中，对其进行相关性分析，得出以下分析结果。

从上面的相关性分析结果中可以看出，重庆市科技投入与 GDP 两个因素之间的"Pearson"相关性为 0.998，即两者的相关系数达到 0.998，属于"正相关关系"。同时显著性（双侧）结果显示具备显著性。因此，我们可以得出重庆市科技投入与经济发展之间有非常明显的正相关关系，说明科技投入是地方经济发展的重要促进因素。

（2）贡献率测算。

具体贡献率的计算采用的是通过改进后的由索洛提出的科技进步为经济增长带来的贡献率的生产函数：

$$A = Y - \alpha K - \beta L \qquad ①$$

$$E = \frac{A}{Y} \times 100\% \qquad ②$$

式中，A：科技投入增长速度；E：经济增长中科技投入贡献份额；Y：经济增长率；K：资金增长率；L：劳动增长率；α：资金产出弹性系数；β：劳动力产出弹性系数。

（3）计算说明。

经济增长率 Y：原公式采用年度国民收入指标，这是我国计划经济时期使用的指标。为了便于与国际对比，我国从 1992 年起计算国内生产总值（GDP）并作为考核国家和地区经济发展的指标。因此，本计算公式中的"经济增长率 Y"采用重庆市 GDP 的增长率来计算。

资金增长率 K：原公式采用固定资产净值与流动资金年平均余额之和来计算，该方法与 GDP 测算中的口径不同。本计算公式采用"全社会固定资产投资完成额"的增长率，它包括了第一、二、三次产业，与 GDP 同口径。

劳动力增长率 L：原公式采用 5 大物质生产部门的劳动者人数。本计算式采用与 GDP 同口径的全部从业人数的增长率来计算。

α、β 值说明：α、β 是已知值，α + β = 1，α、β 取值在 0 到 1 之间。根据重庆市经济发展的情况，平均 14 年来在经济发展的产出中，此处选择 α = 0.45，β = 0.55。

（4）数据计算（见表 2 - 29）。

表 2 - 29　科技投入对经济增长贡献率计算数据统计表

年　份	Y（%）	K（%）	L（%）	A（%）	E（%）
1999	7.80	13.00	- 0.70	0.28	3.60
2000	8.70	16.51	- 2.24	- 0.31	- 3.58
2001	9.20	22.26	- 2.71	0.67	7.32
2002	10.50	24.19	- 4.02	1.83	17.40
2003	11.70	27.41	- 3.35	1.21	10.34
2004	12.40	27.82	- 1.87	0.91	7.33
2005	11.70	23.71	- 1.02	1.60	13.64
2006	12.40	22.23	- 0.07	2.43	19.63
2007	15.90	28.96	0.96	2.34	14.71
2008	14.50	28.01	1.57	1.04	7.16
2009	14.90	28.31	1.41	1.53	10.24
2010	17.10	30.41	1.78	2.43	14.23
2011	16.40	27.02	2.92	2.64	16.11
2012	13.60	22.04	3.03	2.03	14.96

由表 2 - 29 中可以看出，在历年来重庆市的经济增长中科技投入（科技进

步）的贡献份额（E）一直以来还是基本处于一个较好的态势，大部分年份中科技投入对经济发展的贡献率能上到两位数，可见科技投入为经济发展带来了一定的效应，虽然不太强劲但保持着贡献，当然要完全体现"科学技术就是第一生产力"还需要各方面的共同努力。

2. 对高新技术产业发展的贡献

重庆市高新技术产业的发展是整体经济发展的强劲持续动力，市政府对科技方面的投入大部分都是用于高新技术方面的投入，以此让高新科技产业发展拥有强大的援助支撑平台和足够的底气。因此，科技投入最直接的反馈也应该是对高新科技产业的发展具有最直接和最可观的贡献。

根据重庆市经济统计发展的实际情况，从2007年开始重庆市对于高新技术发展这一统计指标主要用高技术产业来代替。因此，本研究中所用到的数据涉及高新技术产业产值的都将用高技术产业产值这一指标来替代。

（1）相关性分析（见表2-30）。

表2-30（a）　　1999～2012年重庆市科技投入与高新技术产值的原始数据

年 份	科技投入 （亿元）	高新技术产值 （亿元）	年 份	科技投入 （亿元）	高新技术产值 （亿元）
1999	5.90	28.70	2006	38.07	328.94
2000	10.10	31.46	2007	47.07	433.29
2001	10.00	34.85	2008	60.88	838.53
2002	12.60	39.35	2009	79.46	1028.22
2003	17.40	51.32	2010	100.27	1436.09
2004	23.70	82.66	2011	128.00	2445.95
2005	32.00	101.67	2012	162.00	3495.56

将以上基本数据输入 SPSS 软件中，对其进行相关性分析，得出以下分析结果。

表2-30（b）　　Correlations 与高新技术相关性矩阵

		科技投入	高新技术总值
科技投入	Pearson Correlation	1	0.978 **
	Sig.（2-tailed）		0.000
	N	14	14
高新技术产值	Pearson Correlation	0.978 **	1
	Sig.（2-tailed）	0.000	
	N	14	14

** Correlation is significant at the 0.01 level (2-tailed).

从以上的相关性分析结果中可以看出，重庆市科技投入与高新技术产值两个因素之间的"Pearson"相关性为0.978，即两者的相关系数达到0.978，属于"正相关关系"。同时显著性（双侧）检测显示两者具备非常显著的相关性。可以看出科技投入与高新技术产业之间密不可分的相关关系，这一点从科技投入的使用去向以及我们的调研工作中都可以发现。

（2）贡献率测算（见表2–31）。

此处依然采用改进过后的索洛提出科技进步为经济增长带来的贡献率的生产函数，不过将Y代表的经济增长率转换成高新技术产业增长率，在对高新技术产业发展的产出贡献中，资金的产出贡献应明显高于劳动的产出贡献，因此此处资金的弹性系数 α 取值0.7，劳动的弹性系数取值0.3。

$$A = Y - \alpha K - \beta L \qquad\qquad ①$$

$$E = \frac{A}{Y} \times 100\% \qquad\qquad ②$$

表2–31 科技投入对高新技术产业发展贡献率数据统计表

年 份	Y（%）	K（%）	L（%）	A（%）	E（%）
1999	8.10	13.00	-0.70	-0.79	-9.75
2000	9.60	16.51	-2.24	-1.29	-13.39
2001	10.78	22.26	-2.71	-3.99	-37.00
2002	12.91	24.19	-4.02	-2.82	-21.82
2003	30.42	27.41	-3.35	12.24	40.23
2004	61.06	27.82	-1.87	42.15	69.03
2005	23.00	23.71	-1.02	6.71	29.17
2006	29.40	22.23	-0.07	13.86	47.14
2007	31.70	28.96	0.96	11.14	35.14
2008	33.00	28.01	1.57	12.92	39.16
2009	22.60	28.31	1.41	2.36	10.44
2010	39.70	30.41	1.78	17.88	45.04
2011	70.30	27.02	2.92	50.51	71.85
2012	50.80	22.04	3.03	34.46	67.84

从感性思维来说，科技投入对高新技术产业的发展贡献是不言而喻的，而从理性思维上通过表2–31中科技投入对高新技术产业发展的贡献也可以看出，虽然前几年科技投入对高新技术产业发展的贡献不明显，但是发展到2010年科技投入对高新技术产业的发展贡献率显现出快速上升的趋势。可见，科技投入直接带来高新技术产业的发展效果是非常直接且明显的，当然这也与众所周知的道理

是吻合的。可以说，科技投入对经济增长、高新技术产业发展和民生发展三者的影响力都较为明显，但是最集中的效果、最能直接显现出来的应该是在对高新技术产业的贡献当中。

第三节　重点科技政策及实施流程调查分析

一、科技成果转化股权和分红激励政策实施调查分析

1. 企业实施现状

2012 年 11 月，重庆市出台的《促进科技成果转化股权和分红激励的若干规定》（渝府发〔2012〕116 号）（以下简称《规定》）进一步对科技成果转化为股权等进行了规范，以促进科技成果转化。

课题组经过调查研究认为：该项政策实施效果不佳。一是企业问卷调查中都反映没有执行该项政策。对 65 家企业和北碚大学科技园 19 家科技孵化器公司进行调查，结果显示：没有企业或公司执行科技成果转化为股权的政策，同时也没有意愿执行该项政策。二是市级权威部门统计数据反映该项政策实施效果不佳。重庆市知识产权局、重庆市经济和信息化委员会和重庆市统计局的《2012 年度重庆市规模以上工业企业专利统计报告》显示：按照企业规模、工商登记、行业和地区分类统计，2012 年规模以上工业企业专利出资入股仅 4 项，数额仅 816 万元（见表 2 - 32）。永川区一家从事化学原料及化学制品制造大型企业有 1 个项目，以 270 万元入股。酉阳县一家从事电气机械及器材制造的中型企业以 100 万元入股。南岸区两家从事塑料制品制造的中型企业以专利入股。专利入股政策并没有惠及电子信息、装备制造、医药等急需科技成果支撑的行业。

表 2 - 32　2012 年重庆市规模以上工业企业专利出资入股情况

类　别		项目数量（项）	金额（万元）
企业规模	大型企业	1	270
	中型企业	3	546
	小型企业	0	0
工商登记	内资企业	4	816
	港澳台投资企业	0	0
	外商投资企业	0	0

续表

类 别		项目数量（项）	金额（万元）
行业	化学原料及化学制品制造业	1	270
	塑料制品制造业	2	446
	电气机械及器材制造业	1	100
地区	南岸区	2	446
	永川区	1	270
	酉阳县	1	100

2. 政策实施存在的主要问题及原因

课题组对该项政策实施效果不佳的主要问题分析如下：

实施流程比较复杂烦琐。按照《规定》，依次要履行科技成果评估、企业资本或股权变更、企业工资管理、盈利核算、分红或缴税 5 大流程，并要求组建市、区（县）两级跨部门协调工作管理机构开展监督（见图 2－3）。对科技成果所有权人而言，整个流程涉及知识产权、工商、企业财务、税务等专业领域，需要较强的专业背景做支撑，或者需要支付一笔不确定的费用来获得专业支撑。对企业而言，政府协调监管机构对企业工资、盈利、分红等内部财务进行全流程监管，企业需要提供相应数据资料，增加了成本或其他不确定性。如果涉及国有企业，那么国有企业的股权或注册资本变革要经过国有资产管理部门，更是增加政策实施的难度。

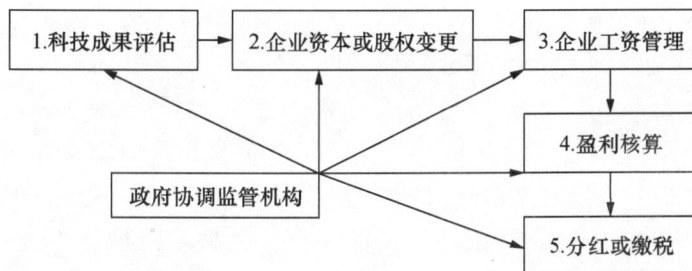

图 2－3 政策实施流程图及政府监管示意

两大核心配套环节不足。①科技成果价值评估难。重庆市本地缺少权威的科技成果价值评估机构或第三方独立公司，如果在北京市或上海市进行评估就会增加很多的费用。②缺少相关的财务会计准则，企业做账难。《规定》指出，要开展"收益及费用专项审计"。企业会计如何核算"科技成果的产生及转化所付出的成本""企业实施分红激励所需支出纳入工资总额管理"等会计处理，市财政局和税务局也没有出台具体的"会计准则"做指导。

收益（或分红）税收激励不足。科技成果入股收益（或分红）要缴纳企业所得税或个人所得税，而科技成果转让可以减免所得税。《规定》指出，股权激励的对象要依法缴纳个人所得税，法人科技成果入股获得收益要缴纳企业所得税。根据《中华人民共和国企业所得税法》及《中华人民共和国企业所得税法实施条例》（国务院令第 512 号）的规定，企业在一个纳税年度内，取得符合条件的技术转让所得不超过 500 万元的部分，免征企业所得税；超过 500 万元的部分，减半征收企业所得税。财政部、国家税务总局发布的《关于居民企业技术转让有关企业所得税政策问题的通知》（财税〔2010〕111 号）对符合条件的技术转让范围等事项进行了明确。

综上所述，该项《规定》执行面临较大问题，尤其是收益（分红）税收激励不足是最大的障碍。

二、财政奖励

1. 新产品奖励政策

根据《重庆市科技创新促进条例》（第 38 条第 2 款），列入国家级、市级新产品项目计划的新产品，经鉴定投产后，按现行财政体制，由市、区县（自治县）财政按国家级新产品三年、市级新产品两年新增增值税地方留成部分的 60% 计算给予奖励，用于科学研究和技术开发活动。

目前，该项政策在全市范围内执行得相对较好。根据调研数据，有 52.3% 的企业享受到该项政策；43.1% 的企业没有享受到该项政策，绝大部分为中小企业；4.6% 的企业不知道该项政策。

该项政策对于企业来说，提供的材料比较多，程序较为复杂。按要求需要提供新产品认定申请表纸质文档与电子文档、企业营业执照副本和企业法人代码证、企业有关研究开发和生产经营的场地证明、企业财务报表、产品标准的封面和前言、产品鉴定（验收）证书，或省级及以上法定质量检测部门检测报告、反映产品市场销量的用户订单与销售合同、软件产品须提供软件产品确认测试报告和计算机软件著作权登记证书、特殊行业产品须提供生产许可证、入网许可证、环保合格证明等。还有一些辅助附件，如科技计划立项批文、查新报告、专利证书、产品获奖证书等。

企业将这些材料在每年的 4 月或者 8 月上报所在高新技术产业开发区管委会、经济技术开发区管委会、大学科技园管理办公室或区县（市）科学技术委员会（以下简称科委），并由这些部门出具初步审核意见。然后上报到市科委进行复核，复核通过以后，由重庆市科委颁发重庆市高新技术产品认定证书，并予以公告。重庆市高新技术产品有效期为 2 年，复审由企业自愿申请，逾期半年未申请复审或复审不合格的产品，其高新技术产品资格自动失效。企业凭借在有效期内的高新产品认定证书办理新产品的优惠政策，如图 2-4 所示。

整个流程涉及的部门有法定审计机构、当地税务部门、科委、财政局、经济与信息化委员会等。

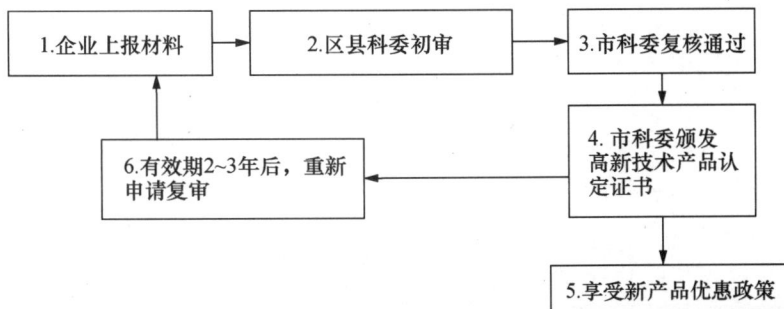

图 2-4　政策实施流程图及政府监管示意

2. 高新技术企业和国家级创新型企业奖励政策

根据《重庆市科技创新促进条例》（第 38 条第 1 款），高新技术企业和国家级创新型企业，从认定次年起，由市、区县（自治县）财政连续 3 年按其企业所得税地方留成部分的 50%计算给予奖励，用于科学研究和技术开发活动。

该项政策的执行流程如图 2-5 所示。

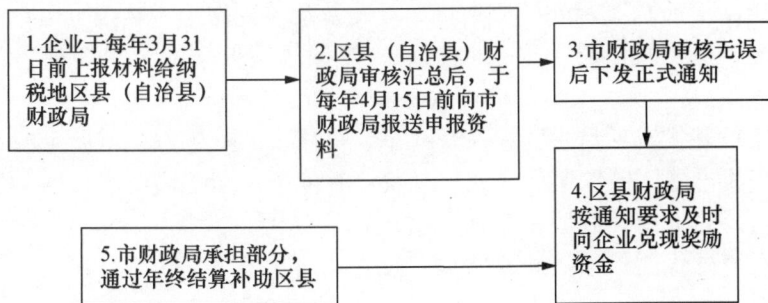

图 2-5　政策执行流程示意

该项政策的执行效果相对来说比较好。通过调研数据，有 49.2% 的高新技术企业享受到该项政策，有 47.7％ 的高新技术企业未享受到该项政策；只有 3.1％ 的高新企业不知道该项政策。

奖励额度按照以下两个公式来确定：

1）高新技术企业奖励额度＝企业上年度缴纳企业所得税额×地方留成比例（详见税票，含市、区县，下同）×50％×高新技术产品（服务）收入占企业年总收入的比例。

2）国家级创新型企业奖励额度＝企业上年度缴纳企业所得税额×地方留成比例×50％×技术创新业务收入占企业年总收入的比例。

通过企业的走访得知，该项政策对企业的刺激力度不大，与区县招商引资的优惠政策比较，比如石柱县的招商引资中对于国家规定的鼓励类产业营业税与企业所得税（地方留成部分）实行 3 年返还政策，返还比例分别为 100％、50％、25％。高新技术企业和国家级创新型企业奖励政策的力度偏小，对企业吸引力不够。

（1）免缴城市建设配套费。

《重庆市城市建设配套费征收管理办法》（第 13 条第 4 款、第 5 款）以及《重庆市科技创新促进条例》（第 35 条第 2 款）规定：高新技术企业的生产性用房；科研机构科研用房，经审查可免缴城市建设配套费。根据通过对企业的走访得知，该项政策执行的效果不是很理想。主要的原因有两条：一是企业对该项政策的知晓度不是很高；二是免缴城市建设配套费的审核与决定权在市建设委员会（以下简称建委），而高新技术企业的认定权在市科委，容易形成"两张皮"，增加企业的负担。

（2）境外投资出口退（免）税。

根据《境外投资产业指导政策》（发改外资〔2006〕1312 号）（第 8 条第 6 款）的规定，对鼓励类境外投资项目，以设备及零配件等实物投资出口的，按全国统一的出口退税政策给予退（免）税，这项政策便于通过投资获得第三方创新技术和成果。

重庆市境外投资项目主要涉及摩托车、机械、家电、医药等行业。其中，有代表性的是机电集团收购英国精密技术集团 6 家子公司、轻纺集团收购全球第四大汽车密封条企业德国萨固密集团、重庆粮食集团以股权方式购买巴西 20 万公顷土地建立境外优质粮油基地、重钢入股亚洲钢铁公司，获得其在澳大利亚拥有的磁铁矿 60％ 的股权、博赛矿业收购加纳优质冶金级铝土矿资源。以上投资项目都属于鼓励类境外投资项目。根据走访企业得知，它们都享受到了该项优惠政策，也说明该项政策在重庆市执行较好。

三、科技创新考核

根据《重庆市科技创新促进条例》（第40条第2款）的规定，应将企业科技创新能力、研发投入比例、新产品产值率、品牌建设情况等重要指标，纳入企业负责人业绩考核。

对于高新技术企业的考核，由《重庆市高新技术企业认定办法实施细则》（以下简称《细则》）中的第5章予以规定，由于重庆市高新技术企业有效期为2年，复审由企业自愿申请。该《细则》中第5章第17条规定了高新技术企业复审的条件。其中的第3款要求近两年企业的总收入逐年增加，生产经营规模不断扩大，并且要求高新技术产品销售收入与技术性收入的总和占企业当年总收入的比例达到规定值并逐年增加。通过走访企业，企业每年的总收入由于受宏观经济周期、行业周期、外贸政策等的影响较大，每年出现一定的波动属于正常现象，从而影响到高新技术企业（尤其是出口导向型企业）的正常复审。比如我国的光伏产业由于欧美等国的倾销指控导致企业总收入下降，按照第17条第3款要求，则有可能导致企业失去高新技术企业资格。所以建议根据实际情况，将企业总收入逐年增加作为高新技术企业复审的可选条件之一。

对于高新技术产品的考核，由《重庆市高新技术产品认定办法实施细则》中的第5章予以规定。重庆市高新技术产品有效期为2年，复审由企业自愿申请，逾期半年未申请复审或复审不合格的产品，其高新技术产品资格自动失效。

新产品的复审流程比较简单：①由企业提交《重庆市高新技术产品认定申请表》及附件，报所在高新技术产业开发区管委会、经济技术开发区管委会、大学科技园管理办公室或区县（市）科委审查并出具审核意见；②重庆市科委委托重庆市生产力促进中心具体承办重庆市高新技术产品申请认定材料的受理和形式审查等服务性工作；③重庆市科委根据认定条件对初审合格的产品进行复核，必要时进行现场审查，对复核后的产品组织专业评审组进行评审。评审通过的，由重庆市科委颁发重庆市高新技术产品认定证书，并予以公告。

新产品复审所提交的材料也没有硬性要求新产品的市场销量的年增长率是多少，只是要求提供订单、销售合同复印件。考虑到新产品有一个市场导入期，该条规定比较合理。

四、科技政策实施流程调查分析

科技政策完整实施要依次经历验资、申报、评审、立项4大流程。每个流程都需要专业资历和相应的公关能力（见图2-6）。课题组调查显示，在专业资历和公关能力方面，企业能力明显不足。在验资环节，中小企业的税务和知识产权是制约因素，不少中小企业都存在逃税避税的现象，也存在知识产权侵权现象。在申报环节，企业对政府科技政策导向不清楚。在评审环节，项目主管部门和评审专家的信息公开度低，项目评审公平性受质疑。在立项环节，企业技术储备不足、配套资金不到位、合作对象失约等因素，会对政策的实施产生负面影响。

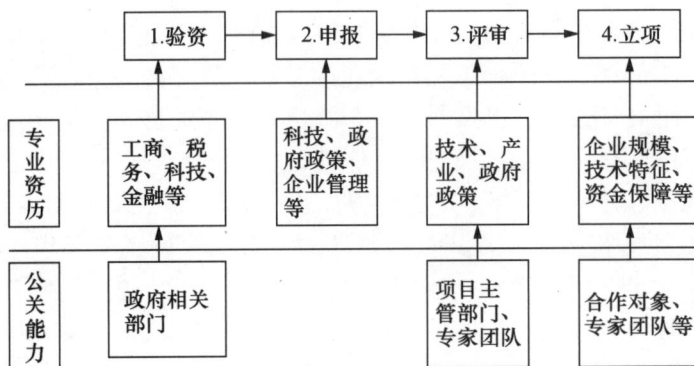

图 2－6　科技政策申报实施流程图及支撑要素分析

第四节　重庆市科技投入政策执行中存在的问题分析

一、政策知晓度不是很高，科技投入总量不足

从本次课题组回收的调查问卷中能清楚地看出，重庆市科技投入政策的颁布与广大企业的了解度之间存在一定差距。通过对调查回收的 65 家企业的问卷调查结果分析发现，每一种政策都存在企业不知晓的情况，尤其对分析测试补贴政策不知晓的企业达到 16 家，对企业科技基础条件平台补贴政策不知晓的企业达到 15 家。被调查的企业全部享受了所有创新科技扶持政策的不足 5 家，其中有 13 家企业未享受到 6 条自主创新科技扶持政策的任何一条，这在很大程度上是由政策知晓度不是很高造成的，如表 2－33 所示。

表 2-33　重庆市创新科技投入政策知晓度统计表

序　号	政　策	不知晓该政策企业数（家）	占比（%）
1	企业科技基础条件平台补贴政策	15	24.2
2	高新企业所得税奖励政策	2	3.1
3	新产品增值税奖励政策	3	4.6
4	获得发明专利等奖励政策	5	7.7
5	企业研发费用加计扣除政策	1	1.5
6	分析测试补贴政策	16	24.6
7	企业吸引高层次人才优惠政策	6	9.2

除了政策知晓度不是很高外，一直以来重庆市的科技投入总量都处于较低水平且其投入来源缺乏。2012 年重庆市科技投入总量为 162 亿元，在全国处于中上水平，情况较好，但是相比其他直辖市，重庆市的科技投入则处于较低水平。

同时根据调研结果显示，2012 年重庆市科技投入来源主要是企业自身资金的投入，地方财政科技拨款仅为 25.04 亿元，而参与调查的 65 家企业自身在 2012 年的科技投入约为 80.15 亿元，占整个科技投入的大头，其中有包括重庆长安汽车股份有限公司在内的 9 家企业的科研经费投入筹集累计额达到 5 亿元以上。通常科技投入经费来自多种渠道，有政府、企业、国外资金和其他途径，但根据统计数据分析发现，重庆市科技投入大部分来源于企业自身，政府和其他资金来源较为薄弱，因此科技投入来源缺乏也是重庆市科技发展的一大弊端。

二、R&D 投入在不同产业间与企业间分配不均衡

重庆市 R&D 投入的产业间分布存在一定的不均衡现象，2011 年重庆市的 R&D 投入总量为 128.4 亿元，制造业 R&D 投入经费占到 94.4 亿元。在制造业内部，R&D 经费内部支出主要投向了装备制造业、材料工业、化工医药制造业和电子信息产业。这 4 大支柱产业集中了绝大部分的 R&D 经费。

根据调研结果显示，所接受调查的 65 家企业中有大部分是装备制造业企业，还有一部分化工轻工企业、生物医药企业、能源材料以及电子信息类的企业。其中，政府所给出的 R&D 经费支出中，以重庆长安汽车股份有限公司为代表的装备制造业企业和以重庆市电力公司为代表的能源材料类企业从中获得的 R&D 科研经费的投入较多，类似电子信息类的科技开发公司所获得的科研经费就前者来说相对少一点，但比起轻纺、农业等其他行业又好了许多。因此从以上的分析中可以看出，重庆市 R&D 科研经费的投入主要投在了装备制造业、材料能源工业、化工医药制造业和电子信息产业，其他产业诸如农业、第三产业所得到的科技投入就可想

而知，这样的 R&D 投入存在严重的产业间分配不均衡。同时，2011 年重庆市的 R&D 投入经费有 73.5% 都集中在规模以上的企业中，中小型企业所得比较少。

三、政策申报程序及条件烦琐，企业积极性较低

政策申报专业性强，中小企业或科技型企业学习认知成本较高。一是企业与政府行政部门关系协调互动不足。科技成果转化、企业技术创新、财政奖励等政策申报，需要科技、工商、税务、金融、知识产权等行政部门出具的书面证明或相关流程。对大多数中小企业或科技型企业而言，企业员工人数少，部门设置不完备，与政府相关部门关系协调能力普遍较弱。另外，政府相关部门为企业开展服务时，公职人员的政策知晓度和执行力较弱，为企业设置了较高门槛。二是企业填写申报资料难。企业员工专业知识有限，在填写申报资料的时候，很难理解相关的申报内容。比如"项目研究的目的、意义和背景"，大多数的中小企业只熟悉自己的产品技术和市场范围微观或中观市场，几乎不具备宏观行业背景知识，也就难以撰写相关内容。有些申报要填写"预期产生的经济效益"，对中小企业而言，完全无法预知这个效益，难以填写相关数据。课题组调查发现，一些中介公司开展了申报服务的业务，但是要价普遍在项目拨款额的 30%～50%，企业认为索价太高、不划算。三是公司自我保护较强。大多数中心企业或公司对技术产品实施保密，不愿意公开。同时在会计流程方面也不规范，不愿意公开自己的财务状况或财税状况。

第五节　对策和建议

一、发展和完善多元化的科技投入体系

重庆市应充分发挥市场对资源的配置作用，意识到企业应该是市场经济条件下的投入主体、利益主体，在技术创新方面具有不可替代的作用。发达国家在扶持中小企业发展、鼓励中小企业的技术创新方面都有着丰富的经验。目前重庆市已经涌现出一大批具有创新活力和良好的成长潜力的科技型中小企业，重庆市政府应该通过贷款贴息、税收优惠等方式，支持这些企业的技术创新活动，充分发挥民营企业的巨大潜力，调整以政府财政科技拨款为主的科技投入体系。同时，不断拓宽融资渠道，鼓励金融机构支持有市场前景、技术含量高、经济效益好的中小企业的发展。引导金融机构研究开发适应中小企业发展的融资服务。

二、不断优化科技投入政策实施环境

完善权益性资助体系，如投资引导基金等。引导民间资本、金融资本等投入科技创新，要通过发挥科技资源对金融资本、民间资本的带动和引导作用，促进科技创新与金融创新相融合，健全合作机制，深入开展科技与金融的结合。引导银行等金融机构加大对科技型中小企业的信贷支持力度。加快推进多层次资本市场建设，为更多的科技型中小企业改制上市进入中小板和创业板进行融资提供支持。扩大金融中介的服务范围和类别。继续深入推动符合中国国情的创业投资事业的发展，促进科技成果与创业投资的对接。

三、简化申报流程，降低企业申报成本

在申报流程中，申报条件需要更多地集中在产品技术创新或产业链创新方面，减少企业的税务、金融、市场前景预测分析等资料申报。建立帮扶机制，组织大型企业指导或帮助中小企业填写申报材料。在评审环节，加大信息公开力度，主管部门或评审专家的意见要公示，倡导公平竞争。

四、完善政策、细则的具体建议

（1）新产品奖励政策要求企业提供的材料较多，程序较为复杂，且每隔两三年（国家级新产品 3 年、市级新产品 2 年）就要重新申报一次，涉及的部门也较多，应该精简相关手续，同时建议将有效期延长 1 年左右。

（2）高新技术企业和国家级创新型企业奖励政策中，从认定次年起，由市、区县（自治县）财政连续 3 年按其企业所得税地方留成部分的 50% 计算给予奖励，用于科学研究和技术开发活动。该项政策对企业的刺激力度与目前的区县招商引资的优惠政策比较不算大，因此建议加大奖励的比例。

（3）财政奖励中，免缴城市建设配套费。建议由市科委与市建委根据重庆市每年经济社会发展的实际情况，协商确定一定的减免额度。该额度报市政府审批后，在该额度范围内，由市建委无条件认可由市科委认定的高新技术企业的相关减免城市建设配套费优惠政策，并且实行直接减免，不要实行先征收后安排的多一套流程的程序，尽最大可能地为企业提供方便。

（4）对于高新技术企业的考核，建议修改《重庆市高新技术企业认定办法实施细则》中的第 5 章第 17 条第 3 款。

该条款要求近两年企业的总收入逐年增加，生产经营规模不断扩大。但企业每年的总收入由于受宏观经济周期、行业周期、外贸纠纷等的影响较大，建议根据实际情况，将企业总收入逐年增加作为高新技术企业复审的可选条件之一。

第三章　重庆市科技税收政策绩效评估

第一节　研究背景

  进入新世纪以来，随着世界经济一体化的发展和国际竞争的日趋激烈，一个国家或地区整体实力很大程度上取决于其经济发展水平的高低，而经济发展水平的高低又在一定程度上受到区域科技创新能力强弱的制约。确切地说，科技创新已经成为提升城市竞争力的决定性因素。而在以科技创新为宗旨的经济发展战略指引下，政府的支持和引导发挥着巨大作用。其中，利用税收政策来促进科技创新和技术进步无疑是行之有效的措施之一。促进科技创新的税收政策主要是指国家或地区为了促进科技研发、科技成果转化、科技创新资金投入以及科技人员所得方面所采取的一系列税收优惠措施。尽管重庆市现有的税收政策对于促进科技创新、推动产业结构调整发挥着重要作用，但与发达地区相比，在法律级次、优惠方式、优惠对象和具体政策措施等方面还存在一定的缺陷。因此，在大力推进企业科技创新的背景下，结合当前重庆市经济发展现状，完善科技创新的税收政策已经成为当务之急。

  为了通过税收优惠方式来刺激相关机构开展科技创新活动，提高科技创新水平，重庆市委、市政府先后出台了《重庆市地方税务局贯彻落实中共重庆市委重庆市人民政府关于实施中长期科技规划纲要建设学习型社会和创新型城市的决定的通知》、《重庆市大学科技园优惠政策》、《重庆市地方税务局关于加快推进高新技术和高新技术产业化发展有关税收优惠政策的通知》、《重庆市国家税务局关于进一步贯彻落实西部大开发税收优惠政策的通知》等若干政策法规文件，并积极开展了相关的配套制度改革。那么现行科技创新税收优惠激励政策的实际绩效如何，是否真正达到了政策制定的目的？为了对这些税收优惠政策的实施绩效做出准确评估，本章通过实际调研，对重庆市现有科技创新税收优惠政策的基本实施状况进行分析，从横向和纵向两个角度，对比科技创新税收优惠政策实施效果，找出现行税收优惠激励政策实施过程中所存在的问题及其成因，以期为进一步完善科技创新税收优惠政策提供事实依据。总之，通过系统调查评估重庆市科技创新税收优惠政策落实与实施状况，尤其是研究科技创新税收优惠政策实施的问题与原因分析，力图为重庆市以及具有相似情况的各省市政府的税务科技主管部门和政策制定部门修订政策、解决政策落实中的问题提供决策依据，在借鉴的基础上，争取提出有针对性的科技创新税收优惠政策修订和落实举措的政策建议。

第二节　工作开展情况

本部分基础性调研工作始于 2011 年 7 月，结合重庆市科技创新税收优惠政策绩效评估的核心内容，开展实际调研，拟定调研提纲，并设计调查问卷。调研的主要目的是充分了解当前重庆市科技创新税收优惠政策落实程度，明晰政策执行所取得的实际效用，深入剖析当前税收优惠政策存在的问题及原因。调研采用重点调查、深度访谈、座谈会等调研方法，对重庆市部分企业（包括转制科研院所）开展调研。样本对象主要是不同部门的主管领导及财务管理人员。调查内容涉及科技创新税收优惠政策主要内容、执行情况、政策激励效果、影响税收优惠政策有效实施的障碍因素等问题。具体调查访问对象与样本方案如表 3-1 所示。

表 3-1　调查样本方案

调查方式	主要调查对象
资料收集	（1）企业：150 个以上；（2）政策执行部门：20 个以上；其中，市统计局、市科学技术委员会、市发改委和市经信委获取综合性评估信息
问卷调查	（1）企业财务、技术部门和科技人员，200 人以上；（2）政策执行部门政策法规、业务负责人和管理人员，100 人以上；（3）其他企业科技人员，200 人以上
深度访谈	企业有关管理部门、科技人员和政策执行部门有关人员共计 100 人以上
座谈会	主要包括企业有关管理部门、科技人员和政策执行部门有关人员共计 60 人以上

本次调研共向企业（包含转制科研院所）发放问卷共 110 份，回收有效问卷 103 份，问卷回收率 93.6%。调研的信息组织方式与信息汇总统计方式如下：

一、信息调查组织方式

第一，由市科委下达相关科技创新税收政策评估的文件，以获得调查对象的配合和支持；第二，组织专门的信息调查员 20 余人，组织专门的调查培训，学习有关科技政策，了解和理解科技创新税收优惠政策条款，掌握访谈流程、技巧与礼仪，提高调查人员能力；第三，在正式进行调查前进行必要的试调查，发现问题、总结经验，提高技能；第四，组织一定数量的抽查和回访，以督促调查员认真负责工作。

二、信息汇总统计组织方式

大量的调查问卷和信息表格及时收集和汇总，做好相关的信息汇总与统计的组织工作：①对各类调查表格进行分类编号；②组织专门人员负责调查表格的回收、审定，制定验收、审定的标准；③组织专门人员负责信息录入，信息录入运用 SPSS13.0 统计软件进行汇总和统计。

本次调研问卷的设计具有一定的针对性，是在对重庆市个别企业（包含转制科研院所）实地调研和相关文献研究的基础上，将调查重点确立在典型企业和转制科研院所的实证研究尚不能解决的问题上，明确了需要调查的问题主要包括以下几个方面：重庆市科技创新税收优惠政策执行过程中的知晓情况、申请情况、受理情况、兑现情况、满意度和政策绩效（执行绩效和产出绩效）等。另外，考虑到财务数据的敏感性，出于商业保密的考虑，企业和科研院所往往不愿意提供原始的客观数据，以及问卷设计太复杂会影响问卷的回收率，因此，本次问卷调查所涉及的大多数问题回答采用了等级量度的方法，由被调查者根据单位的实际情况对每项问题进行回答。

第三节　重庆市科技创新税收优惠政策实施绩效调查与分析

本专项评估主要从重庆市科技创新税收优惠政策的落实程度、政策绩效与现有政策问题及原因 3 个方面，开展了调研与分析。其中，科技创新税收优惠配套政策主要是针对企业、院所、高校以及科技人员的激励性与自愿参与性政策。具体调查评估工作是在遵循科技创新税收优惠政策的特征与规律的前提下，按照科学性与可操作性相结合、定性评估与定量评估相结合、效益标准与效率标准相结合、直接效益与间接效益相结合、纵向与横向比较相结合的原则开展的。

一、科技创新税收优惠政策实施状况调查与评估

通过调查和数据统计，分析研究重庆市科技创新税收优惠配套政策的制定和

实施情况、执行过程中落实情况、兑现情况，以及科技创新税收优惠政策对于重庆市科技创新的促进作用。重点调查和评估重庆市科技创新税收优惠政策执行过程中的知晓率、申请率、兑现率、满意度和政策绩效（执行绩效、产出绩效）等。

1. 科技创新税收优惠政策的知晓情况

通过对重庆市部分企业（包含转制科研院所）的调研结果分析可知，当前重庆市大多数企业对我国及重庆市出台的各项科技创新税收优惠政策的知晓情况一般，很多政策服务对象对相关政策内容仅部分了解或不了解，全部知晓各项政策内容的机构较少。需要特别指出的是，由于调查方法的限制，虽然我们作了更大的宣传努力，在回答不知晓某项政策的机构中，可能并不是该机构的每一位管理者和员工都不知晓该政策（下同）。在调查的 103 家样本单位中，对每一项科技创新税收优惠政策内容全部了解的企业所占比重较小，仅在技术开发费 150% 加计扣除政策、职工教育经费税前扣除政策、西部大开发税收政策、高新技术企业税收政策以及企业所得税工资支出税前扣除政策等方面有部分企业全部了解，且了解企业所占比重较大。以技术开发费 150% 加计扣除政策为例，约有 54% 的企业对该项税收优惠政策全部了解。对其他税收优惠政策，知晓政策内容的企业较少，有企业对政策根本一无所知。以外经贸企业技改项目补助政策为例，在调研的 103 家企业中，没有全部了解政策内容，不知道政策内容的企业有 58 家，有 45 家机构仅部分了解。具体知晓情况如图 3–1 所示。

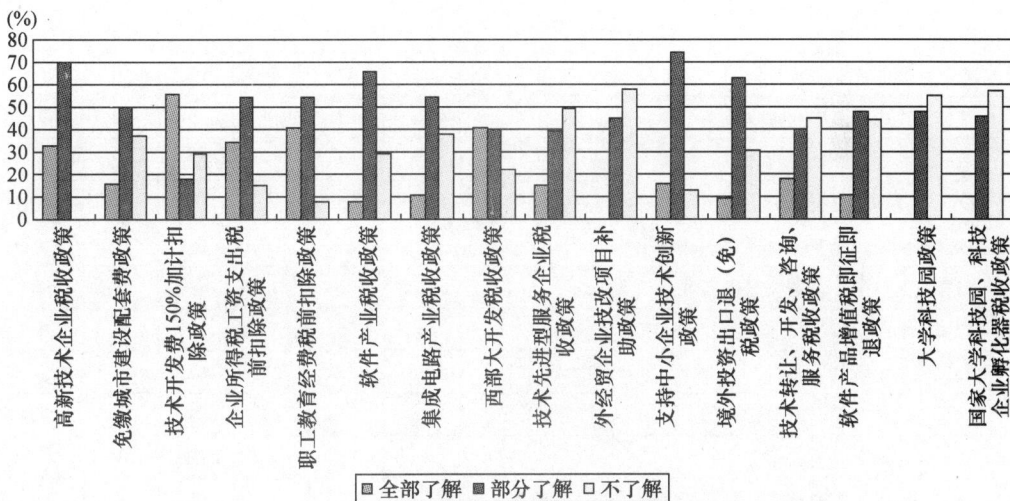

图 3–1 对国家及重庆市科技创配套的税收优惠政策的了解情况

2. 科技创新税收优惠政策申请、受理及兑现情况

基于本次调研结果分析可知，在调研的 16 项科技创新税收优惠政策中，有部分政策申请、受理及兑现情况较好，其中包括高新技术企业税收政策（申请、受理及兑现政策的机构有 71 家）、技术开发费 150% 加计扣除政策（申请、受理及兑现政策的机构有 59 家）、免缴城市建设配套费政策（申请、受理及兑现政策的机构有 54 家）、西部大开发税收政策（申请、受理及兑现政策的机构有 49 家）。而有些政策申请情况尚可，但受理及兑现情况较差。以企业所得税工资支出税前扣除政策为例，申请该项税收优惠政策的单位有 41 家，但被受理及兑现的单位仅有 28 家。再则就是申请、受理及兑现情况都比较差的政策。以软件产业税收政策为例，申请该项税收优惠政策的单位仅有 21 家，被受理及兑现的单位更少，仅有 8 家。其他政策的申请、受理及兑现情况如表 3 - 2 所示。

表 3 - 2   关于国家及重庆市科技创新配套的税收激励政策的申请及兑现情况

序号	税收激励政策	政策的申请及兑现情况					
		是否申请		是否受理		是否兑现	
		是	否	是	否	是	否
1	高新技术企业税收政策	71	32	71	32	71	32
2	免缴城市建设配套费政策	54	49	54	49	54	49
3	技术开发费 150% 加计扣除政策	59	44	59	44	59	44
4	企业所得税工资支出税前扣除政策	41	62	28	75	28	75
5	职工教育经费税前扣除政策	28	75	28	75	28	75
6	软件产业税收政策	21	82	8	95	8	95
7	集成电路产业税收政策	14	89	14	89	14	89
8	西部大开发税收政策	49	54	49	54	49	54
9	技术先进型服务企业税收政策	8	95	8	95	8	95
10	外经贸企业技改项目补助政策	16	87	16	87	16	87
11	支持中小企业技术创新政策	32	71	32	71	32	71
12	境外投资出口退（免）税政策	8	95	8	95	8	95
13	技术转让、开发、咨询、服务税收政策	21	82	21	82	21	82
14	软件产品增值税即征即退政策	32	71	19	84	19	84
15	大学科技园政策	8	95	8	95	8	95
16	国家大学科技园、科技企业孵化器税收政策	8	95	8	95	8	95

由表 3 - 2 科技创新税收优惠政策的申请、受理和兑现的情况可知，目前重

庆市税务机关对大多数企业所申请的科技创新税收优惠均给予了受理及兑现，仅在企业所得税工资支出税前扣除政策及软件产业税收政策上，对部分企业的申请未予以受理及兑现。以软件产业税收政策为例，2011 年 1 月，重庆市×××软件企业根据其业务发展情况，申请此项政策，即申请自 2000 年 6 月 24 日起至 2010 年年底以前，对增值税一般纳税人销售其自行开发生产的软件产品，对其增值税实际税负超过 3% 的部分实行即征即退，所退增值税税款由企业用于研究开发软件产品和扩大再生产，不作为企业所得税应税收入，不征收企业所得税。主管税务机关受理岗位在收到纳税人的税收优惠申请后，对企业所提交的申请给予了不予受理的回复，其理由是该企业申报的税收优惠属于报批类项目，纳税人未按规定时间申请，因此不予受理，但同时建议企业提交延期申报申请表，进行再次申请；当该企业再次申请后，税务机关审查了该企业所提供的相关资料的齐全性、规范性，复印件与原件的一致性，发现其所提供的材料不齐全，并存在部分不符合政策规定的情况，因此告知该企业纳税减免暂时不予受理，这种现象体现出了该税务机关对该项政策的不熟悉、对政策执行不严谨。该机关应一次性告知纳税人需要补正的全部内容，并真心实意地帮助企业完成材料准备或及早告知企业申请减免工作的注意事项。相似情形是由于部分企业所申请的税收优惠政策属于备案类税收优惠项目，其依法是不需要由税务机关审批后执行的，该类税收优惠政策仅需税务机构对备案资料进行核查，因此当企业申请此类税收优惠项目时，税务机构应当即时告知纳税人不受理，并告知其如何办理税收优惠。

3. 科技创新税收优惠政策的受益情况

通过调查结果分析可知，对于每一项科技创新税收优惠政策而言，享受各项政策优惠的企业所占比重因为政策的适用范围有别而有差异。以软件产品增值税即征即退政策为例，目前 103 家样本单位中，仅有 11 家企业享受该项政策，约占样本总体的 10.7%。对于高新技术企业税收政策而言，则受益面相对较广，有 76 家企业全部或部分享受到了该项政策，受益率达 76.7%。但从总体上看，样本单位对国家及重庆市科技创新税收优惠政策的受益情况一般，部分政策几乎未能使企业受益。具体情况如表 3-3 所示。

表 3-3　国家及重庆市科技创新税收优惠政策的受益情况

序号	税收激励政策	享受情况			
		全部享受	部分享受	未能享受	不该享受
1	高新技术企业税收政策	27	49	27	0
2	免缴城市建设配套费政策	16	0	76	11
3	技术开发费150%加计扣除政策	33	18	52	0
4	企业所得税工资支出税前扣除政策	33	13	57	0

续表

序号	税收激励政策	享受情况			
		全部享受	部分享受	未能享受	不该享受
5	职工教育经费税前扣除政策	33	0	70	0
6	软件产业税收政策	0	19	60	24
7	集成电路产业税收政策	0	0	66	37
8	西部大开发税收政策	49	6	48	0
9	技术先进型服务企业税收政策	0	0	92	11
10	外经贸企业技改项目补助政策	0	8	71	24
11	支持中小企业技术创新政策	8	37	47	11
12	境外投资出口退（免）税政策	0	20	59	24
13	技术转让、开发、咨询服务税收政策	0	41	62	0
14	软件产品增值税即征即退政策	11	0	79	13
15	大学科技园政策	0	0	66	37
16	国家大学科技园、科技企业孵化器税收政策	0	0	66	37

由表 3-3 可知，课题组所调研的 16 项税收优惠政策中，有 4 项属于完全没有任何样本企业享受到的，包括集成电路产业税收政策、技术先进型服务企业税收政策、大学科技园政策和国家大学科技园、科技企业孵化器税收政策。通过调查发现，后两项税收优惠政策之所以没有样本单位受益，其主要原因是这些政策所涉及企业的界定比较模糊，似乎更多地倾向于高等院校和科研院所。而这两类机构又有其他优惠政策可替代。另外，通过深度访谈样本对象，课题组发现部分零享受的税收优惠政策产生的根源则首先归结于政策本身的适用性。以技术先进型服务企业税收政策为例，由于该项政策是江苏省工业园区技术先进型服务企业税收试点政策推广至重庆市，有关此项政策内容、实施细则、管理办法均是援引于试点省份江苏。江苏省的省情与重庆市情有较大差别，重庆相应企业不太具备可执行的细化条件，因此，尚不能完全适用于本地企业，因而导致目前基本没有企业能够享受到该项政策。这个案例说明任何外地经验的借鉴一定要考虑本区域的实际情况、考虑本土企业结构、适应及偏好。

从各项政策优惠额度来分析，近 5 年来，多数税收优惠政策优惠于企业的额度呈逐年增加的趋势。以高新技术企业税收政策的优惠额度为例，截止到 2010 年年末，企业得益于该项政策优惠额度仅有 70 万元，而在 2011 年，该项数据就快速增加到了 5463 万元，是原有优惠额度的 129 倍之多。但有些税收优惠政策 5 年内给予企业的优惠额度不但没有增加，反而呈现了快速下降的趋势。以免缴城市建设配套费政策为例，2009 年，该项政策优惠于企业的额度为 1055 万元，但到了 2011 年，则下降到了 35 万元。除此之外，还有部分税收优惠政策未能使企业真正受益或者享受到。以软件产业税收政策为例，该项政策对于 103 家样本而言，从未享受到相应的优惠额度。具体情况如表 3 – 4 所示。

表 3 – 4　近 5 年企业已享受的税收优惠（免征、少缴、退返）额度

序号	税收激励政策	税收优惠（免征、少缴、退返）额度（万元）					未享受
		2007 年	2008 年	2009 年	2010 年	2011 年	（家）
1	高新技术企业税收政策	42	56	70	70	5463	85
2	免缴城市建设配套费政策	21	28	1055	785	35	74
3	技术开发费150%加计扣除政策	—	63	225	441	2906.41	70
4	企业所得税工资支出税前扣除政策	21273.78	27296.62	29642.96	34567.72	42556.69	83
5	职工教育经费税前扣除政策	442.2	505.98	868.89	735.9	1156.87	83
6	软件产业税收政策	0	0	0	0	0	103
7	集成电路产业税收政策	0	0	0	0	0	103
8	西部大开发税收政策	16936.68	17401.08	13486.68	23200.84	38648.44	74
9	技术先进型服务企业税收政策	0	0	0	0	0	103
10	外经贸企业技改项目补助政策	0	0	0	0	0	103
11	支持中小企业技术创新政策	0	0	0	0	0	103
12	境外投资出口退（免）税政策	0	0	0	0	0	103
13	技术转让、开发、咨询、服务税收政策	0	0	0	0	540	91
14	软件产品增值税即征即退政策	1408.08	3167.28	0	2458.56	3042.48	81
15	大学科技园政策	0	0	0	0	0	93
16	国家大学科技园、科技企业孵化器税收政策	0	0	0	0	0	93

4. 科技创新税收优惠政策的满意度情况

目前国家及重庆市在推动企业开展科技创新活动过程中，相继出台了若干政策意见。由图 3 – 2 可知，从政策执行整体满意度调查来看，调研企业对已享受到的各项税收优惠政策的满意度情况较好，不够满意和很不满意的企业所占比例较小。但与此同时，对各项税收优惠政策促进其技术创新与成果转化方面的满意度也有所差异。其中，在已享受到相关政策的企业中，对高新技术企业税收政策、技术开发费150%加计扣除政策、企业所得税工资支出税前扣除政策以及职工教育经费税前扣除政策等最为满意，十分满意和满意企业总数占受益企业总数的80%以上；而对免缴城市建设配套费政策、西部大开发税收政策、软件产品增值税即征即退政策等较为满意，十分满意和满意企业总数占受益企业总数的

60%~70%；对于其他政策而言，满意度情况适中，十分满意和满意企业总数占受益企业总数的50%~60%。具体情况如表3-5所示。

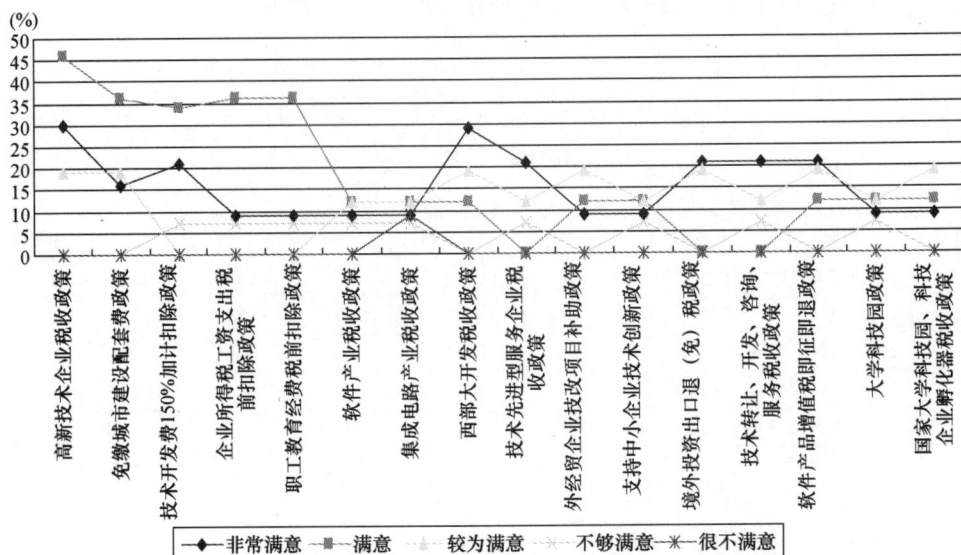

图3-2 对国家及重庆市科技创新税收优惠政策的满意度调查

表3-5 对相关税收激励政策在促进企业技术创新与成果转化方面的满意度调查

序号	税收激励政策	满意度评价					未享受
		非常满意	满意	较为满意	不够满意	很不满意	
1	高新技术企业税收政策	30	46	19	0	0	8
2	免缴城市建设配套费政策	16	36	19	0	0	32
3	技术开发费150%加计扣除政策	21	34	0	7	0	41
4	企业所得税工资支出税前扣除政策	9	36	0	7	0	51
5	职工教育经费税前扣除政策	9	36	0	7	0	51
6	软件产业税收政策	9	12	12	7	0	63
7	集成电路产业税收政策	9	12	12	7	9	54
8	西部大开发税收政策	29	12	19	0	0	43
9	技术先进型服务企业税收政策	21	0	12	7	0	63
10	外经贸企业技改项目补助政策	9	12	19	0	0	63
11	支持中小企业技术创新政策	9	12	12	7	0	63
12	境外投资出口退（免）税政策	21	0	19	0	0	63
13	技术转让、开发、咨询、服务税收政策	21	0	12	7	0	63
14	软件产品增值税即征即退政策	21	12	19	0	0	51
15	大学科技园政策	9	12	12	7	0	63
16	国家大学科技园、科技企业孵化器税收政策	9	12	19	0	0	63

二、科技创新税收优惠政策绩效分析

1. 样本总体对现有科技创新税收优惠政策绩效评估情况

（1）总体绩效水平评估。

基于对调查样本的评价结果分析可知，从整体上看，约68%的企业在享受到相关政策后，认为我国及重庆市相关科技创新税收优惠政策对推动其科技创新活动具有一定的激励作用，且作用效果较为显著（具体情况如图3-3所示）；而已出台的相关税收优惠政策的绩效水平较为适中，在已调查的103家单位中，23家认为相关税收优惠政策的政策能满足其开展科技创新活动激励的需求，仅有10家认为这些无法刺激其开展科技创新活动，而有68家认为可以一定程度地满足其相应需求（见图3-4）。

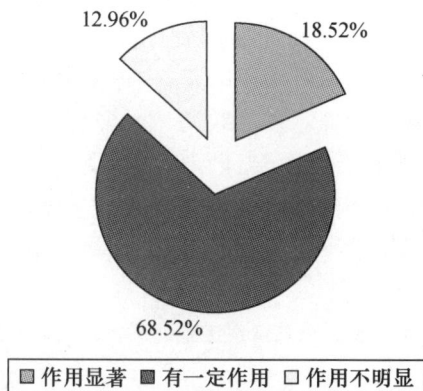

图3-3　企业对国家及重庆市科技创新税收优惠政策的总体绩效水平评价

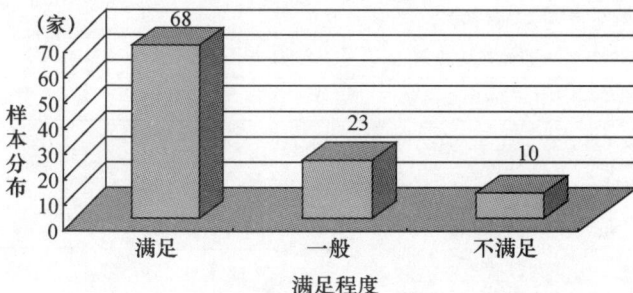

图3-4　国家、重庆市已出台的税收优惠政策满足企业对科技创新激励需求的基本情况

（2）税收优惠政策促进企业科技创新的绩效评估。

为了充分了解现有科技创新税收优惠政策在推动企业开展科技创新过程中所

发挥的效用，本项目在实际调研过程中，专门针对这一问题开展了深入调研。通过对调研结果分析可知，103家样本单位对各项税收优惠政策促进企业科技创新所发挥效用的绩效评估分为以下几种情况：第一，认为推动企业科技创新的政策绩效水平最高。在16项科技创新税收优惠政策中，103家企业均认为高新技术企业税收政策的激励效用较好，会对企业科技创新活动开展起到显著或者一定显著作用。第二，认为推动企业科技创新的政策绩效水平较高。在16项科技创新税收优惠政策中，60%~80%企业认为免缴城市建设配套费政策、技术开发费150%加计扣除政策、企业所得税工资支出税前扣除政策、职工教育经费税前扣除政策、西部大开发税收政策、支持中小企业技术创新政策等的激励效用适中，会对企业科技创新活动开展起到一定作用。第三，认为推动企业科技创新的政策绩效水平适中。在16项科技创新税收优惠政策中，50%~60%企业认为软件产业税收政策、技术先进型服务企业税收政策、软件产品增值税即征即退政策等有激励效用，会对企业科技创新活动开展起到一定作用，但作用效果一般。第四，认为推动企业科技创新的政策绩效水平较低。在16项科技创新税收优惠政策中，60%~70%企业认为集成电路产业税收政策、外经贸企业技改项目补助政策、境外投资出口退（免）税政策、技术转让、开发、咨询、服务税收政策、大学科技园政策、国家大学科技园、科技企业孵化器税收政策等对企业科技创新活动开展起到一定作用，但作用效果不明显或无作用。具体如表3-6所示。

表3-6 税收优惠政策促进企业科技创新的绩效评价

序号	税收激励政策	促进作用			
		作用明显	有一定作用	作用不明显	无作用
1	高新技术企业税收政策	61	42	0	0
2	免缴城市建设配套费政策	24	49	30	0
3	技术开发费150%加计扣除政策	41	37	25	0
4	企业所得税工资支出税前扣除政策	46	22	35	0
5	职工教育经费税前扣除政策	20	48	29	6
6	软件产业税收政策	43	14	46	0
7	集成电路产业税收政策	9	35	40	19
8	西部大开发税收政策	54	14	35	0
9	技术先进型服务企业税收政策	17	40	40	6
10	外经贸企业技改项目补助政策	17	27	59	0
11	支持中小企业技术创新政策	30	33	40	0
12	境外投资出口退（免）税政策	22	14	59	8

序号	税收激励政策	促进作用			
		作用明显	有一定作用	作用不明显	无作用
13	技术转让、开发、咨询、服务税收政策	30	14	53	6
14	软件产品增值税即征即退政策	46	14	35	8
15	大学科技园政策	9	27	53	14
16	国家大学科技园、科技企业孵化器税收政策	22	14	59	8

（3）科技创新税收优惠政策推动企业创新发展的绩效评价。

为了充分了解现有科技创新税收优惠政策在推动企业创新发展过程中所发挥的效用，本项目在实际调研过程中，专门针对这一问题开展了深入调研。通过对调研结果分析可知，仅有部分样本单位对已出台的推动企业创新发展的部分科技创新税收优惠政策绩效进行了评估，具体评估情况如表3-7所示。

表3-7　国家及重庆市科技创新税收优惠政策对企业创新发展推动作用的绩效评价

第一条		第二条		第三条	
政策	频次	政策	频次	政策	频次
高新技术企业税收政策	24	技术开发费150%加计扣除政策	12	企业所得税工资支出税前扣除政策	9
技术开发费150%加计扣除政策	58	技术先进型服务企业税收政策	9	新产品退税政策	12
西部大开发税收政策	12	免缴城市建设配套费政策	8	支持中小企业技术创新政策	7

由表3-7可知，在各项政策中，这些样本单位认为，首先会对其创新发展起到有力推动作用的政策是技术开发费150%加计扣除政策。该政策明确规定：企业研究开发新技术、新产品、新工艺发生的研究开发费用，可以在计算应纳税所得额时加计扣除。其中，直接计入当期损益的，在据实扣除的基础上，按研究开发费用的50%加计扣除；资本化处理后形成无形资产的，按照无形资产成本的150%摊销。从政策吸引力上看，会在一定程度增加企业或科研院所对科技创新活动的研发投入力度，增加企业推动创新发展的积极性。其次，会对企业创新发展起到一定推动作用的政策是高新技术企业税收政策。该政策在外部税收环境上，从多方面为企业科技创新活动提供一定的资金保障。主要政策内容有：重庆市高新技术企业和国家级创新型企业，从认定次年起，连续3年企业所得税地方留成部分的50%给予拨款补贴给企业；对高新技术的生产性建设用房的城市建设配套费实行免缴；科研机构基本建设工程中的人防工程异地建设费实行减半征

收；科研机构改制、迁建中，其原使用国有土地出让金全额返还《重庆市科技创新促进条例（草案）》。

2. 国内不同地区科技创新税收优惠政策绩效评估对比分析

以上均是结合重庆市被调研单位对现有国家及重庆市科技创新税收优惠政策调研结果分析而得出的评估结论，仅是对相关科技创新税收优惠政策的执行绩效进行综合评估。而要掌握科技创新税收优惠政策落实后的实际绩效水平，则要从横向角度，对国内不同地区科技创新税收优惠政策落实后的实际绩效进行评估比较，来找出重庆市现有科技创新税收优惠政策落实后的绩效与之形成差距的根本原因。

（1）不同地区现有科技创新税收优惠政策的基本概况。

为了进一步明晰重庆市科技创新税收优惠政策与其他地区的差别，找出现有税收优惠政策所存在的不足，本项目在对比政策实施绩效之前，首先对我国政策激励效果较好地区的有关科技创新税收优惠政策及其实施细则进行了概述，具体如表 3 - 8 所示。

表 3 - 8　我国部分地区科技创新税收优惠政策基本概况

地区名称	主要税收优惠政策	实施细则
上海市	技术转让所得减免企业所得税政策	• 符合条件的技术转让所得减免企业所得税优惠，暂列入报批类管理。技术转让收入在 500 万元以下（含 500 万元）的项目，由主管税务机关审批；超过 500 万元的项目，暂由主管税务机关初审后报市局审批。税务机关应随时受理企业享受当年符合条件的技术转让所得税优惠申请，但受理的截止日期为年度终了后 45 日
	高新技术企业税收优惠政策	• 国务院批准的高新技术产业开发区内的企业，经有关部门认定为高新技术企业的，可减按 15% 的税率征收企业所得税。自 2006 年 1 月 1 日起，国务院批准的高新技术产业开发区内新办的高新技术企业，自获利年度起免征企业所得税 2 年，免税期满后减按 15% 的税率征收所得税。 • 目前政策规定只有软件企业及集成电路设计业可以自主决定工资并在税前列支。 • 开发区内新办的高新技术企业，经批准，自投产年度起免征企业所得税 2 年。 • 对经认定高新技术企业，自登记成立之日起 5 个纳税年度内，经主管税务机关审核，广告支出可据实扣除
	软件企业和软件产品税收优惠	• 被认定为重点软件企业后，当年未享受免税优惠政策的减按 10% 的税率征收企业所得税 • 经登记核定后的技术交易额（非合同总金额）可以凭登记证明由企业向其所在地税务机关申请减免营业税 • 自 2000 年 6 月 24 日起至 2010 年年底前，对增值税一般纳税人销售自行开发生产的软件产品或集成电路（含单晶硅片），按 17% 的法定税率征收增值税后，对软件产品增值税实际税负超过 3% 的部分、对集成电路产品（含单晶硅片）增值税实际税负超过 6% 的部分实行即征即退政策

地区名称	主要税收优惠政策	实施细则
上海市	软件企业和软件产品税收优惠	• 增值税一般纳税人销售其自行开发生产或外购的软件产品和集成电路产品，按17%的税率征收增值税，其进项税额可按规定计算抵扣 • 对经过国家版权局注册登记，在销售时一并转让著作权、所有权的软件产品征收营业税，不征收增值税 • 对接受委托开发软件的销售行为，如开发合同中注明软件所有权归委托方或开发方、委托方共同所有的，征收营业税；如开发合同中注明所有权归受托方或未注明所有权归属的，作为自行开发生产的软件产品，征收增值税，并按规定享受即征即退政策 • 在销售自行开发生产的计算机软件产品的同时提供技术维护、技术服务所取得的收入，如与软件产品收入在同一张发票上一并收取的，并入软件销售额征收增值税，享受即征即退政策 • 增值税一般纳税人将进口的软件进行转化等本地化改造后对外销售，其销售的软件可按照自行开发生产的软件产品的有关规定享受即征即退的税收优惠政策。本地化改造是指对进口软件重新设计、改造、转换等工作，单纯对进口软件进行汉字化处理后再销售的不包括在内 • 企业自营出口或委托、销售给出口企业软件产品和集成电路产品，不适用增值税即征即退办法 • 对上述增值税超税负实行即征即退后所退的税款，企业用于开发软件产品、用于研究开发集成电路产品和扩大再生产，不作为企业所得税应税收入，不予征收企业所得税 • 自2000年7月1日起新设立的软件生产企业经认定后，自获利年度起，享受企业所得税"两免三减半"的优惠政策 • 对国家规划布局内的重点软件生产企业，如当年未享受免税优惠的，减按10%的税率征收企业所得税。（该类企业名单有国家计委、信息产业部、外经贸部和国家税务总局共同确定） • 软件生产企业的工资和培训费用，可按实际发生额在计算应纳税所得额时扣除 • 集成电路设计企业视同软件企业，享受软件企业的有关税收政策
	研发费加计扣除政策	• 企业开发新技术、新产品、新工艺发生的研究开发费用，可以在计算应纳税所得额时加计扣除，其中未形成无形资产计入当期损益的，在按照规定据实扣除的基础上，按照研究开发费用的50%加计扣除；形成无形资产的，按照无形资产成本的150%摊销
	技术先进型服务企业税收优惠政策	• 对经认定的技术先进型服务企业，减按15%（一般企业为25%）的税率征收企业所得税 • 对经认定的技术先进型服务企业，其发生的职工教育经费按不超过企业工资总额8%（一般企业为2.5%）的比例据实在企业所得税税前扣除超过部分，准予在以后纳税年度结转扣除 • 对经认定的技术先进型服务企业离岸服务外包业务收入免征营业税（税率为5%）

地区名称	主要税收优惠政策	实施细则
江苏省	企业技术开发费、职工教育经费税前抵扣政策	• 允许企业按当年实际发生技术开发费用的150%抵扣当年应纳税所得额;实际发生技术开发费用当年抵扣不足部分,可按税法规定在5年内结转抵扣。企业应足额提取职工教育经费,所提取职工教育经费在计税工资总额2.5%以内的,可在企业所得税前扣除。对研究开发实际支出占当年销售收入比例超过5%的企业,可由企业纳税关系所在地政府从企业贡献中拿出部分资金给予奖励
	高新技术企业税收优惠政策	• 国家高新技术产业开发区内新办的高新技术企业经严格认定后,自获利年度起两年内免征企业所得税,两年后减按15%的税率征收企业所得税。国家高新技术产业开发区外的省级以上高新技术企业,可由企业纳税关系所在地政府给予一定的科技创新补贴
	加速折旧政策	• 企业用于研究开发的仪器设备,单位价值在30万元以下的,可一次或分次摊入管理费,达到固定资产标准的单独管理,不提取折旧;单位价值在30万元以上的,可适当缩短固定资产折旧年限或加速折旧。企业购置软件,经主管税务机关核准,其折旧或摊销年限可适当缩短,最短可为2年;集成电路生产企业的生产性设备,经主管税务机关核准,其折旧年限最短可为3年
	社会资金向高校院所捐赠研发经费减税政策	• 鼓励社会资金捐赠创新活动。企事业单位、社会团体和个人,通过公益性社会团体和国家机关,捐赠非关联的科研机构和高校的研究开发经费,按规定在当年度应纳税所得额中扣除
	科技企业孵化器"四税减免"政策	• 对于国家及省认定的高新技术创业服务中心、大学科技园、软件园、留学生创业园等科技企业孵化器,自认定之日起,一定期限内免征营业税、所得税、房产税和城镇土地使用税
北京市	高新技术企业税收优惠政策	• 注册在北京中关村科技园区内并经有关部门认定为高新技术企业的,一律按15%的税率缴纳企业所得税;另外,企业出口产品产值达到当年总产值40%以上的,经税务部门核定可以减按10%的税率征收企业所得税 • 属于经认定的高新技术企业,从开办的那天起3年内可以免征企业所得税,第4~6年按15%的优惠税率减半缴纳企业所得税 • 高新技术企业研制开发新技术、新产品、新工艺当年所发生的各项费用和为此所购置的单台价值在10万元以下的试制用关键设备、测试仪器的费用,可一次或分次摊入成本;购买国内外先进技术、专利所发生的费用,经税务部门批准,可在两年内摊销完毕 • 高新技术企业当年发生的技术开发费比上年实际增长10%(含10%)以上的,当年经主管税务机关批准,可再按技术开发费实际发生额的50%抵扣当年应纳税所得额

续表

地区名称	主要税收优惠政策	实施细则
北京市	高新技术企业税收优惠政策	• 高新技术企业工资总额增长幅度低于经济效益增长幅度、职工平均工资增长幅度低于劳动生产率增长幅度的，实际发放的工资在计算企业所得税应纳税所得额时允许据实扣除 • 对单位和个人（包括外商投资企业、外商投资设立的研究开发中心、外国企业和外籍个人）从事技术转让、技术开发业务和与之相关的技术咨询、技术服务业务取得的收入，免征营业税
	科研机构的税收优惠政策	• 国科发政字〔2000〕300号文件所列134家转制科研机构，从2001年起至2005年年底止，5年内免征企业所得税 • 科研机构联合其他企业组建有限责任公司或股份有限公司，科研机构在转的股权比例达到50%的，按政策规定期限免征企业所得税 • 科研机构与工程勘察设计单位联合其他企业组建有限责任公司或股份有限公司，其中科研机构在转制企业中的股权比例达到50%的，按本通知第二条规定免征所得税；工程勘察设计单位在转的股权比例达到50%或者科研机构与工程勘察设计单位在新组建企业中股权均达不到50%，但两者股权合计达到50%的，按工程勘察设计单位转制政策减半征收所得税 • 科研机构在转制企业中无形资产的价值所占股权比例低于20%的，据实计算控股比例；无形资产股权比例超过20%的，其超过部分不作为计算减免税的股权 • 中央直属科研机构以及省、地（市）所属的科研转制后，自1999～2003年5年内免征企业所得税 • 对社会力量，包括企业单位（不含外商投资企业和外国企业）、事业单位、社会团体、个人和个体工商户，资助非关联的科研机构和高等学校研究开发新产品、新技术、新工艺所发生的研究开发经费，经主管税务机关审核确定，其资助支出可以全额在当年度应纳税所得额扣除。当年度应纳税所得额不足抵扣的，不得结转抵扣 • 对单位和个人（包括外商投资企业、外商投资设立的研究开发中心、外国企业和外籍个人）从事技术转让、技术开发业务和与之相关的技术咨询、技术服务业务取得的收入，免征营业税
	扶持科技企业自主创新税收优惠政策	• 企业当年实际发生的技术开发费用，可允许按其150%抵扣当年应纳税所得额。当年抵扣不足部分，可按税法规定在5年内结转抵扣。此外，企业提取的职工教育经费在计税工资总额2.5%以内的，可在企业所得税前扣除 • 企业用于研发的仪器设备，单价30万元以下的，可一次或分次摊入管理费；单位价值在30万元以上的，可采取适当缩短固定资产折旧年限或加速折旧的政策

地区名称	主要税收优惠政策	实施细则
广东省	企业研究开发财税优惠政策	开发新技术、新产品、新工艺发生的研究开发费用，可以在计算应纳税所得额时加计扣除。未形成无形资产计入当期损益的，在按照规定据实扣除的基础上，按照研究开发费用的50%加计扣除；形成无形资产的，按无形资产成本的150%摊销
	高新技术产业地方税收政策	• 对科研单位取得的技术转让收入免征营业税。由省科委认定的高新技术企业有偿转让专利技术和非专利技术的所有权或使用权取得的收入，均属免征营业税 • 国务院批准的高新技术产业开发区内的高新技术企业，减按15%的税率征收所得税；新办的高新技术企业自投产年度起免征所得税2年，免税期满后仍有困难的，报经财政部门批准，在2年内，可将企业上缴的所得税返还给企业；出口额占其销售总额70%以上的，仍按15%税率征收所得税，其中5个百分点列支返还企业。民营科技企业自认定之日起，两年内所得税列收返还企业；经认定的技术创新优势企业，享受高新技术企业同等税收优惠 • 企业研究开发新产品、新技术、新工艺所发生的各项费用，不受比例限制，计入管理费用。企业研究开发新产品、新技术、新工艺所发生的各项费用应逐年增长，增长幅度在10%以上的企业，可再按实际发生额的50%抵扣应税所得额。具体抵扣办法，由国家税务总局另行制定。（仅适用于国有、集体工业企业）。企业为开发新技术、研制新产品所购置的试制用关键设备、测试仪器，单台在10万元以下的，可一次或分次摊入管理费用，其中达到固定资产标准的应单独管理，不再提取折旧。企业研究开发（包括委托开发）支出的费用，按实际发生额计入成本，年增幅在10%以上的，可再按实际发生额的50%抵扣应税所得额 • 企业事业单位进行技术转让，以及在技术转让过程中发生的与技术转让有关的技术咨询、技术服务、技术培训的所得，年净收入在30万元以下的，暂免征收所得税。企业为验证、补充相关数据，确定完善技术规范或解决产业化、商品化规模生产关键技术而进行中间试验，报经主管财税机关批准后，中试设备的折旧年限可在国家规定的基础上加速30.0% • 对省内首家生产的发明专利产品和国家级新产品在3年内、实用新型专利产品和省级新产品在2年内新增部分的所得税，先由税务部门征收，后由财政部门全部返还给企业。凡列入国家和省级计划的新产品，自销售之日起，国家级新产品和省内首次生产的发明专利产品3年内，省级新产品和实用新型专利产品2年内，所得税和增值税地方分成部分由同级财政全额返还企业。引进技术设备的消化吸收创新项目，经认定后3年内所得税予以返还 • 企业可以根据技术改造规划和承受能力，在国家规定的折旧年限区间内，选择较短的折旧年限。对在国民经济中具有重要地位、技术进步快的电子生产企业、船舶工业企业、生产"母机"的机械企业、飞机制造企业、汽车制造企业、化工生产企业、医药生产企业和经财政部批准的企业，其机器设备可以采用双倍余额递减法或年数总和法。其他企业某些特殊机器设备，凡是符合财政部行业财务制度

续表

地区名称	主要税收优惠政策	实施细则
广东省	高新技术产业地方税收政策	规定的，也可以实行双倍余额递减法或年数总和法（适用于国有、集体、工业企业）。国有及国有控股企业在资产重组中，转让、租赁闲置设备收入的所得税款，经同级经委审核和财税部门批准返还企业。企业可根据实际情况经报财税部门批准加速折旧，增提折旧用于技术改造和技术创新，实行工效挂钩的企业考核时视同实现利润 ● 对科研单位服务于各行业的技术成果转让，技术培训，技术咨询，技术服务，技术承包所取得的技术性服务收入暂免征收所得税。科研机构转为企业法人后，5年内继续享受科研事业单位的有关优惠政策。鼓励科研院所创办科技型企业，其所办科技型企业5年内免收地方各项规费，所得税列收列支，全额返还
	专利产品税收优惠政策	经审查批准的专利产品，可享受广东省税收优惠政策。从《广东省享受税收优惠专利产品名单》下达年度开始，发明专利3年内、实用新型专利2年内，新增所得税和增值税地方分成部分由同级财政全额返还给生产单位
浙江省	高新技术企业税收优惠政策	● 经省高新技术企业认定管理机构认定（复审）合格的高新技术企业，可按15%的税率进行企业所得税预缴申报和年度申报，资格有效期3年 ● 一个纳税年度内，对居民企业技术转让所得不超过500万元的部分，免征企业所得税；超过500万元的部分，减半征收企业所得税
	研究开发费用加计扣除政策	● 企业为开发新技术、新产品、新工艺发生的研究开发费用，未形成无形资产计入当期损益的，在按照规定据实扣除的基础上，按照研究开发费用的50%加计扣除；形成无形资产的，按照无形资产成本的150%摊销
	技术转让、技术开发项目营业税减免政策	● 对单位从事技术转让、技术开发业务和与之相关的技术咨询、技术服务业务取得的收入，免征营业税
辽宁省	技术转让税收优惠政策	● 符合条件的技术转让所得免征、减征企业所得税，是指一个纳税年度内，企业技术转让所得不超过500万元的部分，免征企业所得税；超过500万元的部分，减半征收企业所得税
	研究开发费用支出税收优惠政策	● 企业为开发新技术、新产品、新工艺发生的研究开发费用，未形成无形资产计入当期损益的，在按照规定据实扣除的基础上，按照研究开发费用的50%加计扣除；形成无形资产的，按照无形资产成本的150%摊销
	企业固定资产加速折旧税收优惠政策	● 企业拥有并用于生产经营的主要或关键的固定资产由于技术进步，产品更新换代较快的，确需加速折旧的，可以缩短折旧年限或者加速折旧

地区名称	主要税收优惠政策	实施细则
辽宁省	集成电路生产企业的生产性设备的优惠政策	• 集成电路生产企业的生产性设备，经主管税务机关核准，其折旧年限可适当缩短，最短可为 3 年
	软件产业和集成电路产业税收优惠政策	• 软件生产企业实行增值税即征即退政策所退还的税款，由企业用于研究开发软件产品和扩大再生产，不作为企业所得税应税收入，不予征收企业所得税
		• 我国境内新办软件生产企业经认定后，自获利年度起，第 1 年和第 2 年免征企业所得税，第 3～5 年减半征收企业所得税
		• 国家规划布局的重点软件生产企业，如当年未享受免税优惠，减按 10% 的税率征收企业所得税
		• 集成电路设计企业视同软件企业，享受上述软件企业的有关企业所得税政策。
		• 集成电路生产企业的生产性设备，经主管税务机关核准，其折旧年限可适当缩短，最短为 3 年。
		• 投资额超过 80 亿元人民币或集成电路线宽小于 0.25 微米的集成电路生产企业，可减按 15% 的税率缴纳企业所得税，其中，经营期在 15 年以上的，从开始获利年度起，第 1～5 年免征企业所得税，第 6～10 年减半征收企业所得税
		• 对生产线宽小于 0.8 微米（含）集成电路产品的生产企业，经认定后，自获利年度起，第 1 年和第 2 年免征企业所得税，第 3～5 年减半征收企业所得税。
		• 自 2008 年 1 月 1 日起至 2010 年年底，对集成电路生产企业、封装企业的投资者，以其取得的缴纳企业所得税后的利润，直接投资于本企业增加注册资本，或作为资本投资开办其他集成电路生产企业、封装企业，经营期不少于 5 年的，按 40% 的比例退其再投资部分已缴纳的企业所得税税款。再投资不满 5 年撤出该项投资的，追缴已退的企业所得税税款
		• 自 2008 年 1 月 1 日起至 2010 年年底，对国内外经济组织作为投资者，以其在境内取得的缴纳企业所得税后的利润，作为资本投资于西部地区开办集成电路生产企业、封装企业或软件产品生产企业，经营期不少于 5 年的，按 80% 比例退还其再投资部分已缴纳的企业所得税税款。再投资不满 5 年撤出该项投资的，追缴已退的企业所得税
		• 软件生产企业的职工培训费用，可按实际发生额在计算应纳税所得额时扣除
		• 软件生产企业发生的职工教育经费中的职工培训费用，根据《财政部 国家税务总局关于企业所得税若干优惠政策的通知》（财税〔2008〕1 号）规定，可以全额在企业所得税前扣除。软件生产企业应准确划分职工教育经费中的职工培训费支出，对于不能准确划分的，以及准确划分后职工教育经费中扣除职工培训费用的余额，一律按照《实施条例》第四十二条规定的比例扣除
		• 2007 年底前设立的软件生产企业和集成电路生产企业，经认定后可以按《财政部 国家税务总局关于企业所得税若干优惠政策的通知》（财税〔2008〕1 号）的规定享受企业所得税定期减免税优惠政策。在 2007 年度或以前年度已获利并开始享受定期减免税优惠政策的，可自 2008 年度起继续享受至期满为止

续表

地区名称	主要税收优惠政策	实施细则
辽宁省	高新技术企业税收优惠政策	● 国家需要重点扶持的高新技术企业，减按 15% 的税率征收企业所得税
山东省	技术转让与技术开发税收优惠政策	● 对单位和个人从事技术转让、技术开发业务和与之相关的技术咨询、技术服务业务收入，免征营业税 ● 企业事业单位进行技术转让，以及在技术转让过程中发生的与技术转让有关的技术咨询、技术服务、技术培训的所得，年净收入在 30 万元以下的，暂免征收企业所得税 ● 非营利性科研机构从事技术开发、技术转让业务和与之相关的技术咨询、技术服务所取得的收入，免征企业所得税 ● 对科研单位服务于各业的技术成果转让、技术培训、咨询、服务、承包所取得的技术性服务收入，暂免征企业所得税。企业无形资产开发支出未形成资产的部分，准予在计征企业所得税时据实扣除 ● 允许企业按当年实际发生的技术开发费用的 150% 抵扣当年应纳税所得额。实际发生的技术开发费用当年抵扣不足部分，可按税法规定在 5 年内结转抵扣。企业提取的职工教育经费在计税工资总额 2.5% 以内的，可在企业所得税前扣除 ● 企业用于研究开发的仪器和设备，单位价值在 30 万元以下的，可一次或分次摊入管理费，其中达到固定资产标准的应单独管理，但不提取折旧；单位价值在 30 万元以上的，可采取适当缩短固定资产折旧年限或加速折旧的政策
	技术改造与技术创新税收优惠政策	● 凡在中国境内投资于符合国家产业政策的技术改造项目，其项目所需国产设备投资的 40%，可从企业技术改造项目购置当年比前一年新增的企业所得税中抵免。当年抵免不足的，可用以后年度的新增所得税延续抵免，但最长不得超过 5 年 ● 企业进行中间试验，其中间试验设备的折旧年限可在国家规定的基础上加速 30% ~ 50%。企业可以根据技术改造规划和承受能力，在国家规定的折旧年限区间内，选择较短的折旧年限 ● 企业技术改造采取融资租赁方式租入的机器设备，折旧年限可按租赁期限和国家规定的折旧年限孰短的原则确定，但最短折旧年限不短于 3 年 ● 集成电路生产企业的生产性设备，其折旧年限可以适当缩短，最短为 3 年

地区名称	主要税收优惠政策	实施细则
山东省	软件开发及科研机构税收优惠政策	• 对符合条件的科技企业孵化器、国家大学科技园自认定之日起，一定期限内免征营业税、企业所得税、房产税和城镇土地使用税 • 对经省级以上科技主管部门认定的软件开发企业，可按实际发放的工资总额，在计算应纳税所得额中全额扣除 • 对经认定的软件生产企业和集成电路设计企业的工资薪金支出和培训费用，可按实际发生额在计征企业所得税时税前扣除 • 对中国境内新办的软件生产企业和集成电路设计企业经认定后，自获利年度起，第1~2年免征企业所得税，第3~5年减半征收企业所得税 • 集成电路生产企业投资额超过80亿元或集成电路线宽小于0.25微米的，按照财税〔2005〕25号文的相关规定享受税收优惠 • 对国家规划布局内的重点软件生产和集成电路设计企业，如当年未享受免税优惠的，减按10%的税率征收企业所得税 • 对生产线宽小于0.8微米（含）集成电路产品的生产企业，经认定后，自获利年度起实行企业所得税"两免三减半"政策，即自获利年度起，第1~2年免征企业所得税，第3~5年减半征收企业所得税 • 对经认定属于2000年7月1日以后新办的软件生产企业，同时又是国务院批准的高新技术产业开发区内的新办高新技术企业，可享受新办软件生产企业的减免税优惠。在减税期间的，按15%税率减半征收企业所得税；减免税期满后，按15%税率计算企业所得税 • 国务院批准的高新技术产业开发区内新创办的高新技术企业经严格认定后，自获利年度起两年内免征企业所得税，两年后减按15%的税率征收企业所得税。高新技术企业、风险投资企业以及需要提升的新生成长企业，报经国家税务总局审核批准，企业在拓展市场特殊时期的广告支出，可据实扣除或适当提高扣除比例 • 对经有关部门批准的转制科研机构，从转制之日或注册之日起5年内免征企业所得税和科研开发自用土地、房产的城镇土地使用税、房产税。5年期满后，再延长2年期限 • 科研机构联合其他企业组建有限公司或股份公司，科研机构在转制企业中的股权比例达到50%的，按政策规定期限免征企业所得税 • 科研机构与工程勘察设计单位联合其他企业组建有限公司或股份公司，在转制企业中科研机构股权比例达到50%的，免征企业所得税；科研机构和工程勘察设计单位在转制企业中，两者股权均达不到50%，但两者股权合计达到50%的，减半征收企业所得税 • 科研机构在转制中无形资产的价值所占股权比例低于20%的，据实计算控股比例，其超过20%的部分，不作为计算减免税的股权

（2）不同地区现有科技创新税收优惠政策执行后实际绩效比较。

为了充分认识重庆市在科技创新税收优惠政策中存在的不足，结合上述各地区科技创新税收优惠政策及其实施细则，来比较我国相关地区的科技创新税收优惠政策实际绩效水平，主要是从R&D经费投入税收激励绩效、技术成果专利申请税收激励绩效、技术市场合同成交额激励绩效等指标来反映总体政策绩效水平。

1）R&D经费投入税收激励绩效。鼓励科技创新，需要多方面的条件，才能有明显效果，而首要条件是R&D经费的投入，因为只有大力增加科技经费的投入量，才能使企业科技创新活动深入开展具备良好的条件和支持平台。由表3－9可知，从R&D经费投入强度税收优惠政策激励绩效来看，随着近年来重庆市相继出台了多项科技创新税收优惠政策，越来越多的企业得益于这些激励政策，因而在一定程度上促使各类机构开始加大研究与开发费用的投入力度，从而形成6年来重庆市R&D经费投入强度一直处于稳步增长的态势，并在全国31个省份中处于中等偏上位次，2011年列第13位。由表3－10可知，2011年重庆市相关机构的R&D经费投入多用于内部支出，其总额为1283560万元，占总支出的94.2%；而在R&D经费内部支出中，虽然大部分用于日常性支出，但在用于资本性支出的R&D经费中，88.1%的经费用于采购和更新仪器和设备。

表3－9　各地区研究与试验发展（R&D）经费投入强度　　　单位:%

地　区	2006 年	2007 年	2008 年	2009 年	2010 年	2011 年
北　京	5.50	5.40	5.25	5.50	5.82	5.76
天　津	2.18	2.27	2.45	2.37	2.49	2.63
河　北	0.66	0.66	0.67	0.78	0.76	0.82
山　西	0.76	0.86	0.90	1.10	0.98	1.01
内蒙古	0.34	0.40	0.44	0.53	0.55	0.59
辽　宁	1.47	1.50	1.41	1.53	1.56	1.64
吉　林	0.96	0.96	0.82	1.12	0.87	0.84
黑龙江	0.92	0.93	1.04	1.27	1.19	1.02
上　海	2.50	2.52	2.59	2.81	2.81	3.11
江　苏	1.60	1.67	1.92	2.04	2.07	2.17
浙　江	1.42	1.50	1.60	1.73	1.78	1.85
安　徽	0.97	0.97	1.11	1.35	1.32	1.40
福　建	0.89	0.89	0.94	1.11	1.16	1.26
江　西	0.81	0.89	0.97	0.99	0.92	0.83

地　区	2006 年	2007 年	2008 年	2009 年	2010 年	2011 年
山　东	1.06	1.20	1.40	1.53	1.72	1.86
河　南	0.64	0.67	0.66	0.90	0.91	0.98
湖　北	1.25	1.21	1.31	1.65	1.65	1.65
湖　南	0.71	0.80	1.01	1.18	1.16	1.19
广　东	1.19	1.30	1.41	1.65	1.76	1.96
广　西	0.38	0.37	0.46	0.61	0.66	0.69
海　南	0.20	0.21	0.23	0.35	0.34	0.41
重　庆	1.06	1.14	1.18	1.22	1.27	1.28
四　川	1.25	1.32	1.28	1.52	1.54	1.40
贵　州	0.64	0.50	0.57	0.68	0.65	0.64
云　南	0.52	0.55	0.54	0.60	0.61	0.63
西　藏	0.17	0.20	0.31	0.33	0.29	0.19
陕　西	2.24	2.23	2.09	2.32	2.15	1.99
甘　肃	1.05	0.95	1.00	1.10	1.02	0.97
青　海	0.52	0.49	0.41	0.70	0.74	0.75
宁　夏	0.70	0.84	0.69	0.77	0.68	0.73
新　疆	0.28	0.28	0.38	0.51	0.49	0.50

表 3-10　2011 年重庆市 R&D 经费支出基本情况

R&D 经费支出	金额（万元）	主要支出	金额（万元）	具体支出	金额（万元）
R&D 经费外部支出	78962	对境内研究机构支出	35828		
		对境内高等学校支出	12159		
		对境内企业支出	3526		
		对境外机构支出	27446		
R&D 经费内部支出	1283560	日常性支出	1037141	人员劳务费	265470
		资产性支出	246419	仪器和设备	217047

　　是什么原因促使企业加大对 R&D 的资本性投入呢？我们分析主要诱因是政

府的税收优惠政策支持。国家及重庆市相继出台的《企业所得税法实施条例》和《重庆市地方税务局转发财政部国家税务总局关于企业所得税若干优惠政策的通知》（渝地税发〔2008〕82号）等政策中明确指出：开发新技术、新产品、新工艺发生的研究开发费用，未形成无形资产计入当期损益的，在按照规定据实扣除的基础上，按照研究开发费用的50%加计扣除；形成无形资产的，按照无形资产成本的150%摊销。而由于技术进步，产品更新换代较快的固定资产，可以加速折旧；采取缩短折旧年限方法的，最低折旧年限不得低于第60条规定折旧年限的60%；采取加速折旧方法的，可以采取双倍余额递减法或者年数总和法。企事业单位购进软件，凡符合固定资产或无形资产确认条件的，可以按照固定资产或无形资产进行核算，经主管税务机关核准，其折旧或摊销年限可以适当缩短，最短可为2年。集成电路生产企业的生产性设备，经主管税务机关核准，其折旧年限可以适当缩短，最短可为3年。

此外，尽管重庆近年来利用税收优惠政策促使企业加大了科技创新的R&D投入，但与国内部分发达地区还存在明显的差距。由表3-9可知，2011年重庆市R&D经费投入强度明显要低于北京、上海、浙江、山东、辽宁、广东等省市。以上海市为例，2011年上海市R&D经费投入强度3.11%，较上一年有了一定幅度的增长，比重庆市高出1.83%；而从R&D经费的各项支出情况来看，上海市不仅在各项绝对指标上都明显优于重庆市，而且从相对指标上看，也要高出重庆市，特别是在资本性支出中的仪器和设备投入所占比重达到了90.6%（见表3-11）。

表3-11　2011年上海市 R&D 经费支出基本情况

R&D 经费支出	金额（万元）	主要支出	金额（万元）	具体支出	金额（万元）
R&D 经费外部支出	514708	对境内研究机构支出	176977		
		对境内高等学校支出	112484		
		对境内企业支出	116826		
		对境外机构支出	107667		
R&D 经费内部支出	10655109	日常性支出	8977597	人员劳务费	2380992
		资产性支出	1677509	仪器和设备	1520221

科技创新税收优惠政策的有效性不仅应体现在R&D经费投入上，更重要地应从由投入所带来的科技产出角度来分析。基于此，为了进一步挖掘出现有科技创新税收优惠政策措施方面所存在的成绩与不足，从研发投入所创造的科技创新

成果（专利、技术市场成交额）方面对重庆市科技创新税收优惠政策绩效水平进行了更深层次评估。

2）技术成果专利申请税收激励绩效。当今世界的竞争归根到底是经济实力的竞争，是科技创新能力的竞争，是专利的竞争。而专利申请（或授权）数直接反映了自主科技创新能力和技术进步水平，是衡量科技产出的重要指标。专利申请数量的多少不仅能代表着该地区科技创新能力的强弱，也能在一定程度上表明该地区研发投入所带来的技术成果。

由表3-12和表3-13可知，近年来我国各地区专利申请受理数和授权数都呈现了较快的增长态势。其中，以重庆市为例，2006年该地区的专利申请受理数和授权数仅有6471件，而到了2011年，这两项数据则增长到了32039件，增长百分比分别为395.1%。

表3-12　近六年我国专利申请受理数　　　　　　单位：件

地　区	2006 年	2007 年	2008 年	2009 年	2010 年	2011 年
北　京	26555	31680	43508	50236	57296	77955
天　津	13299	15744	18230	19624	25973	38489
河　北	7220	7853	9128	11361	12295	17595
山　西	2824	3333	5386	6822	7927	12769
内蒙古	1946	2015	2221	2484	2912	3841
辽　宁	17052	19518	20893	25803	34216	37102
吉　林	4578	5251	5536	5934	6445	8196
黑龙江	6535	7242	7974	9014	10269	23432
上　海	36042	47205	52835	62241	71196	80215
江　苏	53267	88950	128002	174329	235873	348381
浙　江	52980	68933	89931	108482	120742	177066
安　徽	4679	6070	10409	16386	47128	48556
福　建	10351	11341	13181	17559	21994	32325
江　西	3171	3548	3746	5224	6307	9673
山　东	38284	46849	60247	66857	80856	109599
河　南	11538	14916	19090	19589	25149	34076
湖　北	14576	17376	21147	27206	31311	42510
湖　南	10249	11233	14016	15948	22381	29516
广　东	90886	102449	103883	125673	152907	196272
广　西	2784	3480	3884	4277	5117	8106

续表

地　区	2006 年	2007 年	2008 年	2009 年	2010 年	2011 年
海　南	538	632	873	1040	1019	1489
重　庆	6471	6715	8324	13482	22825	32039
四　川	13109	19165	24335	33047	40230	49734
贵　州	2674	2759	2943	3709	4414	8351
云　南	3085	3108	4089	4633	5645	7150
西　藏	89	97	350	195	162	263
陕　西	5717	8499	11898	15570	22949	32227
甘　肃	1460	1608	2178	2676	3558	5287
青　海	325	387	431	499	602	732
宁　夏	671	838	1087	1277	739	1079
新　疆	2256	2270	2412	2872	3560	4736

表 3 – 13　2011 年我国各地区专利申请基本概况　　　　　单位：件

地　区	专利申请受理数				专利申请授权数			
	总数	发明	实用新型	外观设计	总数	发明	实用新型	外观设计
北　京	77955	45057	26615	6283	40888	15880	19628	5380
天　津	38489	10623	18042	9824	13982	2528	8961	2493
河　北	17595	4651	10423	2521	11119	1469	7490	2160
山　西	12769	4602	5238	2929	4974	1114	3036	824
内蒙古	3841	1267	2034	540	2262	364	1415	483
辽　宁	37102	14658	17715	4729	19176	3164	13584	2428
吉　林	8196	3334	3941	921	4920	1202	2993	725
黑龙江	23432	5063	9704	8665	12236	1953	5855	4428
上　海	80215	32142	30926	17147	47960	9160	23351	15449
江　苏	348381	84678	81097	182606	199814	11043	53413	135358
浙　江	177066	24745	75860	76461	130190	9135	56030	65025
安　徽	48556	10982	23209	14365	32681	2026	16128	14527
福　建	32325	6896	16688	8741	21857	1945	12697	7215
江　西	9673	2796	4698	2179	5550	679	3088	1783
山　东	109599	25623	63004	20972	58844	5856	43443	9545
河　南	34076	8833	19120	6123	19259	2462	13032	3765

地　区	专利申请受理数				专利申请授权数			
	总数	发明	实用新型	外观设计	总数	发明	实用新型	外观设计
湖　北	42510	10327	17409	14774	19035	3160	11147	4728
湖　南	29516	8774	13598	7144	16064	2606	8732	4726
广　东	196272	52012	67333	76927	128413	18242	51402	58769
广　西	8106	2757	3614	1735	4402	634	2564	1204
海　南	1489	732	504	253	765	272	334	159
重　庆	32039	8839	16786	6414	15525	1865	8749	4911
四　川	49734	11808	19241	18685	28446	3270	12533	12643
贵　州	8351	2358	3170	2823	3386	596	1885	905
云　南	7150	2796	3175	1179	4199	1006	2217	976
西　藏	263	101	41	121	142	27	20	95
陕　西	32227	13037	11643	7547	11662	3139	6958	1565
甘　肃	5287	2105	2441	741	2383	552	1536	295
青　海	732	204	233	295	538	70	147	321
宁　夏	1079	442	527	110	613	103	418	92
新　疆	4736	1273	2732	731	2642	302	1974	366

是何种原因导致了近年来我国各地区专利申请数量快速增长呢？通过分析不难发现，一方面应归因于我国科技人才创新能力的整体提升，而另一方面促使企业加快研发高水平技术成果的原动力则是政策的税收优惠政策。2006 年以来，我国及重庆市相继出台了若干项激励企业加快研发科技成果的税收优惠政策。这些政策明确指出：经认定符合申请条件的单位，在申请专利费用支出享有减缓70％的申请费、发明专利申请审查费和年费以及减缓60％的发明专利申请维持费和复审费的优惠［国家知识产权局《专利费用减缓办法》（局令38 号）］。经认定符合专利申请资助条件的企业，其国内发明、实用新型或外观设计的专利申请费，按实际发生额资助；获得国内发明、实用新型和外观设计专利权后，予以一次性资助；获得国外发明专利权后，予以一次性资助（《重庆市专利促进与保护条例》）。

此外，由表3－13 可知，尽管重庆市近年来利用税收优惠政策促使企业加快了科技创新的步伐，取得了一定成效，2011 年重庆市专利申请受理数和授权数基本在全国31 个省份处于中游位次，分别列第15 位和第14 位，但与国内部分发达地区还存在明显的差距，其绝对数上明显劣于北京、上海、江苏、浙江、广东及山东等省市。首先从专利申请受理数来看，2011 年重庆市 3 种专利（发明专利、实用新型专利、外观设计专利）在全国排名分别为第 13 位和第 14 位，具体数值分别为 8839 件、16786 件和 6414 件。其中，与这些发达地区存在明显差距的是发明专利和实用新型专利申请受理数，而在外观设计专利上与之差距较小。2011 年重庆市发明专利受理数占专利申请受理总数的比重仅有 27.6%，而北京市则达到了 57.8%。其次从专利申请授权数来看，2011 年重庆市 3 种专利在全国排名分别为第 17 位、第 14 位和第 10 位，具体数值分别为 1865 件、8749 件、4911 件。其中，与发达地区差异较大的是发明专利和实用新型专利申请授权数，外观设计专利申请授权数的差距较小。2011 年重庆市发明专利授权数占专利申请授权总数的比重仅有 12%，而北京市则达到了 38.8%。

3）技术市场合同成交额激励绩效。科技创新税收优惠政策的激励绩效不仅体现在其专利成果产出上，还体现在技术市场合同成交额。技术市场合同成交额是经技术市场认定后的科技创新技术交易额。该指标的高低在一定程度上能反映出一个地区科技创新水平的高低。自 1985 年我国实施开放技术市场促进科技成果商品化战略以来，技术市场合同成交总金额平均每年以 15% 以上的速度增长。截至 2011 年，全国全年认定登记的技术合同共计 254699 项，比上年同期增长11.5%；成交总金额 4463.8 亿元，比上年同期增长 23%。具体如表 3 – 14 和表 3 – 15 所示。

由表 3 – 14 和表 3 – 15 可知，与其他地区相比，自 2006 年以来，重庆市技术市场成交合同数和合同金额同样呈现了较为不稳定的变化态势。2006 年本地区的技术市场成交合同数有 2662 份，成交合同金额达 55.35 亿元；而到了 2007年，这两项数据出现了不同程度的变化，尽管技术市场成交合同数比上年同期增加了 41.6%，但成交合同金额出现了大幅度下滑，降幅达 28.5%；而在 2008年，这两项数据又出现和上一年完全相反的变化趋势，成交合同数在下滑，而成交合同金额出现了大幅度提升；截至 2011 年，重庆市技术市场成交合同数和成交合同金额分别达到了 3270 份和 68.15 亿元，在全国 31 个省份中位列第 18 位和第 12 位。

表 3 –14　各地区技术市场成交合同数　　　　　　　　单位：份

地　区	2006 年	2007 年	2008 年	2009 年	2010 年	2011 年
全　国	205617	220602	225828	213190	228503	254699
北　京	51570	50972	52742	49938	50847	53552
天　津	10181	8380	9312	9842	9540	11699
河　北	3719	3448	4100	4392	4517	4400

续表

地 区	2006 年	2007 年	2008 年	2009 年	2010 年	2011 年
山 西	506	469	831	826	835	830
内蒙古	1112	943	1068	865	1231	1386
辽 宁	12546	15105	17738	15729	15589	16796
吉 林	4196	3542	3647	3222	3424	3072
黑龙江	1755	1607	1706	2068	1983	1918
上 海	28102	27667	28593	26952	25945	29005
江 苏	10844	14366	14089	13938	19815	24526
浙 江	17734	16398	17391	12786	12826	13858
安 徽	4792	4648	5667	5888	4831	5795
福 建	5671	5044	5188	4785	5120	4749
江 西	2530	2809	2266	2273	2250	2261
山 东	5331	7027	6908	7672	7865	9037
河 南	2831	3773	4478	3913	4611	5010
湖 北	5309	8297	7147	5689	6638	7747
湖 南	5650	5987	5511	5258	5137	5654
广 东	14866	18175	15945	14408	17493	19637
广 西	247	319	437	290	258	778
海 南	130	119	97	62	213	396
重 庆	2662	3769	2332	2465	2201	3270
四 川	4242	5723	6473	7632	9003	9919
贵 州	263	457	713	988	650	736
云 南	920	859	889	1028	1047	1241
西 藏	0	0	0	0	0	0
陕 西	3542	4856	4846	6243	9470	11125
甘 肃	1995	1908	2306	2680	2503	3754
青 海	271	486	424	429	460	523
宁 夏	336	400	448	450	501	552
新 疆	1764	3049	2536	479	1700	1473

表 3-15　各地区技术市场成交合同金额　　　　单位：万元

地　区	2006 年	2007 年	2008 年	2009 年	2010 年	2011 年
全　国	17433914	21195975	25229613	28605734	36293769	44638096
北　京	6973256	8825603	10272173	12362450	15795367	18902752
天　津	588624	723356	866122	1054611	1193390	1693819
河　北	156099	164329	165906	172112	192931	262471
山　西	59213	82677	128425	162068	184911	224825
内蒙古	107127	109835	94423	147651	271464	226719
辽　宁	806494	929290	997290	1197095	1306811	1596633
吉　林	153666	174845	196066	197598	188090	262614
黑龙江	156934	350209	412565	488550	529123	620682
上　海	3095095	3548877	3861695	4354108	4314374	4807491
江　苏	688297	784173	940246	1082184	2493406	3334316
浙　江	399618	453474	589189	564581	603478	718968
安　徽	184921	264515	324865	356174	461470	650337
福　建	113187	145579	179690	232594	356569	345712
江　西	93135	99533	77641	97893	230479	341861
山　东	232005	450275	660126	719391	1006769	1263778
河　南	237288	261907	254425	263046	272002	387602
湖　北	444427	522146	628971	770329	907218	1256876
湖　南	455281	460816	477024	440432	400940	353901
广　东	1070257	1328448	2016319	1709850	2358949	2750647
广　西	9423	9970	26996	17662	41362	56377
海　南	8535	7327	35602	5556	32651	34584
重　庆	553479	395658	621884	383158	794410	681453
四　川	259323	303878	435313	545977	547393	678330
贵　州	5361	6560	20356	17806	77191	136483
云　南	82747	97496	50547	102469	108827	117144
西　藏	0	0	0	0	0	0
陕　西	179485	301710	438300	698074	1024140	2153664
甘　肃	214534	262107	297560	356287	430845	526386
青　海	24665	53017	77033	84967	114051	168443
宁　夏	5349	6641	8898	8982	9972	39447
新　疆	76084	71724	73963	12078	45188	43783

那是何种原因导致了重庆市技术市场成交合同数和合同金额出现较大幅度波动的呢？通过分析不难发现，其主要原因应归咎于技术市场技术流向地域的合同数和合同金额波动。由图3-5可知，重庆市按流向地域统计的技术市场合同数及合同金额从2006年以来呈现了不稳定的波动变化，占全国的比重也同样如此，具体如图3-5所示。

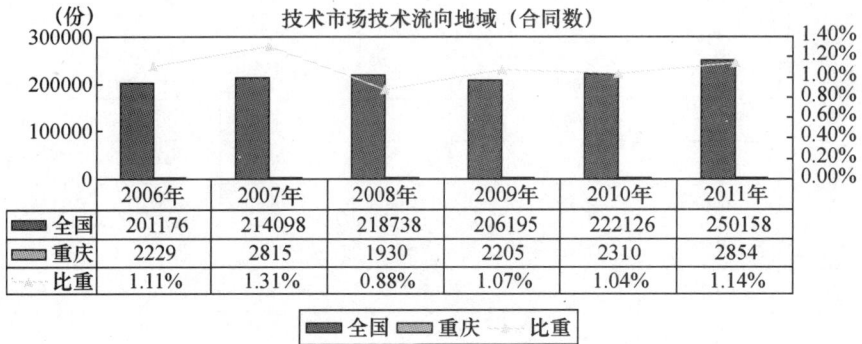

技术市场技术流向地域（合同数）

（份）	2006年	2007年	2008年	2009年	2010年	2011年
全国	201176	214098	218738	206195	222126	250158
重庆	2229	2815	1930	2205	2310	2854
比重	1.11%	1.31%	0.88%	1.07%	1.04%	1.14%

图3-5　重庆市技术市场技术流向地域（合同数）情况

分析其原因，2008年虽然国家政策的变化，技术合同中的技术咨询及技术服务合同不再享受税收优惠，但与此同时，重庆市却出台了技术转让、技术开发、技术咨询和技术服务的有关税收优惠政策。该政策明确规定：企业、事业单位进行技术转让以及在技术转让过程中发生的与技术转让有关的技术咨询、技术服务、技术培训的所得，年净收入在30万元以下的，报重庆市地方税务局审核同意后暂免征收企业所得税，超过30万元以上的，应按规定征收企业所得税。这一政策的出台在一定程度上缓解了此类技术合同登记数量的变化趋势。另外，重庆市的技术合同登记中技术咨询及技术服务合同占到较低的比例，对重庆市的影响并不明显，因而并没有使其在全国的占比大幅度下降。而由表3-16和表3-17可知，2006年以来重庆市技术开发和技术转让（两技）合同在全国的比重呈现了一个微弱的上行趋势，表明重庆市技术市场进步不是很明显，需要进一步加强。

另外，从2006年以来，重庆市技术合同流向呈净流进的状态，即技术流向地域合同数大于技术市场成交合同数，说明重庆市作为技术的购买方成交的合同数大于作为技术出让方的合同数（见图3-6）。而北京市恰恰相反，呈技术合同净流出状态，表明重庆市技术供给能力还很薄弱，原始创新能力还有待加强。由图3-6还可以看出，重庆市技术合同在2010年出现了和其他年份不同的状态，即技术合同呈净流出状态，其根本原因在于同年政策出台的税收优惠政策有效地刺激了企业的技术供给能力。2010 年重庆市政府出台的技术转让、技术开发、技术咨询和技术服务的有关税收优惠政策中明确规定：纳税人从事技术转让、技术开发申请免征营业税时，须持技术转让、开发的书面合同，到市科委或其授权的合同登记机构进行认定，再持有关书面合同和市科委审核意见证明，向所在地主管地方税务机关提出书面申请，由区县（自治县、市）地方税务局审核后报重庆市地方税务局审批，免征营业税。此外，外国企业和外籍个人从境外向中国境内转让技术需要免征营业税的，须提供技术转让或技术开发的书面合同，纳税人或其授权人书面申请以及市科委的审核意见证明，向主管地方税务机关提出申请，报重庆市地方税务局审核并转报国家税务总局批准后免征营业税。

表 3-16　2011 年国内部分地区按合同类别分技术市场技术流向地域（合同数）

单位：件

地　区	合　计	技术开发	技术转让	技术咨询	技术服务
北　京	36021	17724	793	2199	15305
上　海	27158	9903	888	3171	13196
江　苏	23772	13516	1231	4294	4731
浙　江	16220	9152	571	2606	3891
广　东	21845	13418	892	1493	6042
辽　宁	14573	5329	446	4513	4285
山　东	11391	7172	774	607	2838
重　庆	2854	1710	159	106	879

表 3-17　2011 年国内部分地区按合同类别分技术市场技术流向地域（合同金额）

单位：万元

地　区	合　计	技术开发	技术转让	技术咨询	技术服务
北　京	6793373	2949351	485968	199782	3158272
上　海	3403479	1613787	1299441	54147	436104
江　苏	3754843	2369702	417899	423927	543314
浙　江	953168	590588	101087	39157	222335
广　东	2249581	1404212	337649	69316	438404
辽　宁	3966798	803348	298772	167979	2696700
山　东	1877483	1270999	192336	53536	360611
重　庆	842699	512466	127378	20049	182807

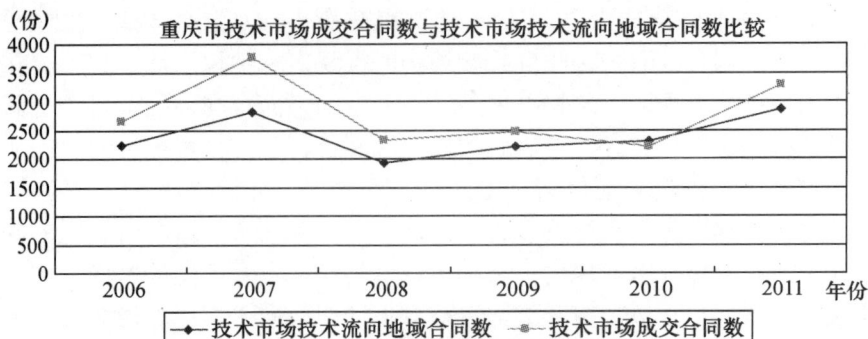

图3-6 重庆市技术合同比较情况

第四节 重庆市科技创新税收优惠政策实施过程中的经验及存在的问题

由于科技创新税收优惠政策是一种激励性与自愿性政策，通过对调研数据和统计年鉴数据分析可知，重庆市现有科技创新税收优惠政策实施过程中既有成功的经验，也有制约科技创新税收优惠政策落实和政策绩效实现的关键因素。

一、重庆市科技创新税收优惠政策实施过程中的成功经验

提升科技创新税收优惠政策的绩效水平，首先，要建立在对科技创新企业现有需求层次的准确判断基础上；其次，政策应准确地反映当今科技创新主体的核心需求；再次，随着科技创新环境的变化，科技创新主体的核心需求也会变化。科技创新税收优惠政策应与之相匹配进行动态调整，才能使政策效用得以发挥。结合重庆市科技创新税收优惠政策现状分析结果，本项目对其政策实施过程中的成功经验进行了总结。

1. 税收优惠政策出台较多

重庆市为了加快建设"长江上游的创新中心和成果产业化基地"，正不断加大对科技创新税收优惠幅度，先后出台16余项加快科技创新的税收优惠政策，主要包括高新技术企业税收政策、免缴城市建设配套费、技术开发费150%加计扣除、企业所得税工资支出税前扣除政策、职工教育经费税前扣除、软件产业税收政策、集成电路产业税收政策、西部大开发税收政策、技术先进型服务企业税收政策、外经贸企业技改项目补助、支持中小企业技术创新政策、境外投资出口退（免）税、技术转让、开发、咨询、服务税收政策、软件产品增值税即征即退、大学科技园政策、国家大学科技园、科技企业孵化器税收政策等，其覆盖面涉及国有或民营高新技术企业、创新型企业及其他，涉及行业有电子信息、生物医药技术（含农业、轻工行业）、新材料、光机电一体化、航空航天、新能源、创意产业等。

2. 发展性政策针对性强

发展性政策是以促进科技创新企业发展为目的，为使科技创新企业创造最大经济价值而提供的激励措施，具体表现在创新创业门槛、成果转化奖励等。目前重庆市为了更好地激励科技创新企业创造高水平的科技成果，有针对性地相继出台了多项发展性政策，分别满足了不同类型科技创新机构的科技创新活动需求，更好地激励了其科技创新能力的提升。

（1）创业税收优惠。科技创新企业在创业初期大都会遇到资金难题；创业门槛是其考虑发展方向的重要因素之一。重庆市现行科技创新税收优惠政策专门针对这一问题，对创业初期的相关机构制定了相应的优惠政策。其中，重庆市地方税务局转发财政部、国家税务总局《关于企业所得税若干优惠政策的通知》（渝地税发〔2008〕82 号）规定：我国境内新办软件生产企业经认定后，自获利年度起，第 1 年和第 2 年免征企业所得税，第 3 ~ 5 年减半征收企业所得税。财政部、国家税务总局《关于延长转制科研机构有关税收政策执行期限的通知》（财税〔2005〕14 号）和重庆市地方税务局转发财政部、国家税务总局《关于企业所得税若干优惠政策的通知》（渝地税发〔2008〕82 号）中都有明确规定：科研机构转制可享受企业所得税减免，凡经国务院和重庆市人民政府批准转制的科研机构，从转制注册之日起，5 年内免征企业所得税，政策执行到期后，再延长2 年期限。

（2）成果转化税收优惠。科技成果的转化是企业提高科技创新能力的途径之一。重视科技成果转化是世界竞争发展的需要。而科技成果转化中税收优惠的激励作用，主要表现为科技成果转化数量、质量和转化速度。因此，欲加速科技成果转化工作，必须建立有效的科技创新税收激励机制。重庆市现行科技创新税收优惠政策为了进一步激励相关机构提高其科技成果转化率，特别针对技术转让、技术开发、技术咨询和技术服务制定了相应的激励政策，在重庆市地方税务局《关于加快推进高新技术和高新技术产业化发展有关税收优惠政策的通知》（渝地税发〔2001〕379 号）中指出：纳税人从事技术转让、技术开发申请免征营业税时，须持技术转让、开发的书面合同，到市科委或其授权的合同登记机构进行认定，再持有关书面合同和市科委审核意见证明，向所在地主管地方税务机关提出书面申请，由区县（自治县、市）地方税务局审核后报重庆市地方税务局审批，免征营业税。外国企业和外籍个人从境外向中国境内转让技术需要免征营业税的，须提供技术转让或技术开发的书面合同，纳税人或其授权人书面申请以及市科委的审核意见证明，向主管地方税务机关提出申请，报重庆市地方税务局审核并转报国家税务总局批准后免征营业税。科研机构、高等学校服务于各业的技术成果转让、技术培训、技术咨询、技术服务、技术承包取得的技术性服务收入，报重庆市地方税务局审批，暂免征收企业所得税。企业、事业单位进行技术转让以及在技术转让过程中发生的与技术转让有关的技术咨询、技术服务、技术培训的所得，年净收入在 30 万元以下的，报重庆市地方税务局审核同意后暂免征收企业所得税，超过 30 万元以上的，应按规定征收企业所得税。

（3）高新技术开发区叠加优惠政策。国务院给予两江新区前所未有的优惠政策，形成三大优惠政策叠加，即西部大开发税收优惠政策、统筹城乡综合配套改革先行先试政策，以及比照浦东新区和滨海新区的开发开放政策。其中，税收优惠政策主要内容有：到 2020 年以前按 15% 税率征收企业所得税，而我国沿海地区、中部地区现在都执行 25% 所得税标准；"十二五"期间，两江新区新增的地方财政、税收等将全额用于设立两江新区发展专项资金，以投资入股、定额补助、对发行企业债券和贷款实行贴息等方式，扶持区内的先进制造业等；新区内高新技术产业，产值加技术性收入达到年产值 60% 以上，所得税可以按 10% 征收；新区内高新技术产业或战略性新兴产业领域的企业，获利年度起 3 年内按有关规定提取风险补偿金可税前扣除。

二、重庆市科技创新税收优惠政策实施过程中存在的问题

尽管重庆市现行科技创新税收优惠政策的实施，在一定程度上促进了科技企业的发展，刺激了企业进行科技投入的积极性。但就目前来看，现行优惠政策基本属于税收优惠，体现在税率降低和税额的定期减免，其他相关措施不足，没有形成一系列多角度、多渠道的优惠政策。结合以上收集、整理的资料，对重庆市现行科技创新税收优惠政策存在的问题进行整理、归纳，继而为进一步完善相关政策提供一定的决策依据，使完善后的科技创新税收优惠政策能发挥应有的效用，提高科技创新税收优惠政策绩效水平。通过调研结果和统计资料比对分析，重庆市科技创新税收优惠政策在具体执行过程中，主要存在以下几方面问题：

1. 科技创新税收优惠政策内容覆盖央较为狭窄

通过对重庆市现行科技创新税收优惠政策内容调研发现，重庆市科技创新税收优惠政策内容覆盖面较为狭窄，具体表现为：第一，与其他发达地区相比，在相关政策内容中税收优惠税种较为单一，税收优惠以所得税为主。由于新技术、新工艺不断被采用，高新技术产品成本结构已经发生了很大变化，直接成本所占的比例不断降低，间接费用的比例大大增加，大量的研发费用、技术转让费用等无形资产往往大于有形资产的投入，并且新产品上市需要大量的广告宣传费用，而这些都不能抵扣进项税额，因此导致高新技术含量高的产品增值税税负较高，抑制了企业应用新技术，从事技术成果转化的积极性。在多数企业目前处于微利或亏损情况下，这种优惠政策基本上起不到鼓励企业采用新技术、生产新产品的作用。第二，缺少扶持科技型中小企业创新的相关税收激励政策。第三，现有科技创新税收优惠政策实施细则不够详略，未能使受益者充分理解和把握。第四，在政策实际贯彻执行过程中，部分地方和部门自行"变通"，规定了一些原政策所没有的内容，使得政策倾向性过于突出，减少了政策内容本身的覆盖面。

深入剖析科技创新税收优惠政策内容覆盖面狭窄的主要原因可以归结为：从宏观角度分析，考虑到重庆市产业发展布局特征，对高新技术产业的扶持力度较大，因此，在相关政策制定过程中，首先按照高新技术企业需求的紧迫性，对主要激励政策内容进行设计，最终导致现行科技创新税收优惠政策体系内容不够全面，缺少针对科技型中小企业创新的相关税收优惠政策内容；从微观角度分析，则归因于科技创新税收优惠政策制定部门执行力，从重庆市科技创新机构需求角度来制定相关科技税收优惠政策时，有关部门注重了结合重庆市科技创新活动现状，但缺少对我国发达地区成功经验的借鉴，使得政策实施细则规范性不足，部分政策细则规定不明确，从而导致优惠政策落实难度加大。其次，目前税收优惠主要集中在对已形成科技实力的高新技术企业、高新技术的引进以及已享有科研成果的技术性收入实施优惠，侧重于研发创新成功企业的终端环节。而对正在进行科技开发活动，特别是对研究与开发、设备更新、风险投资等重点环节，税收支持力度不够大。这样，企业就把重点放在引进技术和生产高新技术产品上，而对建立科技创新体系和研究开发新产品投入明显不足，从而造成中间产品、配套产品及一些重要原材料开发能力不足等问题。再次是相关政策执行部门的"变通"行为使部分政策未能发挥应有效用，覆盖面被缩减。财税部门在对享受优惠政策的企业审批时，对企业经营年限和投资额度的限制不够明确，使一些企业钻政策的空子，以获得免税或低税的待遇。这种审批上的漏洞不仅带来了国家税收的流失，而且形成了大量投资规模偏小的简单加工和劳动密集型非创新企业。

2. 部分科技创新税收优惠政策优惠对象模糊，可执行度低

通过对重庆市样本单位实际调研结果分析不难发现，重庆市现行的部分科技创新税收优惠政策的对象模糊，可执行度低，从而导致受益对象的满意度较低。以集成电路产业税收政策为例，通过调查可知，在已享受该项政策40家单位中，

有 16 家企业认为该项政策细则所阐释的优惠对象界定模糊，且政策执行难度较大，因而对政策表现出了不够满意或不满意。深入剖析调研企业对国家及重庆市出台的部分科技创新税收优惠政策的满意度较低的具体原因可以从相关政策落实的便捷性角度来分析。通过调查可知，在落实我国及重庆市出台的部分科技创新税收优惠激励政策的细则流程的公开性、细则规定的清晰度基本满足了服务对象的需求，但在程序的便捷性、信息反馈及时性以及申请耗费的总成本等方面表现出很高的执行难度，从而使企业满意度不高。以重庆市出台的高新技术企业税收政策申请程序为例，在调研的 103 家样本企业中，有 64 家企业认为该项政策的申请流程过于烦琐，约占总体的 62%。

究竟是何种原因导致重庆市科技创新部分税收优惠政策可执行难度大呢？通过调研发现，导致部分政策满意度低的主要原因归结于相关激励政策落实的便捷性不够上：其一，现行的部分科技创新税收优惠政策申请受理程序过于烦琐，政策规定流程公开性较差，或实际执行的流程不合理，政策执行的实践成本过高，最终导致政策服务对象不满意。其二，部分政策执行部门服务意识与服务态度的问题。政策执行人员整体素质偏低，公务员的素质参差不齐，加之自身知识淡薄，对政策的长远影响未能深刻领悟，把政策盲目执行，这势必会影响政策服务对象的满意度。其三，政策执行人员素质偏低会在一定程度上曲解政策本意，无法用科学全面的眼光看问题，从而使得制定出的科技创新税收优惠政策与执行不相容，导致政策受益者不满意。此外，还包括落实相关税收优惠政策信息反馈性等方面都出现了导致企业满意度不高的诱因。

3. 科技税收优惠政策受益面较窄

通过调查结果及总体绩效水平评估分析可知，重庆市现有科技创新税收优惠政策受益面较为狭窄，具体表现为：享受国家及重庆市相关科技创新税收优惠激励政策的企业和科研机构所占比重较小。在 103 家样本单位中，多项政策的受益机构所占比重仅在 30% ~40%。另外，在 16 项科技创新税收优惠政策中，样本单位全部享受的相关科技创新税收优惠政策所占比重较小，多数政策或是部分单位受益或是无单位受益。再者，结合调研样本的行业属性分析，目前享受科技创新税收优惠政策的企业多集中于软件、电子信息等行业，行业受益面较为狭窄。深入剖析重庆市现有科技创新税收优惠政策的受益面较为狭窄的主要原因，可归结为：一是现行税收优惠政策享受条件偏于严格，很多行业的企业很难达到相应标准，因而无法受益。通过调查分析可知，在 16 项科技创新税收优惠政策中，多项政策被样本单位认为享受条件过于苛刻，企业无法从中受益。以集成电路产业税收政策为例，目前 53 家企业未享受政策的原因在于自身不符合政策条件。二是部分现行政策申请程序过于烦琐，促使企业放弃而无法受益。以技术开发费

150%加计扣除政策为例，约20家企业因为程序过于繁杂而放弃申请受益。三是部分现行科技创新税收优惠政策的激励力度小，无法对相关机构构成吸引力，从而导致受益面缩小。四是少数企业认为是由相关税收优惠政策的宣传力度不够而导致其无法受益。此外，征纳双方主动沟通交流意识不够强，也导致政策的受益面缩减，主要表现为：部分企业对科技创新企业税收优惠政策不太了解；部分企业害怕税收优惠政策执行不好反而会引起不必要的麻烦；税务部门政策宣传和鼓励不够，部分税务人员存在多一事不如少一事的想法，对审核、落实政策规定有畏难情绪。五是不同行业科技创新企业的创新成果差异较大，其成果转化过程中所应享有的科技创新税收优惠的税种、优惠幅度等方面也必然存在较大差异，而目前重庆市科技创新税收优惠政策尚缺乏一定的灵活性，不能适时调整税收优惠政策细则内容。

第五节　完善科技创新税收优惠政策的建议

为进一步增强重庆市科技创新的能力和动力，针对全市科技创新税收优惠政策评估所发现的在政策实施过程中存在的问题与原因进行科学分析的基础上，同时，借鉴国内外相关经验，尤其是兄弟省市的科技创新优惠政策经验，提出具有针对性的科技创新税收政策修订与完善的建议。

一、继续完善科技创新税收优惠政策

在现有科技创新税收优惠政策的基础上，继续对其加以完善。科技创新机构决策机制灵活、市场适应性强，在创新活力和创新效率方面具有极大优势。然而，现行税收优惠政策难以惠及所有科技型创新机构，尤其是初创期的企业，常因难以满足高新技术企业的认定条件而无法享受相关的税收优惠。现行的优惠政策偏重于技术成果的使用和新产品的生产，对风险程度较高的技术研究开发则未予以足够重视。从优惠方式看，主要为事后补助，对事前的科研开发活动或科研开发活动全过程的支持力度不够。因此，建议加大对事前或事中的科研开发活动的税收优惠力度，例如准许企业按照收入的一定比例设立风险准备金、技术开发准备金、新产品试制准备金及亏损准备金等，用于研发和技术创新，允许准备金在所得税前扣除。对处于初创期的企业，可以利用投资税收抵免等特殊的激励手段吸引天使投资和风险投资，促进初创期企业创新创业。同时增加对科技型中小企业的优惠政策，从而进一步增加重庆市科技创新税收优惠的覆盖面。

二、协调科技税收优惠政策区域间均衡实施

虽然科技创新税收优惠政策落实工作已在重庆市全面展开，但从区域来看，企业科技创新减免税落实主要集中于主城区，周边地区政策落实效果差距较明显。建议加大对周边地区科技政策落实工作的支持力度，例如推动企业进行科技研发平台建设、给予企业技术创新活动特殊的政策优惠、对成效突出的企业进行资金奖励等，对科技政策落实较好的市县进行表彰鼓励和财政扶持，充分发挥科技创新税收优惠政策的杠杆作用，增强科技创新在周边地区经济社会发展中的支撑和引领作用。

三、注重科技创新税收优惠政策执行的条件和程序设计

一是明确和细化现有相关规定。对于"科技创新企业科技人员工资扣除情况"，一方面企业要正确认识和理解相关税收政策规定，严格核算内部科技人员按项目发生的成本费用；另一方面税务部门要积极辅导并督促企业做好财务管理，保证核算的规范性。二是针对新情况和新问题，加快出台相应税收政策。如对于动漫企业的相关政策，建议上级有关部门进一步明确并划分动漫产品及衍生产品的政策界限，出台一些更优惠、更宽松的减免税优惠政策。

四、逐步放宽优惠范围和幅度

要改变重庆市关键技术自给率低，科研质量不够高，优秀人才比较匮乏的现状，使我国的产品结构由"中国制造"向"中国设计"转化，逐步降低当前部分税收优惠政策设置的条件。如高新技术企业的认定条件应适当放宽，并加大对高新技术企业的优惠幅度，逐步推进产业结构调整和优化升级。科技成果转化的关键环节，由于投入多、风险大，往往是企业不愿涉足的区域，更需要加大税收政策的扶持力度。同时，合理设置优惠环节。对企业科技创新的税收优惠重点应从对企业科技成果的优惠转向对科技研究、"中试"和转化过程的支持，提高科技创新税收优惠的实效。从税收优惠的形式上，应扩大税基优惠的范围和幅度，特别要对"中试"阶段给予高度重视和重点扶持。

五、进一步强化政策宣传

尽管重庆市现行科技创新税收优惠政策的知晓度较高，但结合现有政策内容覆盖面较窄来考量，现行科技创新税收优惠政策在整个创新企业群体中还是存在很大的认知空白空间，因此，在拓宽政策覆盖面的同时，需要进一步强化政策宣传。各项新税收优惠政策的推出、贯彻和落实，都必须加强税收宣传，尤其在推

出阶段，要积极鼓励企业充分享受税收优惠政策。要改变"官本位"思想，增强服务意识，积极鼓励、引导企业向科技创新方向发展，最大限度地发挥税收政策的杠杆作用；各级税务机关要充分利用税收宣传月、税收政策解读日、税收政策辅导例会等形式，多角度、全方位地加大科技创新税收优惠政策的宣传力度，使企业用好用足各项优惠政策，进一步推动科技创新和经济发展。

六、建立工作协调机制

科技创新税收优惠政策落实是一项系统和长期的工作，需要各个部门密切配合。由于全市各地情况不同，实施中也会遇到不同的矛盾和问题。因此，需要建立一个统一的工作协调机制，进一步细化工作程序，规范操作流程。在明确企业申报时间和时限时，要同时明确相关部门承办时间和时限，使各职能部门按照职责，各尽其事，定期会商，联合办公，努力把科技创新优惠政策落到实处。同时，加强科技政策落实情况的反馈和监督工作。建议加大对科技创新政策实施情况的反馈和绩效评估力度，建立科技政策落实评价指标体系，定期对科技创新创业税收优惠政策实施情况进行统计，对各地贯彻落实科技政策情况进行检查和通报，加强研究科技创新创业中反映出的新的政策需求。最后，在企业内部，要建立专门从事科技政策研究和落实的岗位和部门，建立工作程序，细致落实有关工作。建议加强对科技政策辅导员和助理员的业务培训，系统提升科技政策辅导员和助理员服务企业的能力，使之既掌握与科技政策相关的多学科知识，能对企业在财税规定、账务处理、申请流程等方面的咨询做出准确答复，又熟悉所在企业的具体需求，便于有针对性地开展服务工作，协助企业最大限度地争取政策支持。

七、适时优化调整税收优惠政策

针对重庆市科技创新的重点领域、创新主体和创新模式的变化，适时优化调整税收优惠政策：第一，要突出对新的重点产业领域科技创新实施税收优惠，建议重庆市今后的税收优惠政策实施要以国家战略性新兴产业发展为导向，对于需要扶持的老产业，税负要轻些。需要鼓励的新产业，税负更轻些，以正确引导投资方向，优化产业结构布局。第二，随着重庆市对外招商引资规模的不断扩大，更多的外资企业入驻重庆市，其创新主体不断多元化，在这种情况下，按照公平税负的原则，尽量缩小内外资企业创新主体的税收优惠差异，对外资优惠可从普惠制转为特惠制。第三，随着企业科技创新模式不断推陈出新，其税收优惠形式也应呈现多样化。税收优惠方式应借鉴其他国家和地区的经验，将税收优惠从直接减免税转向间接引导为主，根据不同情况采用多样化优惠手段。

八、注重税收优惠政策与其他激励创新政策的协调配套

激励企业科技创新是一项系统工程，不仅需要一些税收优惠政策，也需要相关的激励创新政策的协调配套，形成多方面、多渠道的激励体系。只有这样，税收优惠政策才能更好地发挥其实际效用。如建立风险投资的税收优惠政策，以鼓励风险投资的发展，从而对企业的科技创新起到一定的激励作用；还可以通过实施专利转让的税收优惠，在带动专利申请数量和质量的同时，还能有效促进专利成果的转化，激励企业科技创新。

第四章　重庆市科技金融政策绩效评估

第一节　研究背景

本章研究主要涉及科技金融结合领域，具体包括：高新技术领域软贷款、高新技术企业发展特别融资账户、高新技术企业保险服务、加强中小企业信用担保体系建设相关政策、出口信用保险、科技风险补助、科技贷款贴息、科技保险补贴、知识产权质押贷款贴息、商业银行支持政策、支持国家重大科技项目政策性金融政策等11项政策。

第二节　本章统计方法概述

1. 调研方式

本课题研究将通过入户访问、小组座谈会、深度访问、网上调查、文献资料查阅、专家咨询会、主管部门及著名专家访谈等手段展开。

2. 调查样本方案

样本对象主要是政府金融主管部门、商业银行、科技企业，调查内容涉及科技创新金融支持11项具体政策。具体调查访问对象与样本方案如表4-1所示。

表4-1　调查样本方案

调查方式	主要调查对象
资料收集	（1）重庆市科委政策法规处；（2）政府金融主管部门；（3）金融机构；（4）科技企业；（5）科技部科技政策评估培训研讨班（江苏南京2012.11）

续表

调查方式	主要调查对象
问卷调查	（1）企业：165 个；（2）政府金融主管部门：3 个；（3）商业银行：12 个；（4）担保及风投公司：2 个
深度访谈	政府金融主管部门、商业银行、科技园区、科技企业和政策执行部门有关人员共计 20 余人
座谈会	政府金融主管部门、商业银行、科技园区、科技企业和政策执行部门有关人员共计 50 余人

3. 统计方法

本章的分析基于两个层次，并从两个方面展开。两个层次是"企业整体水平"层次与"不同类型企业"层次；两个方面是"科技金融政策效果评价"方面与"科技金融政策支持力度"方面。

（1）科技金融政策的效果评价。

首先，对企业整体层面的科技金融政策的效果评价。以全部 76 家有效问卷为样本，对科技金融政策及传统商业银行服务功能对企业发展的效果的整体水平进行统计分析检验。

其次，不同类型企业的政策实施效果检验。

不同所有制性质的企业对政策效果检验。将调查企业按照所有制性质，分为国有企业、民营企业和外资企业，分别考察不同所有制性质的企业的政策实施效果。

不同技术类型企业对政策效果检验。企业的技术类型对企业对有关政策的实施效果可能有直接影响。研究中将企业的主要技术类型划分为 3 种：创新型企业、高新技术企业、其他类型技术企业，分别考察不同技术类型的企业的科技金融实施效果。

不同成立年限企业对政策效果检验。企业成立年限涉及企业的技术成熟度与创新能力，也在一定程度预示着企业的可能生命周期。一般而言，具有较长成立年限的企业，往往具有较强的生命力，其技术水平和创新能力也往往相对较强。本章将调查企业按成立年限分为 3 种类型：5 年以下、5~10 年和 10 年以上企业，分别考察不同成立年限条件下的企业的科技金融政策的实施效果。

不同类型企业的双维度交叉效应检验。在前述单维度检验的基础上，课题组对不同类型企业进行双维度的交叉考察，以检验不同类型企业之间对政策是否存在交叉效应。研究中，做了 3 个方面的交叉检验：不同所有制性质和不同技术类型企业的交叉检验、不同所有制性质和不同成立年限企业的交叉检验、不同技术类型与不同成立年限企业的交叉检验。

（2）科技金融政策支持力度的得分评价。

通过对调查问卷选项赋值，并借助 STATA 软件包，采用主成分分析（PCA）

方法对选项赋权，从企业整体层面和分类型企业层面对科技金融政策的支持力度进行量化考察。

其一，企业整体的政策支持力度的得分评价。

对有效的 76 份问卷所涉及的 76 家企业的 12 项选项进行整理，并采用主成分方法计算权重矩阵，计算得到全部企业的政策实施效果的得分。

其二，不同类型企业的政策支持力度的得分评价。

按企业所有权性质分类的得分评价。将企业按照所有制性质划分，分别对国有企业、民营企业和外资企业的政策效果进行评分。

按企业技术类型的得分评价。将调查企业按照技术类型，分为创新型企业、高新技术企业和其他技术类型企业，分别对各类企业进行得分评价。

按企业成立的年限分类的得分评价。按企业成立时间，将调查企业分为 5 年以下企业、5～10 年企业和 10 年以上的企业类型，分别计算 3 类企业的效果评分。

（3）政策满意度评价。针对"目前已经出台的金融支持政策是否满足贵企业的需要"问题，从企业整体层面、不同所有制性质（国有、民营和外资）、不同技术类型（创新型、高新型和其他）、企业不同成立年限（5 年以下、5～10 年、10 年以上）等维度，对政策效果满意度进行统计分析。

（4）对已经出台政策效果显著性的评价。针对调查问卷的补充问题，对以下 5 项政策效果的显著性进行统计评价：A. 税收优惠；B. 财政奖励；C. 金融支持；D. 人才激励；E. 知识产权保护。

（5）政策重要性排序。以各企业的主观评判为基础，对现行科技政策的重要性进行统计排序，考察各政策对企业发展重要性的整体评判。

4. 问卷设计说明

（1）问卷涉及的企业的基本情况。

1）涉及的企业类型：

A. 国有   B. 民营   C. 外资

2）企业的技术类型：

A. 创新型企业   B. 高新技术企业   C. 其他

3）企业所在的技术领域：

A. 电子信息   B. 生物医药技术（含农业、轻工）

C. 新材料   D. 光机电一体化

E. 航空航天   F. 环境保护

G. 新能源、高效能源   H. 地球、空间、海洋工程

I. 核应用技术   J. 高技术研发业

K. 创意产业   L. 高技术服务业

M. 其他

4）企业成立的年限：

A. 5 年以下　　　　　　　　B. 5～10 年　　　　　　　　C. 10 年以上

（2）问卷核心问题。针对现行颁布并实施的 11 项科技金融政策，问卷据此设计了以下 11 个方面的问题。分别是：

Q1. 企业从创业投资引导基金获取资金支持利于企业的技术创新活动（简称：投资引导基金的作用）；

Q2. 企业得到的高新技术保险补贴利于企业的发展（简称：高新技术保险的作用）；

Q3. 企业投保的科技创新类保险品种利于企业的发展（简称：科技创新保险的作用）；

Q4. 企业获得专业担保机构的第三方担保极大增强了企业的融资能力（简称：专业第三方担保作用）；

Q5. 企业投保的出口信用保险对企业的发展有很大的帮助（简称：出口信用保险的作用）；

Q6. 企业获得科技贷款贴息的资助利于企业发展（简称：科技贷款贴息的作用）；

Q7. 企业在银行办理知识产权质押贷款利于企业的发展（简称：知识产权质押的作用）；

Q8. 现有商业银行的信贷服务对企业的发展有极大的帮助（简称：商业银行信贷的作用）；

Q9. 企业获得高新技术企业发展特别融资账户的融资支持利于企业的技术创新活动（简称：特别融资账户作用）；

Q10. 企业获得科技创新金融服务机构的帮助有利于企业的发展（简称：科技创新金融作用）；

Q11. 科技项目政策性金融政策对企业发展有极大的帮助（简称：科技项目作用）。

以下针对这 11 个方面的问题，对调查问卷进行统计分析，据此考察重庆市科技金融政策的实施效果。

第三节　重庆市科技金融政策概述

科技创新能力的强弱是决定地区经济能否保持持续稳定发展的关键。科技创新是一个系统工作，而支持科技创新的金融政策则是这个系统的重要组成部分。科技金融政策可以为科技创新和科技成果转化提供融资的支持，为科技创新引入市场化机制，促进科技企业与金融机构的深度合作，并检验科技创新成果的有效性和市场价值。

一、科技金融政策环境不断优化

"十一五"以来，我国科技金融工作迈出新步伐。2006 年，国务院颁布了《实施〈国家中长期科学和技术发展规划纲〉的若干配套政策》，明确提出落实自主创新的科技金融政策，促进科技政策与金融的结合，充分发挥金融对自主创新的支持作用。2007 年，科技部、保险监督管理委员会（以下简称保监会）联合下发了《关于开展科技保险创新试点工作的通知》。2009 年，银行业监督管理委员（以下简称银监会）、科技部联合下发了《关于进一步加大对科技型中小企业信贷支持的指导意见》。2010 年，科技部、中国人民银行、银监会、证券监督管理委员会（以下简称证监会）、保监会联合下发了《促进科技和金融结合实施试点方案》，选择国家高新区、国家自主创新示范区、国家技术创新工程试点省（市）创新型试点城市等科技金融资源密集的地区先行先试科技金融的融合发展，科技金融相关部门的合作也全面启动。2010 年，为进一步发挥科技保险的功能作用，支持国家自主创新战略的实施，科技部与保监会又联合发布了《关于进一步做好科技保险有关工作的通知》，鼓励保险公司进一步开展科技保险创新业务，要求全国地方科技主管部门推行科技保险保费补贴制度。在国家层面，科技金融政策体系基本形成。

重庆市是国家科技部、中国人民银行、银监会、证监会、保监会联合实施的首批科技金融结合试点城市。2008 年，重庆市政府出台《重庆市科技创业风险投资引导基金管理暂行办法》，并出资 10 亿元设立重庆市科技创业风险投资引导基金；2009 年，重庆市科委、重庆市财政局联合发布《重庆市科技保险补贴资金管理办法》，助进科技保险事业的发展；2010 年 6 月，重庆市科委、重庆市财政局联合发布《重庆市科技投融资补助资金管理暂行办法》，对科技融资进行专项补助。此外，重庆市还先后出台《重庆市科技成果转化条例》、《关于加快区域科技创新体系建设的决定》、《重庆市科技创新促进条例》、《重庆市科学技术奖励》《重庆市重大高新技术产业创业投资资金管理暂行办法》等政策文件，涉及科技税收奖励、科技金融支持、科技人才队伍、科技创新平台建设等，科技金融政策创新的环境不断优化。

二、科技金融政策实施力度不断加强

从 1992 年注册资本金 1300 万元成立重庆科技风险投资公司，到 2008 年出资 10 亿元设立重庆市科技创业风险投资引导基金,重庆市已确定发展科技投融资政策体系建设思路,包括银行信贷、风险资本投资、科技担保、科技保险和财政支持的科技投融资体系建设初具雏形。在"十二五"期间,重庆市将以江北嘴 CBD 为平台,重点引进、培育、发展一批科技投融资机构,总投资 20 亿元的重庆市科技金融中心,聚集科技投融资机构 300 家以上,投资规模达到 1000 亿元,把重庆市建成国内最大的科技金融中心。

1. 科技贷款力度加强

2012 年,重庆地区银行金融机构实现科技贷款 339. 36 亿元,比上一年增长84.8%;新增贷款 155. 79 亿元,比上年增长 3 倍多;银行业金融机构科技贷款支持企业 537 家,比上年增长 78. 4%,其中中小型科技企业 407 家。2012 年科技支行科技贷款余额为 18. 6 亿元,比上年增长 56. 3%,支持企业 40 家,全部为中小企业。

国家开发银行重庆市分行等银行利用软贷款、特别融资账户业务的优势支持创业风险投资。重庆市银行致力于和科技合作的投入,把科技创新和金融创新紧密结合,仅 2011 年对企业进行科技贷款就达 10 亿元。汉口银行重庆分行推出"先投后贷、先贷后投、直接服务"的贷投联动作业金融产品——"投融通",为风投机构和成长型科技企业搭建投融资合作平台,截至 2012 年,科技金融贷款余额达 84. 8 亿元。此外,政府还设立科技项目专项贷款,加大对科技型企业的信贷力度。

2. 科技风险投资规模扩大

2008 年重庆市政府出资 10 亿元设立了科技创业风险投资引导基金,由重庆科技创业风险投资引导基金有限公司管理。截至 2012 年 12 月,已参股创投基金12 支,规模达 42. 785 亿元,参股基金投资项目 93 个。投资重庆市企业 45 个,重点分布在高端装备制造、信息技术、新能源、生物医药等重庆市大力倡导和发展的战略性新兴产业领域。引导基金已与国内外知名创投机构合作组建 9 家子基金。该公司于 2012 年启动了天使投资,为小微型企业早期创业提供支持。另外公司还引导大渡口区创新财政投入,参股组建 5000 万元科技产业创业基金,支持区内高新技术企业发展。

此外,重庆科技风险投资有限公司是重庆市最早成立的专门从事科技型中小企业股权投资的国有风险投资机构。2010 年,重庆科技风险投资有限公司对外投资首次突破 1 亿元,为投资企业提供短期资金支持达 9000 余万元,实现投资浮盈约 5 亿元。

3. 科技担保不断加强

已成立重庆科技融资担保有限公司,撬动和聚集信贷资源。通过科技担保公司分担风险，在风险可控的前提下，确定 5～10 倍的担保放大倍数，为科技型微型企业进行融资。截止到 2012 年 12 月，已对 92 家高科技企业进行了贷款担保，其中有 91 家为中小企业，担保贷款余额 8.2 亿元，比上年增长了 156.25%。同时还积极探索知识产权质押反担保、应收账款质押反担保、政策性拨款预担保、股权融资担保等创新担保方式。此外，公司与重庆市银行小企业金融中心推出了微企担保贷款，与银行形成"见保即贷，见贷即保"的合作模式，免收担保费免收保证金。积极加强与重庆银行、三峡银行、招商银行等多家商业银行的战略合作，推动成立科技支行计划，全力为科技型中小企业的发展提供更强的融资支持。

4. 财政科技投入范围扩大

财政对科技的扶持包括对科技型微型企业、创投企业、创投管理机构、金融机构及中介服务机构等进行适度补贴，并突出导向性。重庆市政府为促进科技金融的发展，扶持科技型微型企业发展壮大，设立了重庆市科技投资融资补助专项资金。该资金将提供投资风险补助、投资保障补助、科技贷款补助、科技贷款担保补助、科技保险保费补助和投融资服务补助。

5. 科技保险逐步成长

重庆市作为全国首批科技保险试点城市之一。中国保险监督管理委员会重庆监管局（以下简称重庆市保监局）认真贯彻保监会、科技部有关要求，积极探索科技保险发展，并取得了较好效果。目前纳入科技保险范畴的主要为科技人员人身伤害保险、产品出口信用保险、高新技术企业财产保险等。从保费收入上看，科技保险保费收入 2012 年达到 2418 万元，比上年全年水平增长 5 倍，累计赔付 1129 万元。在化解高新技术企业研发及市场开拓风险、激励自主创新等方面发挥了积极的促进作用。未来将鼓励围绕研发风险的产品，切合企业实际需求，更好地满足高新技术企业的风险需求。

三、重庆市科技金融支持政策类型

重庆市政府在区域性科技金融服务平台建设中遵循"政府引导，多元支持，市场运作"的原则，在发挥引导作用的同时，充分调动重庆市国有和商业银行、风险投资机构、相关证券公司担保公司、重庆市科技协会、高科技园区、社会中介机构以及高科技创新型企业等各方面的积极性，参与科技金融发展建设。

目前，重庆市科技金融支持政策主要有以下几类：

1. 信用担保类

2006 年由重庆市国税局、地税局、中小企业局联合执行的《加强中小企业信用担保体系建设意见》，健全担保机构的风险补偿机制，推进担保机构和金融机构的合作，为中小高新技术企业提供信用担保。

2. 科技风险类

科技产品保险：2009 年由重庆市保监局和市科委联合执行的《重庆市科技创新促进条例》中，鼓励保险机构根据高新技术产业发展需要开发保险品种。

出口信用保险：2006 年由中国出口信用保险公司执行的《关于进一步支持出口信用保险为高新技术企业提高服务的通知》，为高新技术企业提供信息咨询、商账管理、收汇保障等全方位服务。

科技保险补贴：2009 年由重庆市财政局和市科委联合执行的《重庆市科技保险补贴资金管理办法》，对参加科技保险的高科技企业给予保费补贴。

3. 融资风投类

高新技术领域软贷款：2006 年由国家开发银行重庆分行执行的《国家开发银行高新技术领域软贷款实施细则》，向高新技术领域发放贷款，推动企业成为技术创新的主体，促进高新技术产业发展。

高新技术企业发展特别融资账户：2006 年由中国进出口银行重庆分行执行的《中国进出口银行支持高新技术企业发展特别融资账户实施细则》，扶持中小型高新技术企业发展。

国家重大科技项目贷款：2006 年由中国银行业监督管理委员会重庆监督局（以下简称重庆市银监局）执行的《支持国家重大科技项目政策性金融政策实施细则》，鼓励支持政策性银行对国家重大科技项目给予重点支持。

创业投资引导基金：2009 年由重庆市金融办公室、市科委、市银监局联合执行的《重庆市科技创新促进条例》，鼓励金融机构设立科技创新服务机构，支持科技创新活动。

科技贷款贴息：2006 年由重庆市财政局和市科委联合执行的《重庆市科技贷款贴息资金管理暂行办法》，对每个科技项目每年最高贴息总额达到 50 万元，最长期限为 3 年。

4. 金融服务类

2006 年重庆市银监局和商业银行联合执行的《关于商业银行改善和加强对高新技术企业金融服务的指导意见》，从商业银行的信贷支持、结算管理、多种金融质押贷款等方面为高新技术企业打造适宜的金融服务。

四、科技金融政策体系初步建立

重庆市科技金融政策体系的构建需从融合构建原则出发，构建以信用平台为基础、投融资体系为主体、中介服务体系和信用体系为两翼的科技金融政策创新体系，如图 4-1 所示。

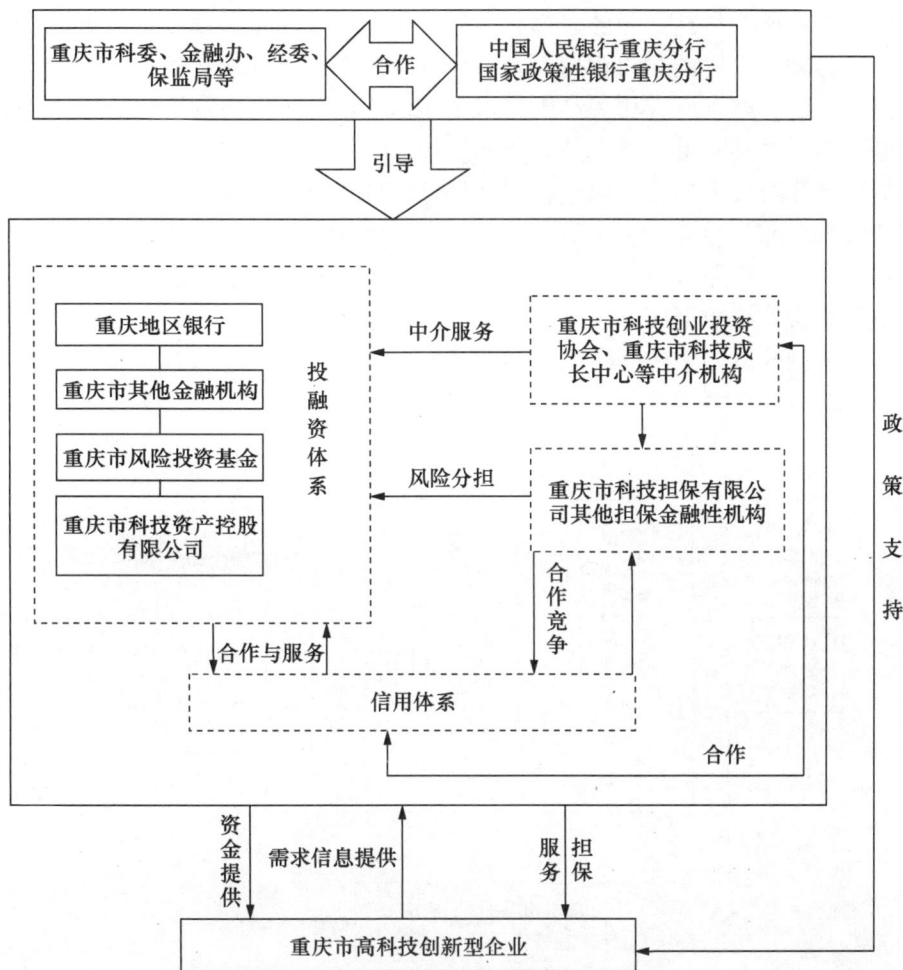

图 4 - 1　重庆市科技金融政策创新体系

1. 基础体系——信用体系

信用体系以重庆市高科技创新型企业信息数据库、重庆市科技金融信息库、高科技创新型外部信用评级数据库和担保机构外部信用评级数据库，将重庆市科委、重庆市金融办公室等政府部门、重庆市国有商业等金融机构、高科技创新型企业、担保公司、资信评级公司紧密联系起来，实现各类信息的透明化、信息传递的高速化、政策推广及信贷审批的便捷化，从一定程度上改善科技型企业信用环境，从而为优质的有潜力的企业提供良好的融资发展环境。

一方面，通过各种渠道将国家和重庆市各类政府部门、金融机构等对高科技创新型企业的优惠政策、日常管理规定、贷款要求、最新金融产品的信息集中到信用体系中重庆市科技金融信息库，并通过公众媒体发布到社会中。重庆市科委和重庆市金融办公室同时负责监督和引导信用体系的建设和发展。

另一方面，整合所有相关高新技术企业信用信息，构建重庆市高科技创新型基础数据库；鼓励有融资需求的企业参加外部信用评级，并将历次评级结果、评级报告以及评级公司的相关信息整理、保存，构建重庆市高科技创新型企业外部信用评级数据库；整合所有担保公司参加外部信用评级的相关信息，包括担保公司的基本情况、评级公司的基本情况、历次信用评级结果及评级报告等，构建重庆市担保机构评级数据库。

科技金融政策体系中的信用体系构建图如图 4-2 所示。

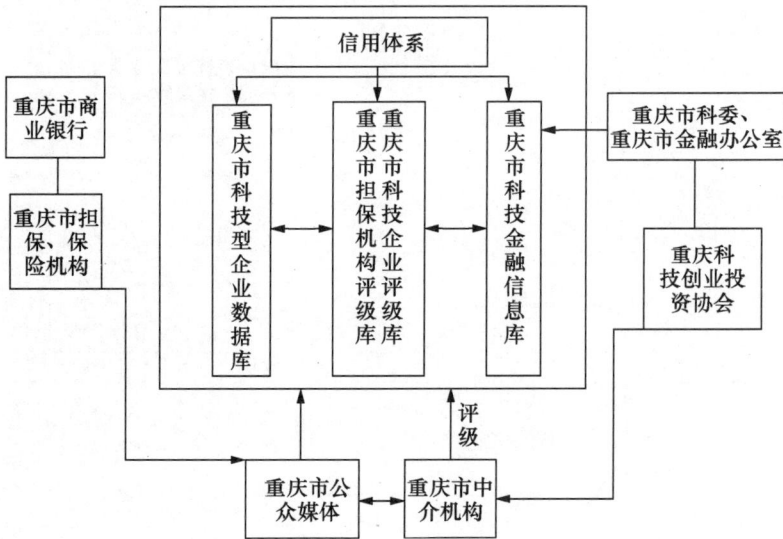

图 4-2　信用体系构建

2. 主体体系——投融资体系

投融资体系是通过重庆市政府引导，重庆市高科技创新型企业、金融机构、资本市场等广泛参与，把社会资金投向科技型企业。主要的方式有：市政府财政补贴、重庆市金融机构信贷、重庆市风险投资股权投资和重庆市产权交易市场等资本市场融资。此外，社会资金也可以通过该体系退出。

科技金融政策体系中的投融资体系构建图如图 4-3 所示。

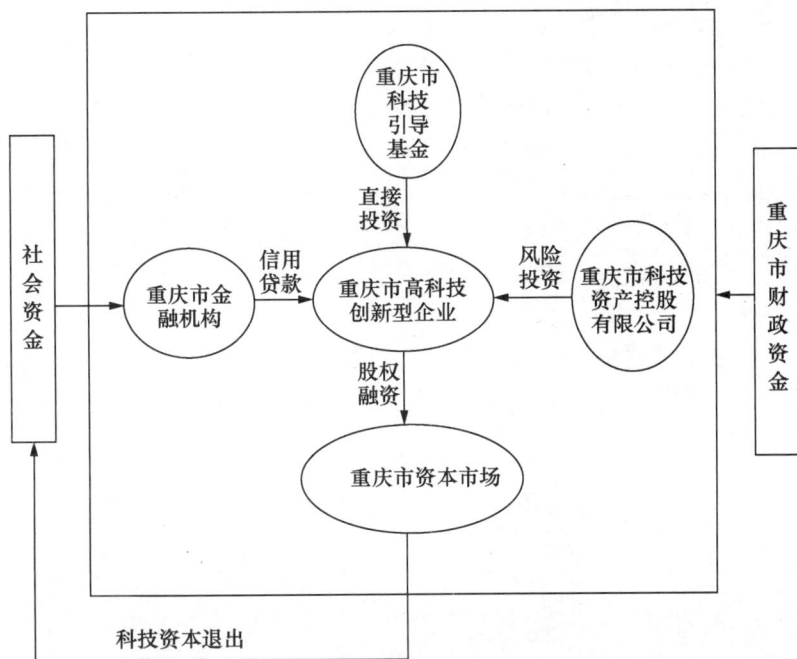

图 4-3 投融资体系构建

第四节 重庆市科技金融政策效果实证测评

直辖以来，在重庆市委市政府的领导下，围绕科技金融创新发展，重庆市各相关部门颁布实施了一系列创新政策，为重庆市科技金融发展奠定了良好的政策基础，并对科技金融发展提供了持续的政策保障。那么，这些政策的实施，对重庆市科技金融的发展的推动效果究竟如何？有何经验与需要进一步改进完善之处？本节拟对科技金融政策的实施效果展开实证测评，为政策的后续改进与发展提供理论与实践依据。

一、统计调查问卷分析

1. 企业从创业投资引导基金获取资金支持利于企业的技术创新活动

从 76 份有效问卷反馈的调查结果看，44 家企业认为创业投资引导基金对企业的技术创新活动无作用或不清楚，占比高达 57.9%；而 26 家企业认为作用较大或很大，占调查企业总数的 34.2%；还有 7.9%（6 家）的企业认为作用较小（见

表4-2）。进一步分析发现，认为创业投资引导基金政策无作用或不清楚的企业均是从未获得过创业投资引导基金支持的企业。因此若从获得过创业投资引导基金支持的企业角度看，即剔除未获得支持的企业，仅对获得支持的32家企业进行分析，认为作用很大的有26家，占比81.3%。81.3%的企业认为创业投资引导基金的支持对企业的技术创新活动有显著促进作用，因此该政策实施的效果非常显著。

从另一方面看，由于被调查企业主要集中在技术创新活动比较密集的行业，但只有不到一半的企业曾经得到过创业投资引导基金的支持，反映出创业投资引导基金的政策覆盖面不广。这一方面与创业投资自身的特点相关，即只有少部分具有良好市场前景的创新项目能够获得创业资本支持，但从另一方面也说明，结合重庆市产业发展现状，有必要进一步扩大重庆市创业投资引导基金规模，从而为更多创新项目和创新企业提供融资支持。

表4-2　创业投资引导基金对企业的技术创新活动的作用

选　项	企业数（家）	比重（%）	累计百分比（%）
不清楚	14	18.42	18.42
无作用	30	39.47	57.89
较小作用	6	7.89	65.79
较大作用	24	31.58	97.37
很大作用	2	2.63	100
合　计	76	100	—

针对曾经获得过创业投资引导基金支持的32家企业，我们进一步从所有制、企业类型、企业成立年限等角度进行政策实施效果分析，如表4-3所示。

表4-3　创业投资引导基金对不同所有制企业的实施效果　　单位：家

选项		国有（A）	民营（B）	外资（C）	合　计
未获得支持企业		14	26	4	44
获得支持企业	较小作用	0	6	0	6
	较大作用	5	18	1	24
	很大作用	0	2	0	2
合　计		19	52	5	76

从表4-3可以看出，创业投资引导基金支持的主要对象为民营企业。就调查样本而言，民营企业获得创业投资引导基金支持的比例高达50%；而国有企业和外资企业的支持比例仅分别占26%和25%。上述数据表明，重庆市创业投

资引导基金的支持对象符合政策目标。原因在于，在市场经济中，无论是国有、民营或外资企业均是技术创新的主体，但3类企业中，国有企业和外资企业通常具有比较雄厚的资金实力，因此民营企业对于创业资本的需求最为紧迫，而创业投资引导基金设立的初衷也主要是解决创新企业的资本约束问题。而在调查样本中，获取支持的32家中，民营企业占26家，占比高达81.3%，因此创业投资引导基金政策的实施高度符合政策初始目标。

创业投资引导基金政策的实施效果可能会因企业的技术类型不同而有所差异，因此以下分析我们拟将企业的主要技术类型划分为3种：创新型企业、高新技术企业、其他类型技术企业，分别考察引导基金对不同技术类型企业的实施效果，如表4-4所示。

表4-4　创业投资引导基金对不同类型企业的实施效果　　单位：家

选　项		创新（A）	高新（B）	其他（C）	合　计
未获支持企业		13	25	6	44
获得支持企业	较小作用	1	5	0	6
	较大作用	11	12	1	24
	很大作用	1	1	0	2
合　计		26	43	7	76

从表4-4可以看出，在样本企业中，创新型企业、高新技术企业和其他类型技术企业获得创业投资引导基金支持的比例依次为50%、41.9%和14.3%，即创新型企业和高新技术企业是创业投资引导基金支持的重点。这与通过技术创新实现经济转型和可持续增长的宏观政策目标是一致的，同时也与创业投资引导基金自身的运作规律相一致。

从企业成立年限看，创业投资引导基金对不同成立年限的企业的实施效果差别较大，如表4-5所示。

表4-5　创业投资引导基金对不同成立年限企业的实施效果　　单位：家

选　项		5年以下	5~10年	10年以上	合　计
未获支持企业		8	14	22	44
获得支持企业	较小作用	1	2	3	6
	较大作用	8	8	8	24
	很大作用	1	0	1	2
合　计		18	24	34	76

从表4-5可以看出，在已获得创业投资引导基金支持的32家企业中，成立年限在5年以下企业占31.25%，成立年限在5~10年的企业占31.25%，成立年限在10年以上的企业占37.5%，基本实现了政策目标。

在创业投资领域，以利润最大化为目标的商业性创业资本在项目选择中通常存在明显的阶段偏好现象，即它们更愿意投资处于扩张期和成熟期的创新企业，而不愿意对尚处于种子期和初创期的创新企业进行投资。引导基金设立的基本政策目标之一就是弥补商业性创业资本的不足，加大对早期阶段创新企业的扶持力度。据《中国创业风险投资发展报告2011》的统计，2010年中国创业资本投资于种子期和初创期的比例约为27.6%。目前重庆市创业投资引导基金对早期阶段创新企业的投资比例略高于全国平均水平，但扶持力度还有进一步加大的空间。

小结：重庆市创业投资引导基金的设立对企业技术创新活动的影响具有以下2个基本特征：一是覆盖面较小，支持效果显著。自引导基金设立运作以来，获得引导基金支持的重庆市企业共有45家，本次调查样本涵盖了其中的32家。但就获得支持的企业而言，超过80%的企业认为引导基金对促进企业技术创新效果显著。二是获得支持的企业主要分布在高端装备制造、信息技术、新能源、生物医药等重庆市大力倡导和发展的战略性新兴产业领域；同时接近1/3的被资助企业处于发展的早期阶段，因此引导基金的运作基本符合政策的预期目标。

2. 企业得到的高新技术保险补贴利于企业的发展

表4-6给出了高新技术保险补贴政策对于企业技术创新活动的影响效果统计。从中可以看出，超过50%以上的企业认为没有效果，认为政策效果较大或者很大的分别仅为17.11%和1.316%。因此，企业普遍认为该政策的效果不明显。

表4-6　高新技术保险补贴政策的实施效果

选　项	企业数（家）	比重（%）	累计百分比（%）
不清楚	14	18.42	18.42
无作用	40	52.63	71.05
较小作用	8	10.53	81.58
较大作用	13	17.11	98.68
很大作用	1	1.31	100
合　计	76	100	—

表4-7针对不同所有制企业考察了高新技术保险补贴政策的实施效果。从

中可以看出，该政策针对不同所有制企业的实施效果具有显著差异。具体表现为，国有企业中认为政策无效或者认为政策效果较大的企业比较基本相当，而民营企业和外资企业认为该政策无作用的比例分别高达77%和80%。

表4-7 高新技术保险补贴政策对不同所有制企业的实施效果 单位：家

选　项	国有（A）	民营（B）	外资（C）	合　计
不清楚	3	10	1	14
无作用	7	30	3	40
较小作用	2	5	1	8
较大作用	6	7	0	13
很大作用	1	0	0	1
合　计	19	52	5	76

表4-8针对不同技术类型企业考察了高新技术保险补贴政策的实施效果。从中可以看出，创新型企业对该政策的认同度最低，认为政策实施具有一定效果的比例仅为15.4%；高新技术企业的认同度最高，认为政策有一定效果的比例为37.2%；其他类型企业基本认同该政策的比例则为28.6%。

表4-8 高新技术保险补贴政策对于不同技术类型企业的实施效果 单位：家

选　项	创新（A）	高新（B）	其他（C）	合　计
不清楚	2	11	1	14
无作用	20	16	4	40
较小作用	1	7	0	8
较大作用	3	8	2	13
很大作用	0	1	0	1
合　计	26	43	7	76

表4-9进一步考察了高新技术保险补贴政策针对不同成立年限企业的实施效果。从中可以看出，尽管政策实施的整体效果不显著，但对成立年限不同的企业，其作用具有较为明显的差异。具体而言，企业成立年限越长，政策实施效果越大。

表4-9 高新技术保险补贴政策对不同成立年限企业的实施效果 单位：家

选 项	5 年以下	5~10 年	10 年以上	合 计
不清楚	3	8	3	14
无作用	13	12	15	40
较小作用	0	1	7	8
较大作用	2	3	8	13
很大作用	0	0	1	1
合 计	18	24	34	76

小结：总体来看，高新技术保险补贴政策对企业技术创新活动的影响效果不显著，但国有企业、高新技术企业和成立 10 年以上的企业对该政策的认同度相对较高。

导致这一结果的主要原因有三：

一是现行的《重庆市科技保险补贴资金管理暂行办法》规定：可以享受保费补贴的高新技术企业范围有限，且每次补贴的保费比例为40%~60%，补贴的保费金额上限为 10 万元。保费补贴有限，导致企业参加科技保险的积极性不够。

二是对保险公司开展科技保险的激励不足。保险公司针对科技创新项目开发的新险种具有保险标的高风险性和承保面狭窄性的独特特征，易导致保险公司出现经营亏损。目前重庆市缺乏针对科技保险补贴扶持政策，从而阻碍了保险公司创新科技保险产品的积极性。

三是受科技保险公司业务能力的限制。科技保险公司是利益最大化的追求者，受风险—收益机制约束，因此更愿意对自身熟悉的、风险相对较小的企业或行业开展业务，从而表现为国有企业、高新技术企业和成立期限长的企业更能从科技保险补贴中获益。

3. 企业投保的科技创新类保险品种利于企业的发展

表 4-10 分析了企业投保的科技创新类保险品种对企业科技创新活动的影响。从中可以看出，77.6% 的企业认为现有保险品种对于企业创新活动没有支持作用，仅有 15.8% 的企业认为作用较大或很大。

表 4-10 科技创新保险品种对企业科技创新活动的影响

选 项	企业数（家）	比重（%）	累计百分比（%）
不清楚	19	25	25
无作用	40	52.63	77.63
较小作用	5	6.58	84.21

续表

选　项	企业数（家）	比重（%）	累计百分比（%）
较大作用	10	13.16	97.37
很大作用	2	2.63	100
合　计	76	100	

从所有制类型看（见表4-11），国有企业和民营企业对科技保险品种的认同度较低并且无显著差异，而外资企业对该政策的认同度要高于国有企业和民营企业。

表4-11　科技创新保险品种对于不同所有制企业科技创新活动的影响

单位：家

选　项	国有（A）	民营（B）	外资（C）	合　计
不清楚	5	14	0	19
无作用	9	28	3	40
较小作用	1	2	2	5
较大作用	3	7	0	10
很大作用	1	1	0	2
合　计	19	52	5	76

从技术类型看（见表4-12），创新型企业、高新技术企业和其他类型企业对科技保险品种的作用不存在显著差异，认同度普遍较低。

表4-12　科技创新保险品种对于不同技术类型企业科技创新活动的影响

单位：家

选　项	创新（A）	高新（B）	其他（C）	合　计
不清楚	4	14	1	19
无作用	17	19	4	40
较小作用	1	3	1	5
较大作用	4	5	1	10
很大作用	0	2	0	2
合　计	26	43	7	76

从企业成立年限的角度看（见表4-13），5年以下和10年以上企业对科技保险品种的认同度无显著差异，但显著高于成立5~10年的企业。

表4-13 科技创新保险品种对于不同成立年限企业科技创新活动的影响

单位：家

选 项	5 年以下	5~10 年	10 年以上	合 计
不清楚	2	7	10	19
无作用	11	15	14	40
较小作用	2	0	3	5
较大作用	3	2	5	10
很大作用	0	0	2	2
合 计	18	24	34	76

小结：总体来看，重庆市现有科技保险品种对企业科技创新活动的促进作用较弱。但外资企业、成立5年以下和10年以上的企业对其认同度相对较高。

出现这一情况的主要原因可能在于：企业技术创新的主要风险在于研发和市场风险，然而绝大多数新产品的研发和市场前景面临巨大的不确定性，理论上无法进行保险。目前重庆市开展了科技保险的公司有人保财险、华泰财险和出口信保3家公司，科技保险备案险种22个，但实际开展业务的只有13个，且大多是传统的企业财产保险、团体意外伤害保险、设备保险等，而对企业影响巨大的研发责任保险、营业中断保险、小额贷款保证保险等关键险种尚未开展（见表4-14）。由于保险品种无法满足创新企业需求，因此企业参保意愿不高，对科技创新活动的促进作用也不够强。但对于外资企业和成立10年以上的企业，其对创新风险不可保险的特征有更高的认同，因此对创新品种的认同可能更高；而对成立不足5年的企业而言，抗风险能力最弱，任何有助于降低企业风险的行为均可能受到企业的欢迎，因此它们对现有科技保险品种的认同度也相对较高。

表4-14 重庆市科技保险备案险种及承保险种

公司名称	备案险种	承保险种
人保财险 重庆分公司 （13个）	高新技术企业财产保险一切险	√
	高新技术企业财产保险综合险	√
	高新技术企业关键研发设备保险	√
	高新技术企业营业中断保险	
	高新技术企业雇主责任保险	√
	高新技术企业产品研发责任保险	
	高新技术企业产品责任保险	
	高新技术企业环境污染责任保险	

续表

公司名称	备案险种	承保险种
人保财险重庆分公司（13个）	高新技术企业董事会监事会高级管理人员职业责任保险	
	高新技术企业高管人员和关键研发人员团体健康保险	
	高新技术企业高管人员和关键研发人员团体意外伤害保险	√
	高新技术企业产品质量保证保险	
	高新技术企业小额贷款保证保险	
华泰财险重庆分公司（7个）	高新技术产品研发责任保险条款	√
	高新技术关键研发设备物质损失险条款	√
	高新技术企业关键研发设备物质损失一切险条款	√
	高新技术研发营业中断保险条款	
	高新技术企业高管和关键研发人员团体人身意外伤害保险条款	√
	团体健康险住院医疗费用保险条款 A 款	√
	团体健康险住院医疗费用保险条款 B 款	√
出口信保重庆营管部（2个）	短期出口信用保险	√
	国内贸易信用保险	√
合　计	22 个	13 个

4. 企业获得专业担保机构的第三方担保极大增强了企业的融资能力

表 4 - 15 汇总了样本企业对第三方担保政策的评价结果。约 61.8% 的企业认为第三方担保对于增强企业融资能力没有起到任何作用，而认为作用较大或很大的企业仅占 22.4% 。可见，第三方担保政策实施的效果不太理想。

表 4 - 15　第三方担保对于企业融资能力的影响

选　项	企业数（家）	比重（%）	累计百分比（%）
不清楚	16	21.05	21.05
无作用	31	40.79	61.84
较小作用	12	15.79	77.63
较大作用	15	19.74	97.37
很大作用	2	2.63	100
合　计	76	100	—

表 4 - 16 分析了第三方担保政策对于不同所有制企业融资能力的影响。从中可以看出，国有、民营和外资企业对该政策的实施效果存在显著的差异。国有企

业认同度最低,认为有作用的企业仅占 21.1%,民营企业的认同度为 38.5%,外资企业最高,达到了 80%。

表 4 - 16　第三方担保对于不同所有制企业融资能力的影响　　单位:家

选　项	国有(A)	民营(B)	外资(C)	合　计
不清楚	6	10	0	16
无作用	8	22	1	31
较小作用	1	9	2	12
较大作用	3	10	2	15
很大作用	1	1	0	2
合　计	19	52	5	76

从企业技术类型角度看(见表 4 - 17),创新型企业和高新技术企业认为第三方担保融资政策起到一定作用的比例较高,分别达到了 38.5% 和 44.2%,而其他类型企业认同度仅为 14.3%。但仅高新技术企业有 30.2% 的比例认为第三方担保所起作用较大,远高于创新型企业和其他类型企业。因此可以认为该政策对高新技术企业所起的作用显著。

表 4 - 17　第三方担保对于不同技术类型企业融资能力的影响　　单位:家

选　项	创新(A)	高新(B)	其他(C)	合　计
不清楚	4	11	1	16
无作用	13	13	5	31
较小作用	6	6	0	12
较大作用	2	12	1	15
很大作用	1	1	0	2
合　计	26	43	7	76

从企业成立年限看(见表 4 - 18),成立 5 年以下企业认为该政策起作用的比例为 50%,但认为作用较大的比例仅为 16.7%;成立 5 ~ 10 年的企业认为该政策起作用的比例为 33.3%,而认为作用较大的企业比例为 25%;成立 10 年以上的企业认为该政策起作用的比例为 35.3%,而认为作用较大的企业比例为 23.5%。因此总体看来,不同年限的企业对该政策的认同度略有差异,5 年以下企业对政策的认同度相对较低。

表4-18　第三方担保对于不同成立年限企业融资能力的影响　单位：家

选　项	5年以下	5~10年	10年以上	合　计
不清楚	2	5	9	16
无作用	7	11	13	31
较小作用	6	2	4	12
较大作用	2	6	7	15
很大作用	1	0	1	2
合　计	18	24	34	76

　　小结：总体来看，第三方担保政策对提高企业融资能力起到了一定的促进作用，但被调查企业对政策实施的效果反映不佳。导致这一结果的主要原因在于，因第三方担保机构实力弱小而导致第三方担保政策的受惠面太小。

　　与银行信贷一样，第三方担保同样面临着风险与收益不对称的难题。担保机构在对企业进行担保时承担了企业的所有风险，却只能从担保金额中获取固定比例的收益。在不能获得额外的风险补偿时，担保机构将只愿意对风险小的企业进行担保。因此为了促进政策实施的效果，扩大第三方担保的受惠面，必须扩大担保公司的资金实力，吸引更多社会资本进入担保领域。而为了达成这一目标，必须建立第三方担保机构的风险补偿机制。

　　5. 企业投保的出口信用保险对企业的发展有很大的帮助

　　表4-19分析了出口信用保险政策的实施效果。在所调查的76家样本企业中，50%的企业认为该政策完全无作用。进一步调查表明，这38家企业无产品出口，因此无法享受该政策。剔除了这些企业之后，在剩下的38家有产品出口的企业中，76.3%的企业认为该政策对企业的发展起到了较大或很大的作用，仅有23.7%的企业认为该政策的作用较小。

表4-19　出口信用保险政策的实施效果

选　项	企业数（家）	比重（%）	累计百分比（%）
不清楚	12	15.79	15.79
无作用	26	34.21	50
较小作用	9	11.84	61.84
较大作用	26	34.21	96.05
很大作用	3	3.95	100
合　计	76	100	—

从所有制形式看（见表4-20），样本企业中有产品出口的国有企业比重为57.9%，这些出口企业认为出口信用保险对企业发展起到较大或很大作用的比例为81.8%；民营企业有出口业务的比例为46.2%，出口企业认为出口信用保险对企业发展起到较大或很大作用的比例为70.8%；外资企业有出口业务的比例为60%，100%的出口企业认为出口信用保险对企业发展起到较大的作用。

表4-20　出口信用保险政策对于不同所有制企业的实施效果　　单位：家

选　项		国有（A）	民营（B）	外资（C）	合　计
无出口企业		8	28	2	38
出口企业	较小作用	2	7	0	9
	较大作用	9	14	3	26
	很大作用	0	3	0	3
合　计		19	52	5	76

表4-21分析了出口信用保险政策对于不同技术类型企业的实施效果。从中可以看出，创新型企业中出口企业所占比重为38.5%，这些出口企业认为出口信用保险对企业发展起到较大或很大作用的比例为80%；高新技术企业中有出口业务的企业比例为58.1%，出口企业认为出口信用保险对企业发展起到较大或很大作用的比例为72%；其他类型企业中有出口业务的比例为42.9%，100%的出口企业认为出口信用保险对企业发展起到较大的作用。

表4-21　出口信用保险政策对于不同技术类型企业的实施效果　　单位：家

选　项		创新（A）	高新（B）	其他（C）	合　计
无出口企业		16	18	4	38
出口企业	较小作用	2	7	0	9
	较大作用	7	17	2	26
	很大作用	1	1	1	3
合　计		26	43	7	76

从企业成立年限看（见表14-22），成立5年以下企业中有产品出口企业比重为44.4%，这些出口企业认为出口信用保险对企业发展起到较大或很大作用的比例为62.5%；成立5~10年的企业有出口业务的企业比例为29.2%，出口企

业认为出口信用保险对企业发展起到较大或很大作用的比例为71.4%；成立10年以上的企业中有出口业务的企业比例为67.6%，82.6%的出口企业认为出口信用保险对企业发展起到较大的作用。

表4-22 出口信用保险政策对不同成立年限企业的实施效果 单位：家

选 项		5年以下	5~10年	10年以上	合 计
无出口企业		10	17	11	38
出口企业	较小作用	3	2	4	9
	较大作用	4	5	17	26
	很大作用	1	0	2	3
合 计		18	24	34	76

小结：在所调查的样本企业中，50%的企业因无出口业务无法享受出口信用保险政策优惠，而在有出口业务的50%的样本企业中，76.3%的企业认为该政策对企业的发展起到了较大或很大的作用，仅有23.7%的企业认为该政策的实施效果不明显。因此总体而言，出口信用保险政策对重庆市企业的发展起到了显著的促进作用。

6. 企业获得科技贷款贴息的资助利于企业发展

表4-23汇总了样本企业对科技贷款贴息政策实施效果的评价结果。从中可以看出，36家样本企业未享受过科技贷款贴息优惠，占比47.4%。在享受过该政策优惠的企业中，50%的企业认为该政策对企业发展起到了较大的作用，2.5%的企业认为起到了很大的作用，而高达47.5%的企业认为该政策的作用较小。

表4-23 科技贷款贴息政策的实施效果

选 项	企业数（家）	比重（%）	累计百分比（%）
不清楚	9	11.84	11.84
无作用	27	35.53	47.37
较小作用	19	25	72.37
较大作用	20	26.32	98.68
很大作用	1	1.31	100
合 计	76	100	—

从所有制形式看（见表4-24），国有企业中获得科技贷款贴息的企业比重为47.4%，这些企业认为科技贷款贴息对企业发展起到较大或很大作用的比例为66.7%；民营企业中获得科技贷款贴息的企业比重为53.8%，这些企业认为科技贷款贴息对企业发展起到较大或很大作用的比例为53.6%；外资企业中获得科技贷款贴息的企业比重为60%，但没有企业认为科技贷款贴息对企业发展起到较大或很大作用。

表4-24　不同所有制企业对科技贷款贴息政策的实施效果评价　单位：家

选　项		国有（A）	民营（B）	外资（C）	合　计
未获得科技贷款贴息企业		10	24	2	36
获得科技贷款贴息企业	较小作用	3	13	3	19
	较大作用	6	14	0	20
	很大作用	0	1	0	1
合　计		19	52	5	76

从企业技术类型看（见表4-25），创新型企业中获得科技贷款贴息的企业比重为34.6%，这些企业认为科技贷款贴息对企业发展起到较大或很大作用的比例为66.7%；高新技术企业中获得科技贷款贴息的企业比重为67.4%，这些企业认为科技贷款贴息对企业发展起到较大或很大作用的比例为51.7%；其他类型企业中获得科技贷款贴息的企业比重为28.6%，但没有企业认为科技贷款贴息对企业发展起到较大或很大作用。

表4-25　不同技术类型企业对科技贷款贴息政策的实施效果评价　单位：家

选　项		创新（A）	高新（B）	其他（C）	合　计
未获得科技贷款贴息企业		17	14	5	36
获得科技贷款贴息企业	较小作用	3	14	2	19
	较大作用	5	15	0	20
	很大作用	1	0	0	1
合　计		26	43	7	76

从企业成立年限看（见表4-26），企业成立年限越长，获得科技贷款贴息的比例越高；而在获得科技贷款贴息的企业中，5年以下企业认为其对企业发展

起到较大或很大作用的比例仅为 16.7%；而 5~10 年和 10 年以上的企业认为该政策有良好效果的比例则分别达到了 66.7% 和 54.5%。

表 4-26　不同成立年限企业对科技贷款贴息政策的实施效果评价　单位：家

选　项		5 年以下	5~10 年	10 年以上	合　计
未获得科技贷款贴息企业		12	12	12	36
获得科技贷款贴息企业	较小作用	5	4	10	19
	较大作用	0	8	12	20
	很大作用	1	0	0	1
合　计		18	24	34	76

小结：样本企业中科技贷款贴息政策的受惠面高于 50%，受惠企业中有 47.5% 的企业认为该政策实施的效果不理想，52.5% 的企业认为该政策对企业发展起到了较大或很大的作用。因此从总体上看，科技贷款贴息政策的实施效果起到了较为显著的效果。

7. 企业在银行办理知识产权质押贷款利于企业的发展

表 4-27 分析了知识产权质押贷款政策的实施效果。该政策在实施过程中的一个典型特征是，由于知识产权在价值评估方面固有的困难性，76 家样本企业中仅有 14 家开展过相关业务，仅占样本容量的 18.4%。而在这 14 家企业中，有 64.3% 的企业认为该政策的实施效果明显，但也有 35.7% 的企业认为政策的实施效果不佳。

表 4-27　知识产权质押贷款政策的实施效果评价

选　项	企业数（家）	比重（%）	累计百分比（%）
不清楚	20	26.32	26.32
无作用	42	55.26	81.58
较小作用	5	6.58	88.16
较大作用	8	10.53	98.68
很大作用	1	1.32	100
合　计	76	100	

进一步结合不同所有制、不同技术类型和不同企业年限可以看出（见

表4－28），知识产权质押贷款政策对民营企业、高新技术企业和成立年限较长的企业所起的作用较大。

表4－28　不同类型企业对知识产权质押贷款政策的实施效果评价　单位：家

选　项	所有制			技术类型			企业年限		
	国有	民营	外资	创新	高新	其他	5年以下	5~10年	10年以上
较小作用	1	4	0	2	3	0	2	1	2
较大作用	1	7	0	3	5	0	1	3	4
很大作用	1	0	0	0	1	0	0	0	1
合　计	3	11	0	5	9	0	3	4	7

小结：在所调查的11项科技金融政策中，知识产权质押贷款政策的受惠面较小，仅占样本企业的18.4%，且有35.7%的受惠企业认为该政策对企业的发展作用不显明。因此从总体上看，知识产权质押贷款政策的实施效果不显著。

8. 现有商业银行的信贷服务对企业的发展有极大的帮助

关于现有商业银行的信贷服务对企业的发展，从表4－29中可以看出，认为有作用的企业共占77.6%（包括作用较小、较大和很大3种情形），因此可以认为，企业基本一致地认为现有商业银行服务对于企业发展具有显著贡献。

表4－29　商业银行信贷服务对企业发展的影响

选　项	企业数（家）	比重（%）	累计百分比（%）
不清楚	9	11.84	11.84
无作用	8	10.53	22.37
较小作用	30	39.47	61.84
较大作用	25	32.89	94.74
很大作用	4	5.26	100
合　计	76	100	—

从所有制类型看（见表4－30），外资企业对商业银行信贷服务的认同度最高，100%的企业认为对企业的发展起到了促进作用，且60%的外资企业认为作用较大；国有企业次之，84.2%的企业认为有作用，且认为作用较大的企业占47.4%；73.1%的民营企业认为商业银行的信贷服务促进了企业发展，且认为作

用较大民营企业占比为 44.7%。

表 4-30　商业银行信贷服务对不同所有制企业发展的影响　　单位：家

选　项	国有（A）	民营（B）	外资（C）	合　计
不清楚	2	7	0	9
无作用	1	7	0	8
较小作用	7	21	2	30
较大作用	5	17	3	25
很大作用	4	0	0	4
合　计	19	52	5	76

从企业技术类型看（见表 4-31），创新型企业、高新技术企业和其他类型企业认为商业银行信贷服务促进了企业发展的比重分别为 69.2%、81.4% 和 85.7%，而 3 类企业中认为促进作用较大或很大的比重分别为 42.3%、37.2% 和 28.6%。因此从总体上看，商业银行信贷服务对不同技术类型企业的发展所起到的作用是显著的。

表 4-31　商业银行信贷服务对不同技术类型企业发展的影响　　单位：家

选　项	创新（A）	高新（B）	其他（C）	合　计
不清楚	4	5	0	9
无作用	4	3	1	8
较小作用	7	19	4	30
较大作用	11	14	0	25
很大作用	0	2	2	4
合计	26	43	7	76

从企业年限看（见表 4-32），5 年以下和 10 年以上的企业对商业银行信贷服务的认同度较高，认为对企业发展有作用的比例分别为 72.2% 和 91.2%；而成立 5～10 年的企业相对较低，其比例为 62.5%。而 3 类企业认为商业银行信贷服务对企业发展起到较大或很大作用的比例依次为 38.9%、25% 和 47.1%。

表4－32　商业银行信贷服务对不同年限企业发展的影响　　单位：家

选　项	5 年以下	5～10 年	10 年以上	合　计
不清楚	3	3	3	9
无作用	2	6	0	8
较小作用	6	9	15	30
较大作用	7	6	12	25
很大作用	0	0	4	4
合　计	18	24	34	76

小结：在所调查的 11 种科技金融政策中，商业银行信贷服务是覆盖面最广的，也是最得到企业认同的科技金融政策。这与商业银行信贷服务的基本特征是一致的。在现阶段企业的发展中，尽管资本来源渠道日益多元化，但是银行信贷资本依然是企业最主要的资金来源。据统计，2012 年重庆市本地银行业金融机构科技贷款余额为 339.36 亿元，当年科技贷款新增额为 155.79 亿元；而同期创业投资引导基金对本地企业的投资额仅为 18 亿元。因此在这种情况下，商业银行的信贷服务无疑是决定企业发展最为重要的力量之一。

9. 企业获得高新技术企业发展特别融资账户的融资支持利于企业的技术创新活动

高新技术企业发展特别融资账户的融资支持对企业的技术创新活动的影响表现出两方面的特征：一是该政策的覆盖面特别狭窄，在 11 类科技金融政策中最小。76 家样本企业仅有 12 家享受过该政策的扶持，占比 15.7%；且 12 家企业中有 50% 认为该政策的作用较小。因此总体上看该政策的实施效果微弱（见表4－33）。

表4－33　高新技术企业发展特别融资账户实施效果评价

选　项	企业数（家）	比重（%）	累计百分比（%）
不清楚	23	30.26	30.26
无作用	41	53.95	84.21
较小作用	6	7.89	92.11
较大作用	6	7.89	100
很大作用	0	0	100
合　计	76	100	—

导致这一结果的主要原因在于：高新技术企业发展特别融资账户计划是由中国进出口银行发起成立的，特别融资账户的初始规模为 50 亿元人民币，主要通过直接投资（直接对创业企业进行投资）和间接投资方式（与外部机构合资成立"创业风险投资机构"，然后再通过该机构对创业企业进行投资）从事创业风险投资业务。投资对象为由中方控股、主要从事高新技术产品研发和生产的中小企业。因此特别融资账户计划的特性决定了重庆市企业不可能大规模受到该计划的覆盖，从而使该计划对重庆市辖区内的企业创新活动起不到显著的促进作用。

10. 企业获得科技创新金融服务机构的帮助有利于企业的发展

由表 4 - 34 可以看出，科技创新金融服务机构的帮助对企业的发展有一定的促进作用。在被调查企业中，认为无作用的企业占比 36.84%，而认为有作用的企业占比 40.79%。可见鼓励金融机构设立科技创新服务机构，并加强金融创新服务机构的服务能力，对于科技企业的发展具有重要的促进作用。

表 4 - 34　科技创新金融服务机构促进企业发展的效果评价

选　项	企业数（家）	比重（%）	累计百分比（%）
不清楚	17	22.37	22.37
无作用	28	36.84	59.21
较小作用	12	15.79	75
较大作用	19	25	100
很大作用	0	0	100
合　计	76	100	—

从企业所有制角度看（见表 4 - 35），对于科技创新金融服务机构的帮助对企业发展所做的贡献，国有企业中认为无作用的企业占比为 26.32%，认为作用较大的企业占比为 31.58%；民营企业的对应比例分别为 38.46% 和 25%；而外资企业中认为无作用的占 60%，认为作用较小的占 20%，认为作用较大或很大的为 0。可见，该项政策对外资企业来说基本无用。

从企业技术类型看（见表 4 - 36），创新型企业和高新技术企业对科技创新金融服务机构的促进作用持类似观点，认为无作用的占 35% 左右，认为作用较大的占 25% 左右；而其他技术类型的企业则有 57.14% 的企业认为无作用，认为有较大作用的仅占 14.29%。

表4-35 不同所有制企业对科技创新金融服务机构促进企业发展的效果评价

单位：家

选　项	国有（A）	民营（B）	外资（C）	合　计
不清楚	4	12	1	17
无作用	5	20	3	28
较小作用	4	7	1	12
较大作用	6	13	0	19
很大作用	0	0	0	0
合　计	19	52	5	76

表4-36 不同技术类型企业对科技创新金融服务机构促进企业发展的效果评价

单位：家

选　项	创新（A）	高新（B）	其他（C）	合　计
不清楚	7	10	0	17
无作用	10	14	4	28
较小作用	3	7	2	12
较大作用	6	12	1	19
很大作用	0	0	0	0
合　计	26	43	7	76

从企业成立年限看（见表4-37），5年以下的企业中仅有27.78%认为科技创新金融服务机构的帮助促进了企业发展（包括较小作用和较大作用），这一数据在5~10年的企业中上升到41.66%，而在10年以上的企业中上升为47.06%。可见，企业成立年限越长，科技创新金融服务机构的帮助对企业发展所起的作用越大。

表4-37 不同年限企业对科技创新金融服务机构促进企业发展的效果评价

单位：家

选　项	5年以下	5~10年	10年以上	合　计
不清楚	6	5	6	17
无作用	7	9	12	28

选　项	5 年以下	5～10 年	10 年以上	合　计
较小作用	3	2	7	12
较大作用	2	8	9	19
很大作用	0	0	0	0
合　计	18	24	34	76

小结：调查表明，超过 40% 的企业认同科技创新金融服务机构的作用，且创新型企业、高新技术企业和成立 10 年以上的企业对该政策的实施效果更为认同。总体上看，科技创新金融服务机构的帮助对企业的发展起到了良好的促进作用。

11. 科技项目政策性金融政策对企业发展有极大的帮助

表 4-38 汇总了 76 家样本企业对科技项目政策性金融政策实施效果评价结果。从中可以看出，该政策的受惠面一般，约 43.4% 的样本企业得到过该政策的支持。在受惠企业中，72.7% 的企业认为该政策对企业的发展起到了较大或很大的作用，仅有 27.3% 的企业认为政策的作用效果较小。因此从总体上看，科技项目政策性金融政策的实施效果比较显著。

表 4-38　科技项目政策性金融政策实施效果评价

选　项	企业数（家）	比重（%）	累计百分比（%）
不清楚	18	23.68	23.68
无作用	25	32.89	56.58
较小作用	9	11.84	68.42
较大作用	23	30.26	98.68
很大作用	1	1.32	100
合　计	76	100	

从企业所有制类型看（见表 4-39），国有企业中获得科技项目政策性金融支持的企业占比为 68.4%，这些企业认为该政策对企业发展起到较大或很大作用的比例为 69.2%；民营企业中获得科技项目政策性金融支持的企业占比为 34.6%，这些企业认为该政策对企业发展起到较大或很大作用的比例为 83.3%；外资企业中获得科技项目政策性金融支持的企业占比为 40%，但没有企业认为

该政策对企业发展起到较大或很大作用。因此该政策对外资企业的作用微弱，但对国有和民营企业的作用较为显著。

表 4 – 39　不同所有制企业对科技项目政策性金融政策的实施效果评价

单位：家

选　项		国有（A）	民营（B）	外资（C）	合　计
未获得科技项目政策性金融支持的企业		6	34	3	43
获得科技项目政策性金融支持的企业	较小作用	4	3	2	9
	较大作用	9	14	0	23
	很大作用	0	1	0	1
合　计		19	52	5	76

从企业技术类型看（见表 4 – 40），创新型企业中获得科技项目政策性金融支持的企业占比为 23.1%，这些企业认为该政策对企业发展起到较大或很大作用的比例为 60%；高新技术企业中获得科技项目政策性金融支持的企业占比为58.1%，这些企业认为该政策对企业发展起到较大或很大作用的比例为 72%；其他类型企业中获得科技项目政策性金融支持的企业占比为 42.9%，100%的企业认为该政策对企业发展起到较大或很大作用。因此无论是从绝对数还是从相对数的角度看，高新技术企业从该政策中受惠程度最高。

表 4 – 40　不同技术类型企业对科技项目政策性金融政策的实施效果评价

单位：家

选　项		创新（A）	高新（B）	其他（C）	合　计
未获得科技项目政策性金融支持的企业		21	18	4	43
获得科技项目政策性金融支持的企业	较小作用	2	7	0	9
	较大作用	3	17	3	23
	很大作用	0	1	0	1
合　计		26	43	7	76

从企业成立年限看（见表 4 – 41），成立 5 年以下的企业中获得科技项目政策性金融支持的企业占比仅为 11.1%，这些企业认为该政策对企业发展起到较大或很大作用的比例为 50%；成立 5～10 年的企业中获得科技项目政策性金融支持的企业占比为 37.5%，这些企业认为该政策对企业发展起到较大或很大作用的比例为 88.9%；成立 10 年以上的企业中获得科技项目政策性金融支持的企业占比

为 64.7%，68.2% 的企业认为该政策对企业发展起到较大或很大作用。由此可以看出，企业成立的年限越长，获得该政策支持的可能性越高。

表 4-41　不同年限企业对科技项目政策性金融政策的实施效果评价　单位：家

选　项		5 年以下	5~10 年	10 年以上	合　计
未获得科技项目政策性金融支持的企业		16	15	12	43
获得科技项目政策性金融支持的企业	较小作用	1	1	7	9
	较大作用	1	7	15	23
	很大作用	0	1	0	1
合　计		18	24	34	76

二、科技金融政策实施效果的量化得分评价

为进一步对政策效果进行科学评估，采用统计挖掘技术，对科技金融政策的实施效果进行量化测度。为此，对各问题答案的得分设定如下："无作用" = 1 分；"不清楚" = 2 分；"较小作用" = 3 分；"较大作用" = 4 分；"很大作用" = 5 分。利用 STATA 软件包，以 12 项问题作为 12 个变量，进行主成分分析，以得到各选项的权重值，以此计算政策的量化效果。

采用极差化方法，将上述选项得分转化为 [0 100] 区间值。极化值计算公式为：

$$x_i = \frac{X_i - \min(X_i)}{\max(X_i) - \min(X_i)} \times 100$$

其中，X_i 表示原始变量值，$\min$ 与 $\max$ 分别表示原始变量的最小值与最大值；x_i 为经过极差化的值，其取值范围为 0~100。

1. 科技金融政策实施效果的总体得分评价

对 76 份有效问卷所涉及的 76 家企业的 11 项选项进行整理，并采用主成分方法计算权重矩阵，计算得到 76 家企业对 11 项科技金融政策实施效果的总体评价得分。分析结果表明（见表 4-42），重庆市科技金融政策的实施效果整体上看较差。以总分 100 分计，政策效果得分仅为 35.6 分。

表 4-42　重庆市科技金融政策实施效果的总体得分评价

选　项	Q1	Q2	Q3	Q4	Q5	Q6	Q7	Q8	Q9	Q10	Q11
选项打分	34.868	24.013	22.039	30.592	39.474	36.513	19.079	52.632	23.246	42.982	35.855
权　重	0.109	0.070	0.068	0.086	0.154	0.095	0.035	0.137	0.039	0.071	0.065

续表

选项	Q1	Q2	Q3	Q4	Q5	Q6	Q7	Q8	Q9	Q10	Q11
单项得分	3.816	1.688	1.497	2.635	6.093	3.475	0.671	7.193	0.916	3.072	2.335
单项得分排序	3	8	9	6	2	4	11	1	10	5	7
总评得分					35.611						

2. 按企业所有权性质分类评价

将企业按照所有制性质划分，分别对国有企业、民营企业和外资企业的政策效果进行评分，结果如表4-43、表4-44和表4-45所示。

表4-43　国有企业评价得分（19家企业）

选　项	Q1	Q2	Q3	Q4	Q5	Q6	Q7	Q8	Q9	Q10	Q11
选项打分	33.33	38.16	26.32	27.63	59.65	49.12	19.74	61.84	35.09	52.63	68.42
权重	0.022	0.002	0.020	0.123	0.128	0.146	0.105	0.060	0.098	0.143	0.117
单项得分	0.747	0.084	0.516	3.398	7.622	7.192	2.064	3.707	3.426	7.528	7.992
单项排序	9	11	10	7	2	4	8	5	6	3	1
总评得分					45.882						

表4-44　民营企业评价得分（52家企业）

选　项	Q1	Q2	Q3	Q4	Q5	Q6	Q7	Q8	Q9	Q10	Q11
选项得分	39.42	26.28	20.67	29.81	37.02	37.02	26.92	64.10	20.51	41.67	31.25
权重	0.122	0.047	0.066	0.070	0.138	0.074	0.032	0.111	0.085	0.110	0.103
单项得分	4.828	1.247	1.367	2.074	5.122	2.750	0.850	7.109	1.749	4.581	3.216
单项排序	3	10	9	7	2	6	11	1	8	4	5
总评得分					36.238						

表4-45　外资企业评价得分（5家企业）

选　项	Q1	Q2	Q3	Q4	Q5	Q6	Q7	Q8	Q9	Q10	Q11
选项得分	33.333	30.000	40.000	66.667	60.000	60.000	20.000	60.000	20.000	30.000	50.000
权重	0.095	0.035	0.054	0.084	0.136	0.094	0.051	0.097	0.089	0.119	0.107
单项得分	3.175	1.060	2.147	5.591	8.132	5.615	1.022	5.836	1.772	3.564	5.332
单项排序	7	10	8	4	1	3	11	2	9	6	5
总评得分					44.576						

注：由于外资企业样本点偏少，只有5个样本点，少于变量个数，不适合用主成分法求解权重矩阵。故此，以前述2类企业的权重为基础，以各类企业数占比为权重，对前述2类企业的权重进行加权平均，以此作为企业所有权性质为"外资"类的企业的评价权重。

从表 4 - 43 ~ 表 4 - 45 的分析可以看出，国有企业与外资企业对科技金融政策实施效果的评价相对较高，其得分分别为 45.88 分和 44.58 分；而民营企业的评价得分相对较低，其得分仅为 36.24 分。

3. 按企业技术类型分类评价

将调查企业按照技术类型，分为创新型企业、高新技术企业和其他技术类型企业，分别对各类企业进行得分评价。结果如表 4 - 46、表 4 - 47 和表 4 - 48 所示。

表 4 - 46　创新型企业评价得分（26 家企业）

选　项	Q1	Q2	Q3	Q4	Q5	Q6	Q7	Q8	Q9	Q10	Q11
选项得分	39.423	16.667	23.077	25.000	30.769	25.962	21.795	65.385	19.231	39.744	26.923
权重	0.114	0.030	0.070	0.142	0.153	0.088	0.044	0.163	0.061	0.059	0.046
单项得分	4.488	0.499	1.624	3.539	4.693	2.285	0.964	10.628	1.166	2.337	1.247
单项排序	3	11	7	4	2	6	10	1	9	5	8
总评得分	34.630										

表 4 - 47　高新技术企业评价得分（43 家企业）

选　项	Q1	Q2	Q3	Q4	Q5	Q6	Q7	Q8	Q9	Q10	Q11
选项得分	35.465	30.814	25.000	36.628	45.349	62.016	23.256	54.070	30.233	46.512	45.349
权重	0.106	0.089	0.021	0.087	0.143	0.099	0.050	0.073	0.087	0.049	0.109
单项得分	3.745	2.738	0.537	3.188	6.478	6.138	1.163	3.958	2.625	2.296	4.952
单项排序	5	8	12	7	1	2	11	4	9	10	3
总评得分	41.242										

表 4 - 48　其他类型企业评价得分（7 家企业）

选　项	Q1	Q2	Q3	Q4	Q5	Q6	Q7	Q8	Q9	Q10	Q11
选项得分	19.048	33.333	28.571	19.048	35.714	28.571	14.286	57.143	19.048	33.333	47.619
权重	0.109	0.067	0.040	0.108	0.147	0.095	0.048	0.107	0.077	0.053	0.086
单项得分	2.070	2.222	1.140	2.049	5.232	2.710	0.683	6.107	1.466	1.764	4.072
单项排序	6	5	10	7	2	4	12	1	9	8	3
总评得分	30.455										

注：与前述分析类似，由于按技术类型分类的"其他"类企业样本点只有 7 个，少于变量数量，不适于用主成分法进行权重计算。故此，以前述 2 类企业的权重为基础，以各类企业数占比为权重，对前述 2 类企业的权重进行加权平均，以此作为技术类型为"其他"类的企业的评价权重。

上述分析表明，从技术类型来看，高新技术企业对科技金融政策的实施效果最为满意，其评价得分在3类企业中最高，为41.24分，而创新型企业和其他类型企业对政策实施效果的评价相对较低，其评价得分分别为34.63分和30.46分。

4. 按企业成立的年限分类评价

按企业成立年限，将调查企业分为5年以下企业、5~10年企业和10年以上的企业类型，分别计算3类企业的效果评分。评价结果如表4-49~表4-51所示。

表4-49 成立5年以下企业的评价得分（18家企业）

选项	Q1	Q2	Q3	Q4	Q5	Q6	Q7	Q8	Q9	Q10	Q11
选项得分	45.833	16.667	27.778	33.333	33.333	22.222	20.370	66.667	22.222	33.333	24.074
权重	0.155	0.070	0.080	0.076	0.148	0.033	0.041	0.113	0.024	0.121	0.078
单项得分	7.114	1.165	2.226	2.525	4.924	0.725	0.832	7.561	0.535	4.047	1.871
单项排序	2	8	6	5	3	10	9	1	11	4	7
总评得分	35.565										

表4-50 成立5~10年企业的评价得分（24家企业）

选项	Q1	Q2	Q3	Q4	Q5	Q6	Q7	Q8	Q9	Q10	Q11
选项得分	47.222	26.389	18.056	37.500	34.722	48.611	27.778	54.167	20.833	45.833	34.375
权重	0.028	0.078	0.096	0.088	0.138	0.125	0.076	0.117	0.048	0.080	0.061
单项得分	1.322	2.064	1.734	3.294	4.788	6.080	2.099	6.335	0.996	3.663	2.106
单项排序	11	9	10	5	3	2	8	1	12	4	7
总评得分	36.662										

表4-51 成立10年以上企业的评价得分（34家企业）

选项	Q1	Q2	Q3	Q4	Q5	Q6	Q7	Q8	Q9	Q10	Q11
选项得分	28.676	33.088	28.676	30.882	52.206	58.824	19.853	50.000	25.490	46.078	61.765
权重	0.051	0.063	0.058	0.075	0.140	0.125	0.067	0.101	0.047	0.092	0.095
单项得分	1.461	2.092	1.660	2.303	7.289	7.360	1.325	5.031	1.197	4.262	5.871
单项排序	10	8	9	7	2	1	11	4	12	5	3
总评得分	43.934										

从企业成立年限角度考察政策效果，我们发现，5年以下的企业与5~10年的企业之间的政策效果没有差异，其得分分别为35.57分与36.66分，而10年以上的企业的政策效果得分为43.93分，较之成立时间较短的企业，成立时间越长的企业的政策效果越显著。

三、政策满意度评价

1. 政策满意度的总体评价

在调查问卷中，我们专门设计了一个问题：目前已经出台的金融支持政策是否满足贵企业的需要？对此问题，调查结果如表 4 – 52 所示。整体上看，认为政策效果不太能满足和完全不满足企业发展需要的占比为 67.1%，而认为较好满足和完全满足的企业占比仅为 3.9%。据此基本可以判断，现行科技金融支持政策不大能满足企业的发展需要。

表 4 – 52　科技金融政策满意度总体评价

选　项	企业数（家）	占比（%）	累计占比（%）
A. 完全满足	1	1.32	1.32
B. 较好满足	2	2.63	3.95
C. 一般满足	22	28.95	32.89
D. 不太满足	43	56.58	89.47
E. 完全不满足	8	10.53	100.00
合　计	76	100	—

2. 基于企业所有制性质的政策满意度评价

从企业所有制性质角度进行分析可以发现（见表 4 – 53），不同所有制企业对政策满意度的评价无显著差异，基本上认为政策不能满足需要的占比较高。但相对而言，外资企业对政策满意度的评价稍微显高：认为不太满足需要的占 40%，认为一般满足需要的同样占 40%。而国有企业与民营企业中认为不太满足需要的占 52.63% 和 59.52%，而认为一般满足需要的占 36.84% 和 25%，较外资企业为低。

表 4 – 53　不同所有制企业对政策满意度的评价

选　项	国　有		民　营		外　资		全　部	
	企业数（家）	占比（%）	企业数（家）	占比（%）	企业数（家）	占比（%）	企业数（家）	占比（%）
A. 完全满足	0	0.00	1	1.92	0	0.00	1	1.32
B. 较好满足	0	0.00	2	3.85	0	0.00	2	2.63
C. 一般满足	7	36.84	13	25.00	2	40.00	22	28.95
D. 不太满足	10	52.63	31	59.62	2	40.00	43	56.58
E. 完全不满足	2	10.53	5	9.62	1	20.00	8	10.53
合　计	19	100	52	100	5	100	76	100

3. 基于企业技术类型的政策满意度评价

从企业的技术类型看（见表4-54），不同技术类型的企业对现行科技金融政策的满意水平没有显著差异。整体来看，认为现行科技金融政策不太能满足企业发展需要。

表4-54 不同所有制企业对政策满意度的评价

选 项	创新型		高新型		其 他		全 部	
	企业数（家）	占比（%）	企业数（家）	占比（%）	企业数（家）	占比（%）	企业数（家）	占比（%）
A. 完全满足	1	3.85	0	0.00	0	0.00	1	1.32
B. 较好满足	1	3.85	1	2.33	0	0.00	2	2.63
C. 一般满足	8	30.77	13	30.23	1	14.29	22	28.95
D. 不太满足	16	61.54	22	51.16	5	71.43	43	56.58
E. 完全不满足	0	0.00	7	16.28	1	14.29	8	10.53
合 计	26	100.00	43	100.00	7	100.00	76	100.00

4. 基于企业年限的政策满意度评价

从企业成立年限来看（见表4-55），成立时间在5年以下的企业，认为政策不太满足需要的占72.22%，认为基本能满足需要的占11.11%；成立5~10年的企业中，认为不太满足需要的占45.83%，认为基本能满足需要的占29.17%；而成立时间在10年以的企业中，认为不太满足需要的占55.88%，认为基本能满足需要的占38.24%。因此，基本来看，企业成立年限越长，对政策满意度相对越高。

表4-55 不同成立年限企业对政策满意度的评价

选 项	5年以下		5~10年		10年以上		全 部	
	企业数（家）	占比（%）	企业数（家）	占比（%）	企业数（家）	占比（%）	企业数（家）	占比（%）
A. 完全满足	0	0.00	1	4.17	0	0.00	1	1.32
B. 较好满足	0	0.00	2	8.33	0	0.00	2	2.63
C. 一般满足	2	11.11	7	29.17	13	38.24	22	28.95
D. 不太满足	13	72.22	11	45.83	19	55.88	43	56.58
E. 完全不满足	3	16.67	3	12.50	2	5.88	8	10.53
合 计	18	100.00	24	100.00	34	100.00	76	100.00

四、政策重要性排序

在 76 份有效问卷中，有 54 份对 11 项科技金融政策的重要性进行了排序。相关结果如表 4－56 所示。

表 4－56　科技金融政策的重要性排序

政策选项	1	2	3	4	5	6	7	8	9	10	11
选择企业数（家）	20	11	13	13	12	12	8	14	1	9	15
占比（％）	37.0	20.4	24.1	24.1	22.2	22.2	14.8	25.9	1.9	16.7	27.8
排序	1	8	4	4	6	6	10	3	11	9	2

由表 4－56 中的数据可知，在对该问题进行回答的 54 份问卷中，认为最为重要或者比较重要的（在所有政策中居于前 3 名）政策中，第 1 项政策即创立投资引导基金获取资金支持对企业的重要性是最为突出的，共有 20 份问卷选择了该项政策，占比 37%。第二重要的是第 11 项政策，即国家重大科技项目政策性金融政策，共 15 份问卷选择了该项政策，占比 27.8%；企业认为第三重要的政策为商业银行的信贷服务，选择该政策的企业占比为 25.9%。在所有科技金融政策中，企业认为最不重要的是第 9 项，即高新技术企业发展特别融资账户的融资支持政策，在 54 项问卷中，仅有 1 份问卷选择了该项政策，占比仅仅为 1.9%。

五、已出台科技政策对促进企业科技创新的效果评价

本次调查还对重庆市已出台科技政策中的 5 类政策，即税收优惠、财政奖励、金融支持、人才激励和知识产权保护政策对促进企业科技创新的效果进行了调查。统计结果表明（见表 4－57），被调查企业认为税收优惠对企业科技创新的促进作用最大，金融支持次之，知识产权保护居第 3 位，人才激励的效果居第 4 位，而财政奖励的效果最弱。

表 4－57　已出台科技政策对促进企业科技创新的效果评价

政策	税收优惠	财政奖励	金融支持	人才激励	知识产权保护
选择的企业数（家）	63	23	31	25	30
占比（％）	82.89	30.26	40.79	32.89	39.47
排序	1	5	2	4	3

六、科技金融政策实施效果的总体评价

综合上述分析可以看出，重庆市科技金融政策的实施效果具有以下几个基本特征：

第一，11项科技金融政策实施效果总体不太显著，企业满意度评价不高。科技金融政策的惠及面太狭窄是形成这一结果的主要原因。剔除这一因素后，受惠企业对科技金融政策的效果评价大幅度上升（见表4-58）。平均而言，超过57%的企业认为已有科技政策的实施对企业的发展起到了显著的促进作用，仅有1/3左右的企业认为政策实施的效果不明显。

表4-58　受惠科技企业对科技金融政策的实施效果评价

科技金融政策	受惠企业占比（%）	受惠企业政策效果评价		
		作用较小（%）	作用较大（%）	作用很大（%）
创业引导基金	42.11	18.75	75.00	6.25
高新技术保险补贴	28.95	36.36	59.09	4.55
科技创新类保险品种	100.00	6.58	13.16	2.63
第三方担保融资	38.16	41.38	51.72	6.90
出口信用保险	50.00	23.68	68.43	7.89
科技贷款贴息	52.63	47.50	50.00	2.50
知识产权质押贷款	18.42	35.71	57.15	7.14
商业银行信贷服务	100.00	39.47	32.89	5.26
特别融资账户	15.79	50.00	50.00	0.00
科技创新金融服务	40.79	38.71	61.29	0.00
科技项目政策性金融	43.42	27.27	69.70	3.03
平　均	48.21	33.22	53.49	4.20

科技金融政策惠及面欠广，存在主客观两方面的原因。从主观上讲，相关政府管理部门和金融中介机构对政策的宣传和执行力度不足，造成企业一方面对已有科技金融政策了解不够，另一方面在享受科技金融政策支持的过程中存在认证程序烦琐、相关职能部门办事咨询效率低下的问题，从而影响了企业对政策实施的效果评价。

从客观上看，科技企业，特别是初创型科技企业自身的特征也决定了相关科技金融政策的惠及面将受到限制。由于科技企业的创新活动具有高风险、高不确定性、低抵押资本等特征，诸如银行信贷、创业投资、科技创新保险、特别融资

账户、科技项目政策性金融等政策不可能惠及所有企业，只有那些研发风险小、市场前景较明朗、预期收益高的企业才可能获得相关政策的支持，而众多企业可能被排除在政策支持之外。因此从这个角度看，重庆市现有 11 项科技金融政策的实施效果是比较理想的。

第二，从所有制形式看，国有企业对政策实施效果的评价最高；从企业技术类型看，高新技术企业对政策实施效果最满意；从企业成立年限看，10 年以上企业对政策实施的效果评价最好。由此反映出，现有科技金融政策一方面达到了促进高新技术企业发展，增加区域创新能力的政策目标；另一方面在培育早期阶段创新企业上还存在不足。出现这一问题的根本原因在于，政府对相关金融中介机构的政策支持不够，因此以利润最大化为目标的中介组织缺乏对早期阶段创新企业进行支持的激励。

第三，无论是从政策评价结果，还是从企业对科技金融政策的重要性排序上看，创业投资引导基金制度对促进科技创新企业发展具有举足轻重的意义。因此进一步扩大重庆市创业投资引导基金规模，优化创业投资引导基金运作，对于重庆市创新企业的发展具有重要的现实意义。

七、金融机构访谈结果评价

本次调研共走访金融机构 15 家，其中银行 12 家，保险机构 1 家，科技担保和科技风险融资公司各 1 家。银行对科技型企业的金融支持主要有 4 种类型，分别是信贷支持、与担保公司合作支持、与 PE/VC 合作支持及其他金融服务，具体支持情况如图 4-4 所示。

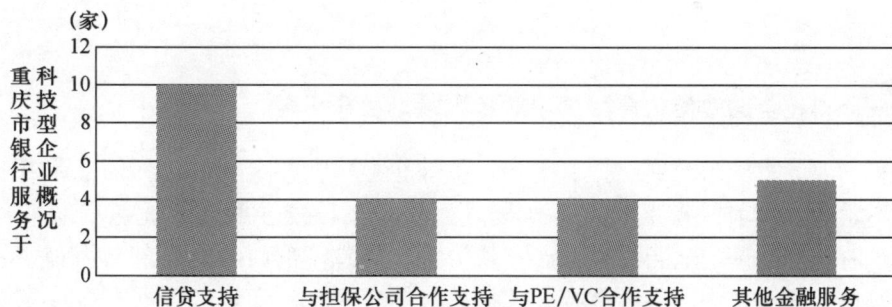

图 4-4　金融机构访谈结果

由此可以看出，在调研的重庆市 83.33% 区域性股份制银行都对科技型企业提供专项信贷服务，但是与担保公司合作支持和 PE/VC 合作支持的情况较少。

科技保险和科技担保业务在逐步壮大，但是由于信息不对称、政策支持力度有限、企业自身发展瓶颈等，发展速度一般。

在政策引导下金融机构支持科技型企业力度逐年递增，根据反馈信息总结问题如下：

一是健全金融服务体系，发展多层次信贷市场，加大对中小商业银行尤其是城商行的扶持力度，拓宽企业直接融资渠道。

二是加强对商业银行的引导，提高科技金融服务水平，鼓励银行建立不同类型的业务产品和专业化的经营团队，在风险防控上加大创新力度，推广控货控权类方式以及专利权等无形资产质押，降低企业贷款门槛。

三是在投融资风险补偿、贷款贴息、担保与再担保等方面发挥引导作用，创造融资环境。

四是提高科技型中小企业信贷的风险容忍度，完善中小企业的自身建设，提高企业经济效益，增强企业竞争能力，监管部门在呆账准备金税前扣除、不良贷款税前核销等方面提供匹配的优惠措施，提高商业银行开展此类业务的积极性。

五是设计专门针对科技型中小企业的扶持、补助政策，鼓励银行充分运用政策设计特色授信产品，支持科技型企业的发展。

问题的反馈一方面反映了金融政策支持科技发展的不足，另一方面说明金融机构对重庆市科技发展的关注和希望。

第五节　重庆市科技金融政策存在的主要问题

一、科技金融政策信息服务不对称，缺乏共享平台

一方面，重庆市政府、担保平台、科技企业、相关金融机构和信息服务平台融合不紧密。目前，在重庆市科技金融发展中，科技金融政策优惠受制部门壁垒。政府各职能部门间自成体系、条块分割，导致了部门间的信息封闭和信息扭曲。科技金融体系内的各主体拥有不同的优势资源，如商业银行拥有企业和企业家个人的信用资料和记录。但由于商业银行较多，分布较广，信息平台共享和更新不及时，这一资源不能有效整合，影响信用评级机构提供《信用报告》的工作。从目前的情况看，金融对科技支持中科技创新型企业无法直接完成立项、申贷、补贴、上市培育、政府推荐、引入风险投资机构。同时，职能部门工作效率较低、服务周期较长、手续繁杂，科技创新型企业得不到有效、及时的支持。

另一方面，重庆市科技创新企业和金融机构双方信息不对称和信用理念不一致。重庆市金融机构对重庆市科技创新企业的技术以及应用前景不了解，而企业对金融部门的融资要求、程序等不了解，导致信息不透明。对于投资公司、担保公司、创业投资等金融机构来说，它们的信用理念是资本信用（抵押物、担保措施等）；而企业的信用理念是技术信用（创新信用、人才信用等），认为自己所拥有的技术专利、科技人才等就是一种信用。信用理念的不同是目前重庆市科技金融发展的主要障碍之一。

二、科技金融规模结构难以满足需求，科技企业融资困难

科技企业创业阶段对资金需求量显著增加，主要用于采购设备、研发产品及满足市场需求，此时需大量资金注入，以解决企业生存问题。一方面，在企业资金来源方面，自有资金已显捉襟见肘，甚至是杯水车薪，必须寻求外部资金支持，获取外部融资；另一方面，由于其运营环境不同于一般企业，经营风险较高，投资者和债权人一般不愿进行投资，因此，更多地要依靠政府科技投资和银行贷款来获取所需资金。但政府投入资金毕竟有限，现有商业银行由于科技企业的市场前景不明，获利能力差，自身资产轻，商业银行往往惜贷，即使得到贷款，往往也是高利率的短期贷款，如果此阶段短期贷款过多，其负债率过高，利率负担加重，可能会导致快速破产。因此，资金短缺成了科技企业发展的"瓶颈"。

财政对科技金融投入总量不足，使用方式创新程度不高，使得对科技创新活动的早期风险分担和对金融资源的引导及放大力度不够。重庆市科技企业的融资方式仍然以自有资金和银行贷款为主，由于缺乏完善的信用担保机制，贷款规模受到一定程度的限制。

科技资源在金融领域的投入结构不合理。近几年重庆市为大力发展高新技术产业组建了引导基金，并引进了多家风险投资公司，但投资主体单薄，资金规模小，运行机制和管理也不健全和不完善。科技保险受制于诸多因素，科技保险产品开发品种有限，企业风险难以化解，获取资金渠道狭窄。目前重庆市利用资本市场发展科技型企业还不明显，与东部发达省市企业在中小板、创业板上市的规模相比，重庆市仅有莱美药业和华邦药业等为数不多的企业登上了创业板、中小板。同时，按募集资金额度来看，江苏省单个上市企业平均募集额度约为10亿元，重庆市仅有1亿多元。

科技资源，科技金融主体结构不合理，不利于科技人员企业家精神和创业热情的培育，导致金融资源积极参与科技创新活动动力不足。

三、科技金融体系制度设计分散，整体性创新不够

科技金融主管部门主要为重庆市科委。科技创新工作不仅与金融部门联动不

足，金融对科技创新的支持有待加强，而且同市内其他经济职能部门协同分享不够，各政府职能部门对科技金融的协同性需进一步加强。

科技创新与金融创新基本上没有触及体制性因素，更多的是在工具化层面的创新。尽管这方面的创新十分重要，但由于缺乏有效的实现途径和具体规则，往往只是停留在政策层面，难以落实和发挥政策效果。

科技金融与金融创新之间缺乏有效的信息沟通，缺乏共同的利益诉求，未能设计出，特别是根据科技企业成长的不同分阶段、整体性地设计出有效的风险分散和收益分享的工具。

四、科技金融人才引培力度不够，科技金融人才匮乏

科技金融的管理人员需要跨专业的复合型专业人才。而重庆市在投资、金融、资本运作相关领域的人才供给较北京、上海等发达城市相比是一个短板，而专注于科技金融的人才更是有限。重庆市尚无培养科技金融人才的专业机构，相关从业人员多是"半路出家"，来自大型企业高管或咨询公司人员等。有的只懂专业知识而缺乏投资意识，有的只有一般企业经营管理背景，却缺乏风险投资的实践。缺少既理解投资，又了解当地实况的团队扎根重庆市，这已成为制约重庆市科技金融发展的主要因素。因此，重庆市金融与科技进一步的结合，需要金融与科技的复合型专业人才。

第六节 优化重庆市科技金融政策的对策措施

根据上述分析可以看出，未来进一步优化重庆市科技金融政策的措施主要应从两个方面入手，一是扩大科技金融政策的惠及面，让更多企业能够从中获益；二是优化已有科技金融政策，提高相关政策的运作效率。

一、政府层面

政府要结合重庆市实际情况，立足重庆市高科技创新型企业的发展，做好构建法律制度保障，增加财政投入，充分发挥其在科技金融发展中的引导作用，提高财政资金的利用效率，加强金融监管，处理好其推动与金融机构运作自主性之间的关系。从政府层面，特别要关注创业投资引导基金的作用。

技术创新是科技型创新企业的主要活动。技术创新活动的外部性及创新过程中严重的信息不对称问题，导致创新资源，特别是创新资本的配置存在"市场失

灵"现象。一方面，由于普遍缺乏抵押资产，信贷资本不愿意投入中小创新企业；另一方面，商业性创业投资资本在项目选择中存在明显的阶段偏好现象，即更愿意投资处于扩张期和成熟期的创新企业，而不愿意对早期阶段创新企业进行投资。因此出于克服外部性和信息不对称的考虑，政府有必要介入创业投资市场。然而，由于政府缺乏创业投资技能和经验，因此直接从事创业投资活动被证明是低效率的，因此创业投资引导基金制度就成为政府干预创业投资市场的主要方式。

1. 增加政府投入，释放科技创新风险

加大政府对科技金融的投入，释放科技创新风险，大幅度增加政府对各类金融资金进入科技创新领域的引导性投入。通过设立创业投资引导基金、科技成果转化基金、科技担保代偿基金、科技投融资保障资金、科技企业 IPO 奖励基金等多种形式，适当释放科技创新活动的风险，为金融资本分散风险，科技创新成果回报金融资本，提供真正的市场化实现途径。

2. 优化引导基金运作模式，提高财政资金使用效率

2008 年 8 月，重庆市政府投入 10 亿元财政资金正式发起成立了"重庆市科技创业风险投资引导基金"，基金规模在全国已成立的 60 家创业引导基金中（截至 2011 年）处于较高水平（见表 4 - 59）。按照国内财政资本 1:4 的撬动水平，基金总规模可达到 50 亿元。截至 2012 年年底，引导基金已参股创投基金 12 只，参股基金规模达 42.785 亿元，累计到位资金 33.838 亿元。参股基金累计投资 93 家企业，其中投资重庆市企业 45 个。

表 4 - 59　国内创业投资引导基金设立情况（截至 2011 年）

成立时间	基金名称	设立方	规模（亿元）
2010.9	苏州工业园区创业投资引导基金二期	中新创投、全国社保理事会基金	150
2009.1	创业投资基金	中央财政与北京、上海、深圳、安徽、湖南、重庆、吉林等七省/市政府	90
2009.9	北京股权投资发展基金	北京市政府	50
2008.8	深圳市创业投资引导基金	深圳市政府	30
2010.3	上海创业投资引导基金	上海市政府	30
2010.11	大连市股权投资引导基金	大连市政府	30
2011.5	鄂尔多斯财富股权创业投资引导基金	鄂尔多斯市	30
2007.12	天津滨海新区创业风险投资引导基金	天津滨海新区管委会	20
2009.3	成都银科创业投资公司	中国进出口银行	15

续表

成立时间	基金名称	设立方	规模（亿元）
2010.1	成都高新区创业投资引导基金（拟建）	成都高新区	15
2005.9	江苏高科技投资集团有限公司	江苏省政府	10
2006.1	上海浦东新区创业风险投资引导基金	上海浦东新区政府	10
2006.9	苏州工业园区创业投资引导基金	苏州工业园区	10
2007.12	吉林省创业投资引导基金	吉林省政府	10
2008.4	杭州市创业投资引导基金	杭州市政府	10
2008.8	重庆市科技创业风险投资引导基金	重庆市政府	10
2008.12	陕西省创业投资引导基金	陕西省政府	10
2009.6	广东省创业投资引导基金	广东省政府	10
2009.7	山东省省级创业投资引导基金	山东省政府	10
2009.8	安徽省创业投资引导基金	安徽省政府	10
2010.12	云南文化产业发展引导基金	云南省政府	10
2011.1	江苏新兴产业创投引导基金	江苏省政府	10
2008.7	北京市中小企业创业投资引导基金	北京市政府	8
2008.8	山西省创业风险投资引导基金	山西省政府	8
2008.5	西安高新区创业投资引导基金	西安市政府	6
2008.12	湖北省创业投资引导基金	湖北省政府	6
2009.6	福建省创业投资基金	福建省政府	6
2006.9	北京市海淀区创业投资引导基金	北京海淀区政府	5
2006.12	无锡新区创业投资引导基金	无锡新区管委会	5
2009.3	浙江省创业风险投资引导基金	浙江省财务开发公司	5
2010.9	温州创业投资引导基金	温州市政府	5
2011.6	青岛市创业投资引导基金	青岛市政府	5
2008.7	苏州吴中国发创业投资基金	苏州吴中区区政府	3
2009.5	内蒙古自治区创业投资政府引导基金	内蒙古自治区政府	2.6
2007.9	西湖区中小企业产业引导基金	西湖区政府	2.5
2008.6	绍兴市创业投资引导基金	绍兴市政府	2
2008.9	南京市创业投资引导基金	南京市政府	2
2009.7	杭州经济技术开发区创业投资引导基金	杭州开发区管委会	2
2009.11	黑龙江省创业投资政府引导基金	黑龙江省政府	2
2011.7	鞍山高新区政府引导基金	鞍山高新区	2
2011.7	宁波象山政府引导基金（拟建）	宁波象山政府	2

续表

成立时间	基金名称	设立方	规模（亿元）
2010.11	扬州市创业投资引导基金（拟建）	扬州市政府	1.5
2002.1	中关村创业投资引导基金	中关村管委会	1
2007.7	科技型中小企业创业投资引导基金	财政部、科技部	1
2007.9	扬州市创业投资引导基金	扬州市政府	1
2008.7	诸暨市创业投资引导基金	诸暨市政府	1
2008.9	杭州市萧山区创业投资引导基金	萧山区政府	1
2009.3	珠海创投引导基金	珠海市政府	1
2009.6	河北省科技型中小企业创业投资引导基金	河北省政府	1
2009.6	江苏省宿迁市创业投资引导基金	江苏省宿迁市政府	1
2011.5	青岛高新区创业投资引导基金	青岛高新区	1
2011.9	云南省股权投资政府引导基金	云南省政府	1
2011.4	无锡惠山区服务业发展引导基金	无锡惠山区	0.6
2009.8	江苏省泗洪县创投引导基金	江苏省泗洪县政府	0.5
2011.6	巢湖市创业风险投资引导基金	巢湖市政府	0.2
2011.7	兰州城关区现代服务业发展引导基金	兰州城关区	0.2
2009.4	嘉兴市南湖区创业投资引导基金	嘉兴南湖区政府	0.15
2010.6	烟台高新区创业风险投资引导基金	烟台高新区	0.1
2008.9	杭州桐庐县创业投资引导基金	杭州桐庐县政府	0.03

从规模上看，目前重庆市创业投资引导基金已达最大规模的 80% 以上，未来扩展余地不大。而从企业需求上看，创业投资引导基金远不能满足重庆市本地企业的需求。一方面是因为基金规模不够大，另一方面也因为对本土企业的投资力度不够。因此未来可考虑追加政府资本投入，从而进一步扩大创业投资引导基金的规模。

在由引导基金发起成立的创业投资基金中，政府目标和创业投资基金目标存在一定的冲突。政府希望引导创业资本投向符合本地产业规划发展的领域，投向尚处于种子期、起步期等早期阶段的创新企业；而创业投资基金追求收益最大化，更愿意投资处于扩张期和成熟期的风险相对较小的创业企业和更有盈利前景的行业。为克服这一冲突，政府通常强制规定创业投资基金必须将一定比例的资本投资于政府指定项目。因此在实际运作中，创业投资基金同时从事政府指定项目和自选项目的投资，并且在收益分成合约中从不同类型项目中得到的收益分成比例是相同的。这一运作模式不利于提高引导基金的运作效率，未来可考虑在设计收益分享合约时，应对政府指定项目和创业投资基金自选项目实行差别激励，即创业投资基金在经营两类不同项目时，所享受的收益分成比例应该存在差异。特别是当政府指定项目具有重要的社会价值时，应让创业投资基金享受高于其自选项目的收益分享比例。

由于重庆市目前参股创业投资基金数量已经达到一定的规模，为促进引导基金对本土企业的投资力度，可考虑采用专业化的经营模式，即让一部分创业投资基金专门从事政府指定项目和本土企业的投资，其他基金则专门从事自选项目的投资，从而在提高对本土企业的支持力度的同时，让创业投资基金获得专业化之利，并进一步提高引导基金的投资效率。

3. 合理设计补偿机制，吸引更多私人资本进入

引导基金设立的基本目标之一是充分发挥财政资本的杠杆撬动作用，以吸引更多私人资本进入创业投资领域，从而壮大创业投资规模。然而在引导基金模式下，由于创业投资基金必须投资于政府指定项目（通常为早期阶段创新项目），这类项目通常具有更高的风险，因此政府目标和私人投资者利润最大化目标存在冲突。因此在引导基金模式下，为吸引更多私人资本进入创业投资领域，政府要对从事科技创新活动的企业进行补偿。

可以通过亏损保底和亏损补偿方式提高金融机构和科技企业两方面的积极性。如通过加大对科技企业贷款担保的财政专项资金投资和保险费率补贴的方式，支持金融机构对高科技创新型企业的信贷担保和保险产品的研发。解决银行对科技企业进行银行信贷资金时收益和风险不成正比的问题，免除银行开展科技信贷的担忧，推进金融机构的银行信贷发展成为科技企业融资的主要渠道；也可以通过收益补偿的方式提高金融机构和科技企业两方面的积极性。如采用税收优惠、专项基金、贷款贴息等。

特别需要对于国家战略性新兴产业企业给予政策补贴性资金以及项目资金的激励；特别需要对于符合国家结构性调整产业企业进行并购整合的给予政府引导基金或政府专项资金支持；特别需要对于产学研项目实现科研成果的市场化和产业化的给予相应的激励和补贴。

4. 整合资源，加强各功能主体协作

区域性科技金融发展是一项庞大的社会系统工程，涉及地区科技产业规划、金融政策、产业政策，涉及政府内不同的职能管理部门，涉及整个社会金融与科技资源。因此，重庆市科技金融发展的构建要以资源共享为核心，打破政府和社会资源分散、封闭和垄断的状况，积极探索新的管理体制和运行机制。重庆市政府作为整个重庆市科技金融发展体系中的重要功能主体，一方面，要整合社会中所有的适合科技金融发展的资源，做好各方面的协调整合。另一方面要加强重庆

市科委、重庆市金融办公室等政府部门和重庆银行、重庆市担保机构的沟通合作，完善科技金融的组织协调机制，推进科技金融事业发展。总之，要积极探索社会资本协作共享的激励机制和良性发展的运行机制，形成资源共享、互联互动的有效机制。

强化企业融资辅导。搭建企业融资辅导平台，加强企业在融资方面的相关知识；搭建企业融资信息平台，促进企业融资信息流通以及企业与股权投资结构的交流；搭建企业对于各类证券市场、场外交易市场、股权交易市场、股权投资结构等的了解，并对不同类型的企业给予针对性辅导。

二、金融机构

强化科技金融结合，创建各类科技金融操作载体。充分运用各种金融载体，量身定做"科技金融工具"或"服务模式"，形成互动、互利、互补的共赢战略合作关系。完善科技金融政策体系与工作协调机制。通过创业风险投资、科技担保、科技保险、企业债券、银行信贷、中介服务以及多层次资本市场，为企业成长与创新聚集更多资源。

1. 推动银行自我创新，建设科技银行

商业银行要以自我创新推动对高科技创新型企业资金支持的力度，转变经营观念，加大金融体制改革力度，大力发展与高科技创新型企业相适应的科技型贷款。在中央明确金融支持自主创新政策的大前提下，重庆市商业银行要探索完善当前的信贷管理制度，将支持科技自主创新纳入信贷重点支持对象，进一步改进信贷管理机制，适当下放中小企业自主创新项目流动资金贷款审批权，降低对基层行的贷款限制，制定简便高效的贷款管理程序；开发知识产权担保贷款、股权质押贷款、应收账款抵押贷款等适合科技型中小企业特点的金融产品来满足其融资需求。

以科技园区发展为基础，建设为高新技术产业、创新型企业、中小型科技企业、高新技术园区及国家重大科技项目提供金融支持和金融服务的专业金融服务机构——科技银行。通过科技银行来满足成长期、扩张期、成熟期的高科技创新型企业的资金需求，并且可以提高银行自身的收益，让银行分享高科技创新型企业发展带来的财富，实现科学技术进步和银行收益增加的双赢。科技银行是重庆市健全和完善金融信用体系、构建科技金融发展体系的必要途径和重要平台。

2. 发展信贷担保，推动科技发展

重庆市科委、财政局等相关部门可以积极引导，以政策性担保为主体，积极推动重庆市担保业务的开展，努力建设面向重庆市高科技创新型，涵盖创投机构、金融机构、科技担保机构在内的商业性担保和互助性担保为补充的信贷担保

体系。探索和开展多种形式的担保，加强担保业务品种的研究和实践，创新担保业务，试点无形资产担保，支持建立灵活有效的长效担保机制；通过税收优惠、风险补偿、奖励政策和担保费补助等方式，引导各类担保机构为技术创新或自主知识产权企业提供担保服务；鼓励资本金充足、运作规范的担保机构开展风险投资业务。

3. 加强科技保险开发，鼓励科技创新

科技保险是规避高科技创新型企业技术研发、科技成果产业化风险的重要工具。重庆市要以建设首批国家科技保险创新试点为契机，建设较为完善的创新保险体系，通过保险公司承办创新保险业务，为高科技创新型企业自主创新项目提供保险或为金融机构的自主创新贷款提供保险。保险产品的产生来源于其领域风险的研究，但是在我国风险研究是欠缺的，保险公司由于规模和成本等原因，在研究风险方面投入不足，以至于新险种的开发不足，特别是科技保险开发不足。鼓励保险公司加大保险产品创新和服务力度，不断开发适合于企业自主创新的保险产品，为高科技创新型企业自主创新保驾护航。

三、资本市场

国内外成熟市场的发展经验表明，建立多层次资本市场，发展专门服务于高成长性高科技创新型企业的资本市场结构，是解决中小企业融资的重要举措。在重庆市建立和发展多层次资本市场，有利于更大程度上满足多样化的市场主体对资本市场的供给和需求，提升资本市场服务于经济发展的功能。

1. 创业板市场

从目前在国内创业板上市的企业来看，相对于融资额，在创业板上市费用相当低廉，股票市盈率也较高。重庆市应及时抓住有利时机，做好高科技创新型企业在创业板上市的培育工作。根据高新技术产业规划和自主创新技术的发展趋势，采取"优选一批、培育一批、辅导一批、上市一批"的策略，做好高科技创新型企业在创业板上市融资的统筹规划工作。建立上市企业储备库，依照科学的评估指标体系，选择一批科技实力强、未来发展潜力大、市场前景好的企业，对其培育、辅导，支持其在创业板上市。组织对高科技创新型企业的上市培训，使企业熟悉上市的程序和要求，使其充分认识到上市对企业长远发展的巨大意义。加大对高科技创新型企业的辅导，使企业在战略规划、股份制改造、公司治理、财务记录、人力资源等方面规范运作，提高科技创新型中小企业的管理水平，培育优质的上市资源。

2. 场外交易市场

重庆市应该积极借鉴国内外成熟资本市场的经验，尽快完善重庆市联合产权交易所的运行机制和监管机制，将重庆市联合产权交易所建成一流的场外交易市场，为重庆市高科技创新型企业融资提供一个高效率、低成本的平台。具体要做到以下几点：

（1）针对高科技创新型企业的特点，建立与之相适应的信息披露制度，既要维护市场投资者的利益，也要充分考虑挂牌公司的披露成本和承受能力。逐步建立和完善保证市场规范运行的监管制度，保证市场能够在公开、公平、公正的原则下，维护投资者利益，同时提高市场的流动性。

（2）场外交易市场挂牌的高科技创新型企业一般来说发展得还不很成熟。这些企业的财务制度不够健全、公司治理有待完善、管理运作也不够透明。其场外交易市场要制定规则督促科技型中小企业完善公司治理结构，规范其运作。只有这样才能使场外上市的高科技创新型企业通过重庆市联合产权交易所的培育，逐步达到创业板的上市要求，从而成功转板。

（3）要建立合理的定价机制。合理的定价机制有助于降低市场价格的大幅波动，保护投资者的利益，可以为风险投资的进入和退出提供合理的价格参照，引导和促进风险投资的良性发展，还可以促进公司股权的合理流动，推动企业间的并购重组，提高资本市场的资源配置效率，最终从宏观和微观层面促进场外交易市场的发展。

3. 证券市场

证券市场融资是高科技创新型企业重要的融资来源。由于各层次股票市场的上市条件、法律规章、行业偏好、上市费用、市盈率水平等方面存在重大差别，高科技创新型企业要根据自身规模、所处行业和不同证券交易所的特点等因素综合考虑，选择与本企业条件相适应，偏好企业自身所处行业的市场上市，这样才能够以有利的价格融资，也方便上市后的再融资。

重庆市高科技创新型企业在发展过程中，要充分结合自身所处发展阶段和不同层次资本市场的特点，来满足不同发展时期的融资需求。

4. 债券市场

重庆市金融业相关部门应采取措施，协助高科技创新型中小企业充分利用中小企业集合债券和中小企业集合票据这两种创新型债务融资工具筹集资金，促进金融创新，拓宽高科技创新型企业融资途径。

重庆市可以尝试高技术创业投资公司债券融资，借鉴美国"参与证券计划"成功经验：以政府信用为基础，由财政性担保机构为从事股权投资的政策性创业投资公司发行债券提供担保并代付定息，支持其通过债券方式进行融资。

四、中介机构

重庆市要完善中介服务机构建设，促进企业自主创新，实现数据信息资源共享，为重庆市高科技创新企业提供行业分析、决策咨询服务，辅助中小企业发展。加强社会信用体系和征信服务体系的建设，推出专门针对中小企业的评级标准和制度，以减轻和消除企业科技创新因信息不对称所造成的融资困难和障碍。由政府牵头，建立以中介服务、投资银行、律师事务所、会计师事务所等中介组织为主体的科技金融中介服务联盟，进一步为企业在融资各个环节中提供有效服务。

1. 征信体系

现代金融实质上是信用经济。信用等级是判断企业可信度的标准，是赢得金融机构和担保机构信任并获得资金的前提，也是信用担保体系建立健全的必要前提。良好的信用记录、高等级的信用评级将促进企业在金融市场上多渠道便捷筹资，并且降低融资的成本。完善的征信体系、健全的信用评级也有助于投资人在金融市场上选择优秀的企业，降低投资失败的可能性。要加快信贷征信体系建设，积极引导企业开展信用评级服务，降低高科技创新型企业和投资人之间因企业信用信息不对称所造成的投融资障碍。

2. 科技成果鉴定机构

由于高科技特有的不确定性和新颖性，普通投资者对其知之甚少，甚至专业的风险投资机构也必须借助技术专家、科技顾问的帮助才能理解。投资者很难把握高科技创新型企业研发中的技术风险，很难对科技型中小企业产品的市场前景进行准确预测。因此必须引入权威公正的科技成果鉴定机构，客观准确地评估科技创新型企业的技术水平和市场前景，从而减弱乃至消除高科技创新型企业和投资者之间由技术因素造成的信息不对称。只有这样才能对企业的信贷融资风险进行合理定价，为高科技创新型企业在创业板或场外交易市场上市的股权进行合理估值，才能吸引更多的投资者参与对科技型中小企业进行融资。

重庆市科技成果鉴定机构的建设应由重庆市科委牵头，联合科研院所，共同组建科技成果、高新技术鉴定机构，对高科技创新型企业及其产品进行双高鉴定（高新技术企业、高新技术产品），对企业的知识产权、技术进行评估。大力促进知识产权评估机构的建设，并采取严格的资格审查和入围制度（对评估机构设置严格准入标准，对入围银行合作单位的评估机构设置数量限制）。鉴定和评估一定要保证客观、公正、准确，以此促进高科技创新型企业的价值在金融市场可以被合理定价，促进金融市场的发展和高科技创新型企业的融资。

3. 科技金融行业协会

科技金融行业协会是指银行、信用担保机构、风险投资公司等金融服务机构之间建立的行业自律服务组织。科技金融行业协会尽管不能直接带来资金，但是可以促进政府、银行、信用担保机构、风险投资机构和科技型企业之间的沟通和信息交流，可以传播科技金融服务理念，引起社会对高科技创新型企业融资难问题的重视，为科技创新型企业发展营造良好的氛围。科技金融服务行业协会也可以加强银行、信用担保机构、风险投资机构的行业自律，促进金融机构的运作更加规范化和市场化；也可以通过科技金融服务行业协会加强对科技金融服务所需人才的培养和遴选，做好科技金融服务的人力资源保障。

重庆市要以重庆市科技协会为基础，联合会计事务所、律师事务所、税务师事务所、管理咨询机构、科技研发顾问以及孵化器等专业中介服务团队，成立科技金融行业协会，为高科技创新型企业提供高效、优质、全面和系统的整合式服务，促进高新技术产业和创投行业的健康发展。

4. 科技金融人才队伍

科技金融人才是重庆市科技金融事业健康、持续发展的关键和保障。重庆市各相关部门要重视培养造就一支能打硬仗的科技金融人才队伍，通过建立相应的人才激励机制，充分发挥现有专业人员的积极性、主动性和创造力，同时吸引优秀人才加入到科技金融服务队伍中来，提高对高科技创新型企业的投融资服务能力和水平。

五、科技企业

重庆市科技金融发展很重要的一方面是重庆市科技创新型企业自身的发展。它包括企业技术实力雄厚、产品的市场前景良好、企业人力资源储备强、财务记录的可信度高、公司治理完善程度高、企业领导人的素质高等。

为加强重庆市科技金融快速发展，科技创新型企业要保证企业财务记录真实可信，提高企业的资信度和从银行信贷渠道融资的可能性；完善治理结构，使企业运作规范、管理有序，有助于增强投资人的信心；加强团队建设，人才储备；提升技术实力，重视知识产权的价值，加强对企业知识产权的保护，维护企业自身利益；制订企业上市的长期规划，根据创业板上市的有关规定调整企业架构和提高管理水平，使企业规范运作，尽早接近、符合上市标准，在时机成熟时择机上市，从而跳出融资难的困境，加快企业的发展。

第五章　重庆市科技人才政策绩效评估

第一节　研究背景

随着经济全球化竞争不断深入，科技创新对提升城市竞争力所发挥的作用日益凸显，科技人才已成为支撑城市可持续发展的战略性资源和构筑产业核心竞争力的决定因素。"十二五"开局，重庆市进一步推进产业结构战略性调整，建设国家重要的现代制造业基地。在《重庆市贯彻落实国家九大产业调整和振兴规划的实施意见》中明确指出，未来 5 ~ 10 年，全市"6 + 1"重点产业将进一步扩张和提升，因而所需产业科技人才将成倍增长，特别是对掌握产业链高端技术的科技创新人才、高技能人才的需求将大幅增长。在这一背景下，重庆市作为我国最年轻的直辖市，更迫切需要进一步夯实人才基础，以世界眼光和创新思维建设一支高素质科技人才队伍，以人才创新、技术进步增强城市核心竞争力。可以说，加快建设一支适应重庆市经济与社会发展需求的科技人才队伍，不仅有助于实现经济增长方式从要素驱动型向投资驱动型、进而向技术创新驱动型转变，而且会为发展重点产业尤其是高新技术产业，建设内陆开放高地奠定坚实的资源基础。

为了迎合国际人才竞争的挑战，解决重庆市科技人才供求、科技人才结构分布不合理现象，市委、市政府先后出台了《创新人才引智计划》、《关于进一步加强民营经济人才队伍建设的意见》、《重庆市外来人才工作证实施暂行办法》、《重庆市人民政府关于进一步优化人才环境的决定》、《重庆市引进人才优惠政策实施细则》、《关于建立海外高层次留学人才回国工作绿色通道的意见》、《重庆市实施西部大开发若干政策措施》、《关于加快区域科技创新体系建设的决定》等政策法规文件，并积极开展了相关的配套制度改革。那么现行科技人才激励政策的实际绩效如何，是否真正达到了政策制定的目的？为了对这些政策的实施绩效做出准确评估，通过实际调研，对重庆市现有科技人才政策的基本实施状况进行分析，从横向和纵向两个角度，对比科技人才政策实施前后的效果，找出现行科技人才激励政策实施过程中所存在的问题及其成因，以期为进一步完善科技人才激励政策提供事实依据。总之，通过全面而系统调查评估重庆市科技人才政策落实与实施状况，尤其是研究科技人才政策实施的问题与原因分析，可以为重庆市科技主管部门和政策制定部门修订政策、解决政策落实中的问题提供决策依据，并借鉴兄弟省市相关经验，结合重庆市实际，提出有针对性的科技人才政策修订和落实举措的政策建议。

第二节　工作开展情况

　　本部分研究工作始于 2011 年 7 月，结合重庆市科技人才政策绩效评估的核心内容，开展实际调研，拟定调研提纲，并设计调查问卷，调研的主要目的旨在充分了解重庆市科技人才政策落实程度，明晰政策执行所取得的实际效用，深入剖析当前政策问题及原因。本次调研采用重点调查、深度访谈、座谈会等调研方法，对重庆市部分企业和研究机构开展调研，样本对象主要是不同部门、不同岗位的科技人才，调查内容涉及物质待遇、接受继续教育的情况、人才政策激励情况、影响人才合理流动的障碍因素等问题。具体调查访问对象与样本方案如表 5 - 1 所示。

表 5 - 1　调查样本方案

调查方式	主要调查对象
资料收集	(1) 企业：100 个以上；(2) 科研院所：20 个以上；(3) 高校：15 个以上；(4) 政策执行部门：15 个以上；其中，市统计局、市科学技术委员会、市发改委和市经信委获取综合性评估信息
问卷调查	(1) 企业财务、技术部门和科技人员，200 人以上；(2) 科研院所财务、技术部门和科技人员，100 人以上；(3) 高校财务、科技部门人员，20 人以上；(4) 政策执行部门政策法规、业务负责人和管理人员，100 人以上 (5) 其他企业、院所、高校科技人员，200 人以上
深度访谈	主企业、院所、高校有关管理部门、科技人员和政策执行部门有关人员共计 80 人以上
座谈会	主要包括企业、院所、高校有关管理部门、科技人员和政策执行部门有关人员共计 50 人以上

本次调研共发放问卷 110 份，回收有效问卷 103 份。其中，企业单位 85 份，研究机构 18 份。调研的信息组织方式与信息汇总统计方式如下：

1. 信息调查组织方式

第一，由市科委下达相关科技人才政策评估的文件，以获得调查对象的配合和支持；第二，组织专门的信息调查员 20 余人，组织专门的调查培训，学习有关科技政策、了解和理解科技人才政策条款，掌握访谈流程、技巧与礼仪，提高调查人员能力；第三，在正式进行调查前进行必要的试调查，发现问题、总结经验，提高技能；第四，组织一定数量的抽查和回访，以督促调查员认真负责工作。

2. 信息汇总统计组织方式

大量的调查问卷和信息表格及时收集和汇总，做好相关的信息汇总与统计的组织工作：对各类调查表格进行分类编号；组织专门人员负责调查表格的回收、审定，制定验收、审定的标准；组织专门人员负责信息录入，信息录入运用 SPSS13.0 统计软件进行汇总和统计。

本次调研问卷的设计必须具有一定针对性，是在对重庆市个别企业和科研院所实地调研和相关文献研究的基础上，将调查重点确立在典型企业和转制科研院所的实证研究尚不能解决的问题上，明确了需要调查的问题主要包括以下几个方面：重庆市科技人才政策执行过程中的知晓率、申请率、受理率、覆盖率、受益率、兑现率、满意度和政策绩效（激励效果、创新产业发展、社会效益）等。另外，考虑到财务数据的敏感性，出于商业保密的原因，企业和科研院所往往不愿意提供原始的客观数据，以及问卷设计太复杂会影响问卷的回收率，因此，本次问卷调查所涉及的大多数问题回答采用了等级量度的方法，由被调查者根据单位的实际情况对每项问题进行回答。

第三节　重庆市科技人才政策实施绩效调查与分析

本项目主要从重庆市科技人才政策的落实程度、政策绩效与现有政策问题及原因 3 个方面，开展了调研与分析。其中，科技人才配套政策主要是针对企业、院所科技人员的激励性与自愿参与性政策。具体调查评估工作是在遵循科技人才政策的特征与规律的前提下，按照科学性与可操作性结合、定性评估与定量评估相结合、效益标准与效率标准相结合、直接效益与间接效益相结合、纵向与横向比较相结合的原则开展的。

一、科技人才政策实施状况调查与评估

通过调查和数据统计，分析研究重庆市科技人才配套政策的制定和实施情况、执行过程中落实情况、兑现情况，以及科技人才政策对于重庆市科技创新和产业发展的引导和推动作用。重点调查和评估重庆市科技人才政策执行过程中的知晓率、申请率、受理率、覆盖率、受益率、兑现率、满意度和政策绩效（激励效果、创新产业发展、社会效益）等。

1. 科技人才政策的知晓情况

通过对重庆市部分企业和研究机构的调研结果分析可知，当前重庆市大多数企业和研究机构对我国及重庆市出台的科技人才激励政策部分知晓，知晓率水平适中；而仅有 9 家样本单位对相关科技人才激励政策全部知晓，2 家则完全不知晓。具体知晓情况如图 5－1 所示。

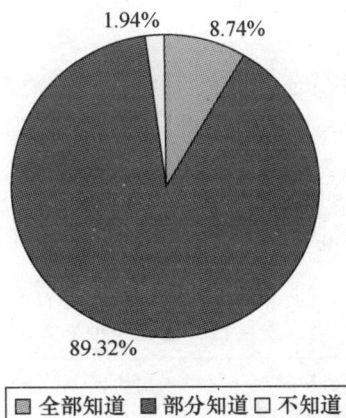

图 5－1　对国家及重庆市科技人才政策的知晓情况

2. 科技人才政策的申请、受理及兑现情况

基于本次调研结果分析可知，在调研 103 家样本单位中，仅有 18 家单位引进或现有的科技人才全部申请了国家及重庆市科技创新人才激励政策，有 31 家单位引进或现有的科技人才从未申请任何科技人才政策；而在已申请科技人才政策的样本单位中，约有 86％ 调研样本的申请得到了受理，受理情况良好，且在申请并受理的 62 家样本单位中，55 家单位的科技人才激励政策得到了兑现。具体如图 5－2 所示。

（家）

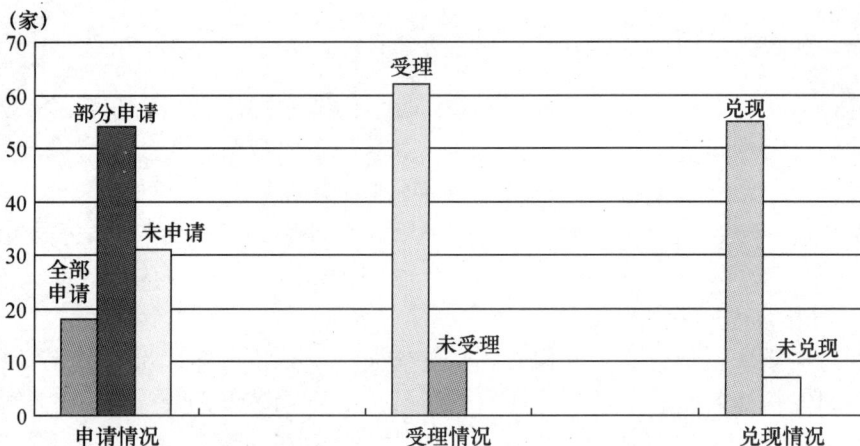

图 5 - 2　国家及重庆市科技人才政策申请、受理及兑现情况

3. 科技人才政策的覆盖情况

通过调查了解，重庆市为了加快建成"长江上游的创新中心和成果产业化基地"，进一步加大了对科技人才引进力度，先后出台 16 项加快科技人才队伍建设的相关政策，具体如表 5 - 2 所示。这些政策覆盖面涉及国有或民营科研院所、高新技术企业、创新型企业及其他，涉及行业有电子信息、生物医药技术（含农业、轻工行业）、新材料、光机电一体化、航空航天、新能源、创意产业等。

表 5 - 2　重庆市科技人才政策分类情况

重庆市科技人才主要政策	科技人才创业优惠政策	创新人才引智计划［《关于加快区域科技创新体系建设的决定》（渝委发〔2004〕35 号）］
		高层次留学人才回国创业税收优惠［《关于建立海外高层次留学人才回国工作绿色通道的意见》（国人部发〔2007〕26 号）］
	科技人才福利待遇政策	加强民营经济人才建设政策［《中共重庆市委组织部、重庆市人事局、重庆市中小企业发展指导局、重庆市工商业联合会关于进一步加强民营经济人才队伍建设的意见》（渝中小企〔2005〕104 号）］
		外来人才工作证申请办理政策［《重庆市外来人才工作证实施暂行办法》（渝人发〔2001〕65 号）］
		建立高级人才疗养制度［《重庆市人民政府关于进一步优化人才环境的决定》（渝府发〔2000〕63 号）］
		人才岗位津贴［《重庆市人民政府关于进一步优化人才环境的决定》（渝府发〔2000〕63 号）］

重庆市科技人才主要政策	科技人才福利待遇政策	引进人才优惠政策〔《重庆市引进人才优惠政策实施细则》（渝府发〔1999〕61 号）〕
		离退休科技人员政策〔《重庆市人民政府关于进一步优化人才环境的决定》（渝府发〔2000〕63 号）〕
		专业技术人员继续教育政策〔《重庆市专业技术人员继续教育条例》（2003 年 9 月 26 日重庆市第二届人民代表大会　常务委员会第五次会议通过）〕
		人才绿色通道〔《关于实施中长期科技规划纲要》（渝委发〔2006〕16 号）〕
		住房政策〔《重庆市人事局关于转发人事部关于鼓励海外高层次留学人才回国工作的通知》（渝人发〔2000〕158 号）〕
		医疗保险及探亲假〔《重庆市人事局关于转发人事部关于鼓励海外高层次留学人才回国工作的通知》（渝人发〔2000〕158 号）〕
		妥善安排家属政策〔《重庆市人事局关于转发人事部关于鼓励海外高层次留学人才回国工作的通知》（渝人发〔2000〕158 号）〕
		妥善安排高层次留学人才的配偶子女、博士后日常经费支持〔《关于建立海外高层次留学人才回国工作绿色通道的意见》（国人部发〔2007〕26 号）〕
	科技人才成果奖励政策	科学技术奖励政策〔《重庆市科学技术奖励办法》政策解读〕

4. 科技人才政策的受益情况

通过调查结果分析可知，重庆市享受国家及重庆市相关人才激励政策的样本单位所占比重较小，在 103 家样本单位中，仅有 24 家单位（15 家企业和 9 家科研院所）部分享受到相关政策，79 家单位的科技人才未能享受。样本单位得益于 16 项科技人才政策的具体情况如表 5 - 3 所示。

表 5 - 3　16 项科技人才政策享受及受益情况

政策名称	享受情况	受益情况	
		已受益	应受益
创新人才引智计划	全部享受	2（户）	10（户）
	部分享受	14（户）	65（户）
	未享受	87（户）	28（户）
加强民营经济人才建设政策	享受"国家新世纪百千万人才"待遇	2（人）	4（人）
	享受"市级学术技术带头人或后备人选"待遇	7（人）	25（人）
	享受"国务院政府特殊津贴"待遇	30（人）	62（人）
	享受"国家和重庆市有突出贡献的中青年专家"待遇	14（人）	45（人）

政策名称	享受情况	受益情况	
		已受益	应受益
外来人才工作证申请办理政策	享受外来人才工作证申请办理政策	39（户）	78（户）
	未享受外来人才工作证申请办理政策	64（户）	35（户）
建立高级人才疗养制度	享受高级人才疗养	21（户）	66（户）
	未享受高级人才疗养	82（户）	37（户）
人才岗位津贴	享受人才岗位津贴	0（户）	10（户）
	未享受人才岗位津贴	103（户）	93（户）
离退休科技人员政策	享受离退休科技人员政策	0（户）	48（户）
	未享受离退休科技人员政策	103（户）	55（户）
引进人才优惠政策	享受引进人才优惠政策	0（户）	46（户）
	未享受引进人才优惠政策	103（户）	57（户）
专业技术人员继续教育政策	该项政策出台后企业专业技术人才有参加继续教育	23695（人）	36715（人）
人才绿色通道	引进符合该项政策的高级人才	7（人）	33（人）
住房政策	享受政策规定的住房补贴的科技人才总数	11（人）	22（人）
	共向符合政策引进人才提供住房面积	1100（平方米）	2200（平方米）
医疗保险及探亲假	享受该政策规定的医疗保险待遇的专业人才	7（人）	12（人）
	享受该政策规定的出国探亲假待遇	0	12（人）
妥善安排家属政策	符合该项政策的引进人才的家属就业安置率	0	4.73%
	符合该项政策的引进人才的子女解决进入较好学校的比例	0	10.38%
高层次留学人才回国创业税收优惠	享受税收优惠	0	6（人）
	享受专项支持	0	6（人）
妥善安排高层次留学人才的配偶子女	安排引进人才家属就业	0	29（人）
	当地人事部门帮助推荐引进人才家属就业	0	56（人）
	按政策规定解决引进人才子女入学的比例	0	25.62%
博士后日常经费支持	拥有的博士后	88（人）	102（人）
	博士后享受该项政策的总人数	88（人）	102（人）
科学技术奖励政策	获得科技进步奖	1（人）	1（人）
	科技进步奖获奖金额	10000（元）	10000（元）

由表5-3可知，重庆市现有科技人才政策的受益情况一般，各项政策普遍存在一个共性问题，即应该享受该项政策的单位或个人的总数要远远高出实际受

益的企业或个人的总数。其原因有二：其一，相关单位或个人对重庆市现有科技人才政策的知晓度一般，多数机构和人员仅是知道部分政策存在，全部知晓重庆市科技人才政策的机构很少，仅占样本总体的8.74%；其二，尽管多数单位部分知晓政策存在，但由于其对具体政策细则内容不清楚，因而导致申请享受各项政策的单位或个人较少。

5. 科技人才政策的满意度情况

在加快科技人才队伍建设过程中，国家及重庆市相继出台了若干条政策意见。从政策整体执行和落实情况来分析，调研单位对已享受到的政策促进其人才建设效果的满意度水平适中，没有样本单位对现有政策十分满意，有33家样本单位（25家企业和8家科研院所）比较满意已出台的科技人才政策，而约有53家样本单位（占调研样本总体51%）对政策执行效果的满意度水平一般，有17家样本单位（14家企业和3家科研院所）对科技人才激励政策不满意，认为这些政策并没有对其人才队伍建设起到应有的激励效应。具体情况如图5-3所示。

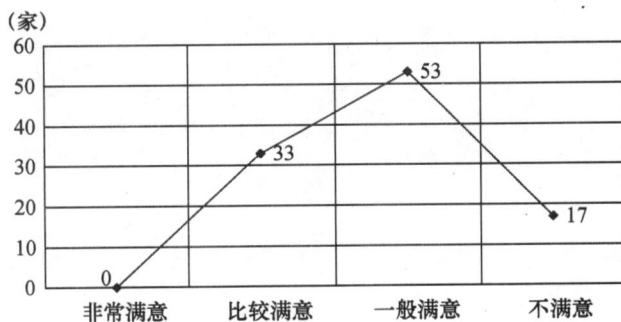

图5-3　对国家及重庆市科技人才政策的满意度情况

二、科技人才政策的绩效分析

1. 样本总体对现有科技人才政策绩效评估情况

（1）总体绩效水平评估。基于对调查样本的评价结果分析可知，从整体上看，多数样本单位认为我国及重庆市相关科技人才政策对科技人才队伍建设具有一定的激励作用，但作用效果并不明显，具体情况如图5-4所示；且已出台的相关人才激励政策的绩效水平适中，在已调查的103家单位中，有54家单位认为这些政策仅能一般程度地满足其对科技人才激励的需求，有28家单位（24家企业和4家科研院所）认为根本无法满足其对科技人才激励的需求，仅有21家单位（13家企业和8家科研院所）认为可以满足其相应需求，具体情况如图5-5所示。

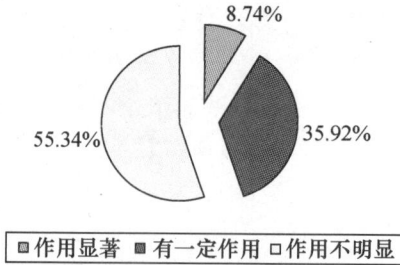

8.74%

55.34%   35.92%

□作用显著 ■有一定作用 □作用不明显

图 5 - 4　企业对国家及重庆市科技人才政策的总体绩效水平评估情况

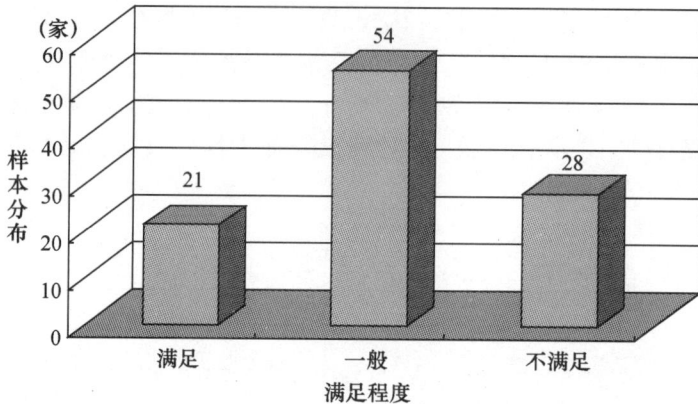

（家）
60
54
50
40
样本分布 30
28
21
20
10
0
满足　　　　一般　　　　不满足
满足程度

图 5 - 5　国家、重庆市已出台的科技人才政策满足企业对人才激励需求的基本情况

（2）科技人才政策促进科技人才队伍建设的绩效评估。通过对各项科技人才政策激励效果的调查分析可知，不同样本单位对科技人才政策绩效评估情况持有不同观点，具体如表 5 - 4 所示。在 103 家样本单位中，对现有 16 项科技人才激励政策能极大促进其科技人才队伍建设持有完全否定态度的单位仅有 8 家（全部为企业）。这些单位认为：《重庆市人民政府关于进一步优化人才环境决定》（渝府发〔2000〕63 号）中的建立高级人才疗养制度，主要强调由市财政拨出专款，每年由政府人事部门组织院士健康疗养一次；每两年组织突贡专家和一、二层次人选健康疗养一次，经费标准和时间按有关规定执行。从政策实施对象不难看出，这一政策仅是针对少数特殊群体，受益对象多是科研院所和高等院校高层次人才，而不是企业一般科技人才，因此该项政策对企业科技人才队伍建设所发挥效用并不显著。与此同时，也有部分样本单位认为加强民营经济人才建设政策、外来人才工作证申请办理政策、建立高级人才疗养制度、人才岗位津贴、引进人才优惠政策、医疗保险及探亲假等政策并不会对企业科技人才队伍建设发挥应有的激励作用。以《中共重庆市委组织部、重庆市人事局、重庆市中小企业发展指导局、重庆市工商业联合会关于进一步加强民营经济人才队伍建设的意见》（渝中小企〔2005〕104 号）中的加强民营经济人才建设政策为例，有 17 家企业不认为这一政策能对企业科技人才引入、科技人才素质和综合能力提升产生激励效果，认为此项政策多数条款并不适用于民营经济科技人才，而是面向科研院所和高等院校学术性科技人才。

表 5-4　科技人才政策对企业科技人才队伍建设的绩效评估情况

人才激励政策效果评价	完全不满意	不满意	不确定	满意	完全满意
创新人才引智计划	0	0	39	53	11
加强民营经济人才建设政策	0	17	8	67	11
外来人才工作证申请办理政策	0	13	28	44	18
建立高级人才疗养制度	8	13	54	17	11
人才岗位津贴	0	13	40	39	11
引进人才优惠政策	0	13	26	53	11
离退休科技人员政策	0	0	50	36	17
专业技术人员继续教育政策	0	0	33	55	15
人才绿色通道	0	0	27	58	18
住房政策	0	0	53	41	9
医疗保险及探亲假	0	8	53	31	11
妥善安排家属政策	0	0	46	48	9
高层次留学人才回国创业税收优惠	0	0	14	49	40
妥善安排高层次留学人才的配偶子女	0	0	53	34	16
博士后日常经费支持	0	0	56	26	11
科学技术奖励政策	0	0	36	50	17

另外，从调研样本对科技人才政策所起到的激励效用评估结果分析，样本单位对 16 项科技人才政策的激励效果持有不确定或满意的态度偏多，持有完全满意态度的样本单位偏少，仅在高层次留学人才回国创业税收优惠政策上，持有肯定态度的样本单位偏多，为 40 家（全部为企业），占样本总体的 39%。这些企业认为该项政策在激励国内外高层次科技人才创业及获取自主创新成果方面会起到较好的效果。高层次留学人才回国创业税收优惠政策规定高层次留学人才回国创办企业，按照国家的产业和区域税收政策享受相应的税收优惠。其中，创办高新技术企业的，享受国家高新技术企业优惠政策；对我国经济科技发展具有战略

意义的重点项目，可专门立项，按照有关规定给予支持。

（3）科技人才政策推动企业创新发展的绩效评估。为了充分了解现有科技人才政策在推动企业创新发展过程中所发挥的效用，在实际调研过程中，专门针对这一问题开展了深入调研。通过对调研结果分析可知，仅有 21 家样本单位对已出台的推动企业创新发展的部分科技人才政策绩效进行了评估，具体评估情况如表 5 - 5 所示。

表 5 - 5　国家及重庆市科技人才政策对企业创新发展推动作用的绩效评估情况

第一条		第二条		第三条	
政策	频次	政策	频次	政策	频次
科学技术奖励政策	8	创新人才引智计划	9	提高企业创新能力	4
吸引高端人才	4	减轻企业负担	4	引进人才优惠政策	8
引进人才优惠政策	9	住房政策	8		

由表 5 - 5 可知，在各项政策中，这些样本单位认为会对其创新发展起到有利推动作用的政策是《重庆市引进人才优惠政策实施细则》（渝府发〔1999〕61号）中的引进人才优惠政策。该政策明确规定为创新型科技人才提供相适应的资助经费，提供住房供其使用，发放一次性安家补助费，并可应聘重庆市人民政府科技顾问或常委会委员。从政策吸引力上看，首先会在一定程度增加企业或科研院所对科技人才引进的力度，增加引进科技人才推动企业创新发展的积极性。其次，会对企业创新发展起到一定推动作用的政策是创新人才引智计划和住房政策。这两项政策仅在外部环境上为企业科技创新人才引进提供一定的物质保障，在具体创新活动开展过程却无法发挥其根本性的推动作用。

（4）科技人才政策有用性的绩效评估。由表 5 - 6 可知，在上述 16 项科技人才激励政策中，首先有约 50% 的样本单位认为创新人才引智计划的激励效用最强，受益面最广。该计划中明确提出对带项目、专利、资金来渝创业的境内外科技人员，享受外商投资相关优惠政策。其次，有 36 家单位认为《重庆市关于实施中长期科技规划纲要》（渝委发〔2006〕16 号）中的人才绿色通道政策有力地促进了企业和科研单位对科技人才的引进力度，使企业获益。该政策中规定：对符合重庆市发展需要、在国际国内有影响、行业有地位的高层次人才，包括具有特殊技能的高级技师，开设人才引进"绿色通道"，在编制使用、户口、子女入学、住房等方面给予优先安排或资助；企业及科研单位引进高级人才住房补贴、安家费、科研启动经费，可列入成本。最后一项被认为对相关机构最为有用的科技人才政策是《重庆市专业技术人员继续教育条例》中所规定的专业人才继续教育政策。该政策于 2003 年 9 月 26 日重庆市第二届人民代表大会常务委员会第五次会议通过，并规定专业人才享受下列权利：每年接受继续教育的时间累计不少于 80 学时，接受继续教育期间享受与本单位在岗工作人员同等的工资、福利待遇，有权就侵害其接受继续教育权利的行为向所在单位的行政主管部门或人事、劳动行政主管部门提出申诉或申请仲裁。

表 5 - 6　科技人才政策有用性的绩效评估情况

第一项		第二项		第三项	
政策	频次	政策	频次	政策	频次
博士后政策	11	博士后日常经费支持	9	创新人才引智计划	9
创新人才引智计划	50	高层次留学人才回国创业税收优惠	20	高层次留学人才回国创业税收优惠	4
科学技术奖励政策	24	建立高级人才疗养制度	4	科学技术奖励政策	13
妥善安排高层次留学人才的配偶子女	4	科学技术奖励政策	12	妥善安排高层次留学人才的配偶子女	12
引进人才优惠政策	14	人才绿色通道	36	妥善安排家属政策	7
		妥善安排高层次留学人才的配偶子女	14	引进人才优惠政策	8
		住房政策	8	住房政策	14
				专业人才继续教育	36

2. 国内不同地区科技人才政策绩效评估对比分析

以上均是结合重庆市被调研单位对现有国家及重庆市科技人才政策调研结果分析而得出的评估结论，仅是对相关科技人才政策的执行绩效进行综合评估，而要掌握科技人才政策落实后的实际绩效水平，则要从横向角度，对国内不同地区科技人才政策落实后的实施效果进行评估比较，来找出重庆市现有科技人才政策落实后的绩效与之形成差距的根本原因。

（1）不同地区现有科技人才政策的基本概况。为了进一步明晰重庆市科技人才激励政策与其他地区的差别，找出现有人才政策所存在的不足，本项目在对比政策实施绩效之前，首先对我国科技人才激励效果较好地区的有关科技人才激励政策及其实施细则进行了概述，具体如表 5 - 7 所示。

表 5-7　我国部分地区科技人才激励政策基本概况

地区名称	主要科技人才政策	实施细则
上海市	高科技人才落户政策《关于进一步完善高技能人才表彰激励工作的意见》	• 对符合上海重点产业发展方向、行业紧缺、企业急需的高技能人才进行外省市引进,对于 45 周岁以下、获得中国大陆国家级或省市级技能人才表彰的技师、高级技师,将为其办理上海户口
	高技能人才延迟退休《关于进一步完善高技能人才表彰激励工作的意见》	• 建立适当延后高级技师领取养老金年龄的机制,对企业在聘的高级技师,在企业需要、本人愿意且双方协商一致的基础上,在达到法定退休年龄后,可适当延迟领取养老金
	建立贡献卓著的技师政府特殊津贴制度《关于进一步完善高技能人才表彰激励工作的意见》	• 从 2008 年起,每 2 年开展一次评选,对 50 具有高超技能水平、在生产实践中担任主角,能解决核心技术难题、有效促进科技成果转化并取得显著经济效益、为企业和社会做出突出贡献的技师和高级技师,给予一次性政府特殊津贴
江苏省	双千人才工程	• 通过组织六大计划来实施"双千人才工程"。6 大计划包括院士江苏创业行动计划、外籍科学家江苏发展计划、海外高层次人才创业计划、科研创新学者攀登计划、企业博士创新启动计划和科技企业家培育计划
	人才培养与管理及其奖励	• 省国际服务外包培训基地面向社会实施国际服务外包人才培训,且每期培训时间不低于 3 个月的,可申请省级人才培训补贴 • 对科技人才开展奖励的主要形式有股份制企业的奖励及非股份制企业的奖励、重大项目津贴和职务技术转让的奖励等几种形式
	技术入股	• 技术成果完成人可享有不低于该成果所占股份 20% 的股权;以技术转让方式将成果提供给他人转化的,其成果完成人可享有不低于转让所得的税后净收入 20% 的收益;自行实施转化或以合作方式实施转化的,在项目盈利后 3~5 年内,每年可从实施该项成果的税后净利润中提取不低于 5% 的比例,用于奖励成果完成人

续表

地区名称	主要科技人才政策	实施细则
北京市	留京政策	• 对经市政府有关部门认定的高新技术企业和高新技术成果产业化项目所需的外省市专业技术和管理人才，经人事部门批准，给予工作寄住证，享受本市市民待遇。工作满 3 年者，经用人单位推荐、有关部门审核批准，办理户口进京手续 • 引进中关村科技园区发展需要的留学人员、外省市科技和管理人才，可以按照本市有关规定办理《工作寄住证》或者常住户口，不受进京指标限制。本市行政区域内的高等学校、科研机构的应届毕业生受聘于中关村科技园区内的高新技术企业，可以直接办理本市常住户口 • 根据中关村科技园区发展需要引进的留学人员、外省市科技和管理人才，其子女接受义务教育，由居住地的教育行政部门就近安排入学，任何部门或者学校不得收取国家或者本市规定以外的费用；接受其他教育的，按照本市有关规定办理。鼓励中关村科技园区的学校开展双语教学 • 留学人员受聘在中关村科技园区担任专业技术职务的，不受聘用单位指标的限制。留学人员在国外取得专业执业资格，其所在国与我国有互认协议的，可以在本市办理相应的执业资格证书 • 允许外籍人员和港、澳、台人员担任内资高新技术企业的董事、监事、经理等职务 • 经市人事局批准，可以为研发机构所需的外省市专业技术人员和管理人才办理《工作居住证》。在京工作满 3 年的人员，经用人单位推荐，有关部门批准，可以办理调京手续，其配偶和未成年子女可以随调随迁 • 本市高新技术企业和高新技术成果转化项目所需的外省市专业技术和管理人才，经市人事局批准，给予《工作居住证》，享受本市市民待遇。持《工作居住证》工作满 3 年的，经用人单位推荐、有关部门批准，办理调京手续。本市行政区域内高等学校、科研机构获得学士及学士以上学位的应届毕业生，可以直接办理本市常住户口
	奖励政策	• 来京投资企业的高级管理人员在本市首次购买商品住房，按其本人上年已纳个人所得税数额的一定比例给予奖励 • 市财政预算中安排专项资金，用于软件企业高级管理人员和技术人员兴办高新技术企业或增加本企业资本金投入以及个人第一次购买住房、轿车的资金补助，补助标准不超过个人上年已纳个人所得税的 80%。根据企业自愿的原则，软件企业从业人员住房公积金缴存比例可提高到 20% • 以高新技术成果向有限责任公司或非公司制企业出资入股，高新技术成果的作价金额可达到公司或企业注册资本的 35%，另有约定的除外

地区名称	主要科技人才政策	实施细则
北京市	奖励政策	• 高新技术企业当年发生的技术开发比上年实际增长 10%（含 10%）以上的，当年经主管税务机关批准，可再按技术开发费实际发生额的 50% 抵扣当年应纳税所得额 • 企业事业单位进行技术转让，以及与技术转让有关的技术咨询、技术服务、技术培训的所得，年净收入在 30 万元以下的，暂免征收所得税；超过 30 万元的部分依法缴纳所得税 • 以技术转让方式将职务科技成果提供给他人实施的，可从技术转让净收入中提取不低于 20% 的比例用于一次性奖励科技成果完成人和为成果转化做出重要贡献的人员；自行实施转化或与他人合作实施转化的，科研机构或高等院校可在项目成功投产后，连续在 3~5 内，从转化净收入中提取不低于 5% 的比例用于奖励，或给予一次性奖励；也可以用不低于科技成果入股时作价金额 20% 的股份给予奖励，该持股人依据其所持股份分享收益。在研究开发和成果转化中做出主要贡献的人员，所得奖励份额应不低于奖励总额的 50% • 自项目主导产品销售取得效益之日起，可连续 3 年从该产品新增销售利润中按不高于 5% 的额度用于奖励。对连续 3 年盈利的国有控股企业，可按不高于其近 3 年税后利润形成的净资产增值额的 10%，用于奖励对企业技术进步有突出贡献的管理人员、技术人员 • 凡经市经委根据《来京投资企业及其高级管理人员认定办法》认定的来京投资企业高级管理人员，企业可以为其申请一次性购房专项奖励 • 购房专项奖励标准为来京投资企业高级管理人员本人购房时间上一年度缴纳个人所得税数额地方留成部分的 80% • 来京投资企业的高级管理人员的子女在京参加高考可与北京籍考生同等对待；来京投资企业职工及子女可参加北京市普通高中毕业会考；来京投资企业申请其在京职工子女入本市中小学借读，由区县教育行政主管部门按照规定就近安排 • 来京创业、工作的留学人员的子女入托及义务教育阶段入学，由其居住地所在区、县教育行政管理部门安排并为其办理入学、转学手续，不收取政府规定以外的任何费用；已在国外高校就读的子女，可申请到北京地区高校插班学习；参加研究生全国统一考试的，同等条件下本市高等院校可优先录取 • 留学人员来京创业、工作，从事技术转让、技术开发业务和与之相关的技术咨询、技术服务取得的收入，经有关部门认定，免征营业税。留学人员在中关村科技园区内创办高新技术企业的，可享受本市高新技术企业的各项优惠政策 • 对企业发展有突出贡献的科技人员和经营管理人员实施股权奖励 • 研发机构中的高级管理人员在本市首次购买商品住房，符合《北京市关于扩大对内开放促进首都经济发展的若干规定》（京政发〔2002〕12 号）等有关规定的，可向市经委申请按其本人上年已纳个人所得税数额的一定比例给予奖励 • 以高新技术成果出资设立公司和股份合作企业的，对其高新技术成果出资所占注册资本和股权的比例不作限制，由出资人在企业章程中约定

地区名称	主要科技人才政策	实施细则
北京市	人才吸引与激励政策	• 对经市政府有关部门认定的高新技术企业和高新技术成果产业化项目所需的外省市专业技术和管理人才，经人事部门批准，给予工作寄住证，享受本市市民待遇。工作满 3 年者，经用人单位推荐、有关部门审核批准，办理户口进京手续 • 民营科技与高新技术产业单位在市、区、县人事局所属人才服务中心委托存档的专业技术人员和管理人员，凡本人具有北京市常住户口，且被在京单位聘用 1 年以上现仍被聘用的人员，其配偶系干部（含聘用制干部）并符合有关条件之一者，均可申请办理解决夫妻两地分居问题 • 在中关村地区建立社会化的专业技术职务评审制度。高新技术企业中的科技开发、经营管理人员，由个人申报，经评审机构评审合格后，授予专业技术职务 • 同意在中关村高新技术企业中实行股份选择权制度，允许有关试点企业从近年国有净资产增值部分中拿出一定比例作为股份奖励科技骨干和主要经营管理人员。用于股份奖励、股份选择权或股份期权等股份激励的资产总额，不超过企业近年国有净资产增值部分的 35% • 以技术转让方式的，应当从所得净收入中提取不低于 20% 的比例用于一次性奖励；自行实施转化或与他人合作实施转化的，应当在项目成功投产后，连续 3~5 年内，从实施该科技成果转化年净收入中提取不低于 5% 用于奖励；采用股份形式的企业实施转化的，也可以用不低于科技成果入股时作价金额 20% 的股份给予奖励。对主要贡献的人员的奖励份额应不低于奖励总额的 50% • 自 1999 年 7 月 1 日起，科研机构、高等院校转化职务科技成果以股份或出资比例等股权形式给予个人奖励，获奖人在取得股份、出资比例时，暂不缴纳个人所得税 • 允许外籍人员和港、澳、台人员担任内资高新技术企业的董事、监事、经理等职务
	个人所得税	• 对在高新技术成果转化中做出重大贡献的专业技术人员和管理人员，由市政府授予荣誉称号并安排专项资金给予奖励，对所获奖金免征个人所得税 • 对高新技术成果完成人和从事成果产业化实施的科技人员的奖励和股权收益，用于再投入高新技术成果产业化项目的，免征个人所得税 • 个人的所得（不含偶然所得，经国务院财政部门确定征税的其他所得）用于资助的，可以全额在下月（工资、薪金所得）或下次（按次计征的所得）或当年（按年计征的所得）计征个人所得税时，从应纳税所得额中扣除，不足抵扣的，不得结转抵扣

续表

地区名称	主要科技人才政策	实施细则
广东省	创新型人才培养和引进计划	• 加大省财政科技经费对自主创新领军人才和创新团队项目的资金扶持力度。支持有条件企业与高等学校、科研机构联合申请建立硕士、博士培养点。高等学校、科研机构要支持科技人员以借用、聘用或兼职等方式到企业从事研究开发工作，或离岗创办高新技术企业及中介机构。鼓励境外创新型人才通过项目合作、兼职、考察讲学、学术休假、担任业务顾问等多种形式为广东服务。引导企业以高薪或股份等多种形式，积极吸引各类创新人才到企业工作
	改革和完善科研事业单位人事制度	• 全面实行聘用制度和岗位管理制度，科研事业单位可自主设立各级创新岗位，自主聘用。实行固定岗位与流动岗位相结合，人员使用与项目、课题相结合的制度。除涉密岗位外，推行关键岗位和科研项目负责人面向国内外公开招聘制度。对科研机构的新进人员可实行人事代理制度。积极推进事业单位养老保险制度改革，完善科技人员向企业流动的社会保险关系接续办法。建立以岗位工资、绩效工资为主要内容的收入分配制度，禁止违反规定将政府科研项目经费用于分配
	建立有利于创新型人才激励和考核机制	• 设立广东省科学技术突出贡献奖，每年奖励人数不超过2名，每名奖励200万元，其中50万元奖励个人，150万元用于资助获奖者主持的自主创新活动，获奖者享受省级劳动模范待遇。引进创新型人才的薪酬、福利，由用人单位根据其专业水平与本人协商，从优确定。通过项目公开招标聘用海外创新型人才在海外为广东省企事业单位进行项目研发的，可以由我方单位根据签订的合同将报酬用外汇直接汇入其个人账户。鼓励企业从其净资产增值部分中提取股份，奖励核心技术和自主知识产权所有人及对核心技术、自主知识产权研发有重大贡献的科技和管理人员。创新型人才可以以专利、发明、技术、管理、资金等要素投资入股并参与分配，分配比例由受益单位与本人协商确定。对聘请海外创新型人才担任国有企业高级技术、管理职务的，可以参照对国内人员实施期权激励的办法进行奖励
浙江省	钱江人才计划	• 主要择优资助近期回国来浙江工作和创业的海外留学人员及团队。其中科技创业（A类）主要资助留学回国人员及团队携科研成果自主创办科技型企业，包括专利技术的产业化研究和后续技术研发工作等；科研开发（B类）主要资助在浙高校、科研院所和企业投资引进的留学回国人员及团队进行科研开发。具体资助资金用于设备购置、能源材料（试剂）、分析测试、人员劳务、会议及调研、资料印刷、知识产权事务等费用；申请项目（科技创业类）的贷款贴息；其他相关费用

续表

地区名称	主要科技人才政策	实施细则
	创新领军人才和创新团队培育计划	● 设立专项资金，主要用于领军人才所带领团队自身建设、团队成员国内外交流与研修培训、团队骨干成员学术休假、领军人才配备学术助手、改善工作生活和医疗保健条件、解决特殊困难等方面的经费
	科技创新人才国际交流资助计划	● 主要通过"浙江省科学技术厅关于资助在浙召开国际（双边）科技会议暂行办法"和"浙江省国际技术转移项目（国外科技人才）库建设"来实施。其中"浙江省科技厅关于资助在浙召开国际（双边）科技会议暂行办法"主要对在浙召开的部分国际（双边）科技会议给予适当资助；"浙江省国际技术转移项目（国外科技人才）库建设"，是以浙江省对外科技合作与交流网为平台，以项目和人才为落脚点，通过1、2年的运作，使国际技术转移项目库的项目数达到200个以上；在新能源、新材料、环境保护和IT等行业集聚100名以上的国外专家
	浙江省学术、技术带头人培养计划	● 设立专项经费，主要资助以自由选题形式开展的学科前沿探索和多学科交叉研究和成果的学术著作出版，围绕浙江高新技术发展及企业重大技术攻关等开展的研究以及申请发明专利等
	浙江省优秀青年科技创新人才培养计划	● 通过浙江省自然科学基金青年科技人才培养项目来实施；同时在省级一般科技计划项目中，规定必须有30%以上项目是由35岁以下的青年人才担任组负责人；对于经浙江省科学技术厅、共青团浙江省委推选认定的浙江省百名科技自主创新青年标兵，在同等条件下，给予重点支持和培养
浙江省	新苗计划	● 择优资助自然科学和工程技术领域全省高校全日制在校本科生和硕士研究生的创新性科技研究。计划资金来源于浙江省科学技术厅的科技人才专项，以研究项目形式资助。省科技厅、共青团省委、省教育厅、省财政厅联合成立浙江省新苗人才计划工作小组，组织实施计划并监督经费使用
	紧缺急需创新人才培训计划	● 本计划的重点培训对象主要包括：科研院所和高校的专业技术人员；高新技术企业、科技型中小企业、民营科技企业和"六个一批"创新载体的专业技术人员；从事科技管理、科技推广、科技普及和科技宣传等工作的科技人员；从事技术评估、技术咨询、技术服务、技术转移、专利代理等各类科技中介服务人才以及其他符合条件的中青年科技人员
	科研院所优秀青年人才资助计划	● 本计划资助范围为财政渠道隶属于省科技厅的省属公益类院所；资助对象为年龄在35岁以下，学历为硕士研究生以上，并被列入本单位培养重点，有一定工作业绩的优秀青年人才。本计划按有关部门研究、审查等程序择优资助，并以项目形式每人给予10万元的项目经费
	科技创新人才发展环境建设计划	● 本计划主要设想从政府部门特别是科技行政主管部门出发，如何更好地打造科技创新的公共硬环境、营造有利于科技人才发展的软环境，详细计划有待于进一步研究制订

地区名称	主要科技人才政策	实施细则
辽宁省	关于激励科研人员加速科技成果转化的暂行办法	• 对贡献突出人员，实行专业技术职务任职资格破格评审、专业技术岗位超职务级别聘任和超岗位聘任；高层次人才选拔培养和资助重点向科技成果转化人员倾斜。同时，允许高等院校、科研院所将职务科技成果转让净收入（或成果形成股权）的70%一次性奖给成果完成人或团队。允许注册资本在50万元以下的科技企业注册零首付等人员创新创业政策
	高技能人才引进培养和激励政策规定	• 辽宁沿海经济带和沈阳经济区国有及国有控股企业从海内外引进紧缺的高技能人才，享受企业高级专业技术人员同等待遇，由当地政府有关部门审核批准后给予其工资10%的政府补贴。要鼓励企业建立高技能人才岗位技能津贴制度，对在技术改造、技术革新中做出突出贡献，并取得重大经济效益或社会效益的高技能人才，企业要予以重奖。企业在聘的高级工、技师、高级技师与本单位助理工程师、工程师、高级工程师享受同等工资福利待遇。建立优秀高技能人才评选和奖励制度。完善高技能人才社会保障制度。改革技师考评制度。对在技能岗位工作并掌握高超技能、做出突出贡献的骨干技能人才，允许破格或越级参加技师、高级技师的考评
	海外高层次人才引进"千人计划"	• 对引进的顶尖科技人才一次性给予500万元启动资金、50万元安家补贴、5000元/月津贴、不少于150平方米住房；科技领军人才一次性提供100万元启动资金、100万元信贷资金担保，一次性提供不少于100平方米工作场所和不少于100平方米公寓住房，并在3年内免收租金。对入选"千人计划"的海外高层次人才授予"辽宁省特聘专家"称号，在科技立项、资金扶持、津贴补助、医疗服务等方面享受省级优秀专家待遇。同时，明确了海外人才家属就业、子女入学、参加保险等9项优惠待遇，把引进海外人才居留、落户、购房和用人单位给予补贴等政策
	"十百千"高端人才引进工程	• 经费资助。对"十"层次的人才，一次性给予500万元的启动资金、50万元的安家补贴，5000元的月津贴，以及不少于150平方米的住房；对"百"层次的人才，一次性提供100万元启动资金、100万元信贷资金担保，提供不少于100平方米工作场所和不少于100平方米的公寓住房，并在3年内免收租金。其中，从事科技研发项目的，一次性提供300万元启动资金、300万元信贷资金担保；对"千"层次的人才实施的项目一次性给予20万元的启动资金

地区名称	主要科技人才政策	实施细则
辽宁省	"十百千"高端人才引进工程	• 引进人才可担任高等院校、科研机构、企业和商业金融机构的领导职务或高级专业技术职务，主持重大科研项目和工程项目，申请政府部门的科技资金和产业资金，参与重大项目咨询论证、重大科研计划和国家标准制定、重点工程建设等 • 各级政府都要足额安排人才发展专项资金，主要用于高层次人才引进、人才创业启动、人才中介服务机构以及重点区域、欠发达地区开展公共服务等项目的支持和补助 • 给予引进人才个人薪酬税收优惠 • 完善引进人才激励措施。对引进人才中的国外专家或团队从事的项目全部列入省引进国外技术、管理人才项目计划；符合在华永久居留条件的，可给予永久居留资格；可优先推荐国家"友谊奖"、直接获得"辽宁省友谊奖"或"辽宁外国专家荣誉奖"。对省"十百千工程"中"十"、"百"层次的中国专家，可直接入选"辽宁省优秀专家"，直接纳入省"百千万人才工程"人选范围；可直接推荐享受国务院特殊津贴、国家级"百千万人才工程"人选；在事业单位可直接确定为二级专业技术岗位 • 提供落户、安排配偶工作和子女入学等方面的便捷服务 • 妥善解决引进人才聘用和保险、工龄接续问题 • 鼓励引进人才进行技术入股 • 享受企业注册登记、项目申报等方面优惠待遇和优先权
	高技能人才振兴实施计划	• 企业紧缺高技能人才集中培养工程。对于参加紧缺高技能人才培训且通过技能鉴定，取得技师、高级技师职业资格证书的，按照每名技师不少于1600元和每名高级技师3000元的标准，给予相应的一次性职业培训（鉴定）补贴。所需资金在同级财政部门就业专项资金中列支 • 新兴产业高技能人才战略储备工程。面向有基础和发展潜力的省内高校相关专业的离校未就业高校毕业生，开展以技能提升为主要形式的储备培训，所需资金在同级财政部门就业专项资金中列支，具体培训和补贴办法由各市自行制定 • 高技能人才培训基地建设工程。被确定为国家高技能人才培训基地的，优先纳入省职业技能实训基地建设项目补助范围 • 技能大师工作站（室）建设工程。省财政安排专项经费，对每个省级技能大师工作站给予一次性补助资金10万元，主要用于建站费用、培训用品购置、技术交流与推广费用、进站注册大师奖励津贴等项支出

地区名称	主要科技人才政策	实施细则
辽宁省	高技能人才振兴实施计划	• 高技能人才与专业技术人才贯通工程。鼓励企业对获得省级及以上荣誉表彰的获得者实行企业专业技术人员的收入分配政策；经省人力资源和社会保障厅认定，获得技能大师称号的技能人才可获得高级工程师的专业技术资格。在统一调整企业退休人员养老金时，对在职取得高级技师资格且退休前未解聘的退休人员，继续按照国家确定的原则享受与高级专业技术职务的人员同等待遇的政策 • 高技能人才激励工程。鼓励企业落实对聘任的技师、高级技师，享受与本单位工程师、高级工程师同等待遇的政策；指导企业在建立企业年金和补充医疗保险制度时，向生产、服务一线的高技能人才倾斜。鼓励企业建立技能大师、首席技师、高级技师、技师梯次的培养体系和相应的津贴制度；对为企业做出特殊贡献的高技能人才，实行股权和期权激励政策，依据贡献从成果转化收益中提取一定比例进行特殊奖励。 • 高技能人才评价体系建设工程。对在技能岗位工作并掌握高超技能、做出重大贡献的骨干人才，允许破格或越级参加技师、高级技师的考评。全力打造以"技师杯"为代表的一批省级职业技能竞赛品牌赛事，鼓励和推动高技能人才脱颖而出
山东省	招聘引进人才的政策规定	• 引进的国家级有突出贡献的专家、全国性学科带头人、获得国家科技进步奖、发明奖一等奖的首位人员及其他急缺的高中级人才，根据贡献大小，给予1~3万元的安家补助费。引进人才到乡镇企业、乡镇农林水服务机构工作的，还可按照当地规定，享受更加优惠的待遇 • 引进人才的住房可优先安排解决，做出贡献的由用人单位提供二居室至三居室住房一套 • 引进人才创造出经济效益的，可按一定比例提取个人收入 • 引进人才的家属子女符合"农转非"条件的，优先办理 • 引进人才具备专业技术职务任职资格的，应聘后可聘任相应专业技术职务；短缺的特殊人才、确有真才实学的人才或持有重大开发价值技术项目的人才，可低职高聘。贡献突出的，可破格晋升专业技术职务 • 引进人才配偶系在职职工的，由县以上组织、人事、劳动部门办理接收手续，根据原工作性质和特长，合理安置；配偶系非农业户口、年龄在40岁以下、没有正式工作的，可以招收为全民或集体合同制工人；符合招工条件的待业子女可安排就业；子女入学入托，优先就近解决

地区名称	主要科技人才政策	实施细则
山东省	招聘引进人才的政策规定	• 辞职、辞退人才应聘我省工作的,经市地组织、人事、劳动部门批准,工龄连续计算,可凭县以上组织、人事、劳动部门证明办理落户 • 获得国家科技进步奖和发明奖一、二等奖的首位人员,或其发明创造经鉴定达到国家领先水平的,属工人或非在职社会闲散人才的,引进后经市地组织人事部门批准,招聘录用为专业技术干部,本人是农业户口的,转为非农业户口,其家属子女享受引进人才的其他待遇 • 对自愿到乡镇企业、乡镇农业第一线工作的引进人才,全家户口可以落在县城,由用人单位在县城为其安排住宅
	引进海外人才智力和国外留学人员的政策规定	• 对来山东工作的海外人才和国外留学人员,一律尊重本人意愿,来去自由。应聘时间可以是短期的,可以是长期的,也可以来山东定居。对来山东定居工作的,提供工作、生活的良好环境 • 海外人才和国外留学人员,具备专业技术职务任职资格的可聘任相应的技术职务。贡献突出的,可低职高聘,也可破格晋升专业技术职务。其家属、子女的工作安排和升学、入托均优先照顾 • 对有聘用合同,担任实职的海外人才和国外留学人员,要严格履行合同规定,保证应聘人员有职、有权、有责,各部门不得干预其正常工作。海外人才和国外留学人员,在山东工作期间创造出经济效益的,可按一定比例提取个人收入 • 对少数有影响的国际知名人士,在山东工作期间做出突出贡献的专家和个别薪金低于其海外原有收入的专家,经审查批准给予减免个人所得税的优惠照顾 • 携带技术和专利来山东工作的海外人才和国外留学人员,由用人单位视其技术、专利的实用价值给予报酬,并为其提供必要的实验场所、设备和经费 • 海外人才来山东工作1年以上的,居留证一次有效期可延长到1年半或2年,也可给予永久居留权 • 海外人才来山东工作,只要身体健康,不受年龄限制。已退休的,可携带配偶,其往返国际机票、按标准的生活费和在山东境内观光的交通费均由我方负责 • 依法保护专家的合法权益。对海外专家提供的技术服务、工作成果、个人合法收入及其他利益,一律按照专家本人的意愿给予保密和保护。海外人才也要遵守中华人民共和国的法律法规

地区名称	主要科技人才政策	实施细则
山东省	重奖有突出贡献科技人员的政策规定	• 依据项目、成果投产 3 年内的最高年新增税后利润，分为四个等级给予奖励：1000 万元以上的为特等奖，800 万元以上的为一等奖，500 万元以上的为二等奖，300 万元以上的为三等奖。对 1 人在同一年度内作为主要完成者的几个项目，其年新增税后利润可合并计算 • 由省委、省政府对获奖人员进行奖励表彰。奖金按年新增税后利润最高年份的 2%～5% 一次性提取，并奖给三室一厅住房一套。对获特等奖、一等奖者分别加奖奥迪、桑塔纳轿车一辆。对获奖首位人员，授予山东省科教兴鲁先进工作者称号，国外的授予相应的荣誉称号 • 对省外、国外科技人员自带项目、成果来山东投产或推广应用的，经评估，2 年内其最高年新增税后利润能达到重奖标准的，先由应用单位与本人签订合同，以其本人名义在银行储金 10～15 万元。合同实现后，本息一并发给本人，并按正常奖励办法予以奖励表彰 • 获奖项目属于个人完成的，奖金全部发给本人。属于集体完成的，奖金按贡献大小，由申报单位主持分配，首位人员的奖金一般不低于奖金总额的 50%。经审查批准对获重奖者给予减免个人收入调节税的优惠照顾 • 设立山东省重奖有突出贡献科技人员工作委员会（简称重奖工作委员会）。重奖工作原则上每年进行一次 • 对不直接创造经济效益，但贡献突出的科技人员，也将制定相应政策，给予奖励表彰

与其他地区相比，从科技人才政策类型上看，目前重庆市出台的科技人才政策，与其他省份的差异性不大，主要集中在科技人才创业、福利待遇以及科技奖励等方面。但从政策内容对科技人才的吸引力和政策实施细则来看，与其他省份却存在明显差距。以浙江省为例，目前浙江省在培育和引进科技人才方面先后出台了"钱江人才计划"、创新领军人才和创新团队培育计划、科技创新人才国际交流资助计划、浙江省学术与技术带头人培养计划、浙江省优秀青年科技创新人才培养计划、新苗计划、紧缺急需创新人才培训计划、科研院所优秀青年人才资助计划、科技创新人才发展环境建设计划。无论是从政策类型还是从政策细则内容都不难看出，该省份在培育与引进科技人才政策中，全方位权衡了科技人才的实际诉求，分层次有针对性地对各类人才采取了不同政策激励措施；而目前重庆市科技人才类型和政策细则则不尽然，一方面政策类型的全面性与之存在较大差

距，更多政策倾向于高层次科技人才的引进；另一方面政策实施的激励效用与我国发达地区还存在很大差距，特别是对于高层次科技人才引进的福利待遇方面尚不能形成足够的吸引力。

尽管重庆市的科技人才政策与我国其他地区还存在一定差距，但仍存在有别于其他地区的、具有地方特色的科技人才政策，如实施巴渝创新人才工程政策《关于加快区域科技创新体系建设的决定》（渝委发〔2004〕35号）规定：按照"一流项目，一流人才"的要求，科学合理制定创新人才培养规划。建立岗位培训、就业准入和职业化考核制度，加快培养一批懂科技、善经营、会管理的科技创新服务人才和科技型企业家，推进科技管理队伍职业化进程。大力推广"科技特派员"政策，如《重庆市科委关于进一步加强区域性中心城市科技工作的意见》（渝科委发〔2006〕29号）规定：继续支持区市建立农业专家大院等各种行之有效的科技服务模式，进一步丰富和拓展服务内涵，促进人才、技术、信息和资金等各种要素相互结合。加强人力资源能力建设，加大人力资本投入，培养创新型科技人才。专业技术人员继续教育政策，如《重庆市专业技术人员继续教育条例》（2003年9月26日重庆市第二届人民代表大常务委员会第五次会议通过）规定：专业技术人员享受下列权利，每年接受继续教育的时间累计不少于80学时，接受继续教育期间享受与本单位在岗工作人员同等的工资、福利待遇，有权就侵害其接受继续教育权利的行为向所在单位的行政主管部门或人事、劳动行政主管部门提出申诉或申请仲裁。

（2）不同地区现有科技人才政策落实后的实际绩效比较。为了充分认识重庆市在科技人才政策中所存在的不足，本项目结合上述各地区科技人才政策及其实施细则，来比较我国相关地区的科技人才政策实际绩效水平，主要是从所培养和引进的科技人才（R&D人员、博硕生、院士及其他）总数、科技人才产出（有效专利发明、新产品、R&D项目等）等指标来反映总体政策绩效水平。具体对比数据如表5-8和表5-9所示。

由表5-8（a）可知，从培养和引进科技人才的实际政策绩效来看，重庆市与国内部分省市还存在明显的差距。其一，与国内其他地区相比，重庆市不仅在R&D人员总数上远远低于北京、上海、江苏、浙江、广东、辽宁、山东等省市，而且具有博硕学历的高层次研发人员所占比重也较小，分别仅有4430人和10270人，占R&D总数的6.79%和15.73%。其二，从重庆市R&D人员所在机构分布情况来分析也不难看出，重庆市R&D人员多来自于规模以上工业企业和高等学校（数据分别为40490人、15706人），少数隶属于对科技人才需求量较大的研发机构和高新技术企业，分别仅有4227人和4469人；而且在拥有R&D人员较多的规模以上工业企业中，高层次研发人员所占比重较小，仅有2846人，占该机构研发人员总数的 7.03%，其他机构（科研院所和高新技术企业）的高层次研发人员更是微乎其微，其中 2011 年重庆市研发机构所拥有的博硕毕业生仅有187 人。其三，从当前我国两院院士的地区分布情况来看，截止到 2011 年年末，重庆市共拥有 14 名（包含已故院士）中国科学院院士和中国工程院院士，虽然较 2009 年院士总数（6 人）上有了大幅度提高，但与 2009 年我国其他地区（北京、上海、江苏、广东、陕西、黑龙江等地）相比，重庆市在培养和引进高端人才政策方面的激励效果还存在较大差距。具体如表 15－8（b）所示。

表 5－8（a）　2011 年我国各地区不同机构 R&D 人员基本情况

地 区	R&D 人员总数（人）	科研院所（人）	高等学校（人）	高新技术企业（人）	规模以上工业企业（人）
北 京	296990	96058	64946	18049	67421
天 津	111586	7845	18394	10521	69736
河 北	111807	6926	18621	6633	73995
山 西	67777	6471	13690	1648	41294
内蒙古	36225	3815	7013	274	20815
辽 宁	129637	13734	29995	7066	76228
吉 林	70704	8389	32038	3525	24706
黑龙江	87258	7431	23023	6341	49092
上 海	198667	28082	37514	19051	100298
江 苏	455135	21495	43258	79683	362492
浙 江	324245	5907	32210	41738	248156
安 徽	122640	7661	21244	8394	83114
福 建	128614	3294	13198	22707	94942
江 西	56919	5216	9866	7725	33896
山 东	327252	11690	29233	29244	252020
河 南	167386	11996	17184	9827	124525
湖 北	166357	14593	29265	18127	97785
湖 南	127654	7233	28674	6050	78146
广 东	515646	11899	36387	179117	416017
广 西	61185	4310	21881	2298	26283
海 南	8341	1155	2220	632	2237
重 庆	65287	4227	15706	4469	40490
四 川	134125	24509	29234	6508	59868

续表

地　区	R&D 人员总数（人）	科研院所（人）	高等学校（人）	高新技术企业（人）	规模以上工业企业（人）
贵　州	24875	2441	7973	4130	12309
云　南	43586	6722	10804	1933	18190
西　藏	1855	435	1103	14	106
陕　西	100585	27205	20262	13628	41329
甘　肃	31819	6220	6518	870	13832
青　海	7515	835	1244	36	2592
宁　夏	12006	429	2543	446	6030
新　疆	23900	3697	6531	490	8838

表 5-8（b）　　2009 年我国各地区院士区域分布情况　　　单位：人

地　区	中国科学院院士	中国工程院院士	合　计
北　京	168	91	259
上　海	48	30	78
江　苏	47	28	75
湖　北	31	18	49
天　津	20	10	30
陕　西	12	15	27
黑龙江	2	23	25
广　东	14	8	22
湖　南	8	14	22
浙　江	10	11	21
四　川	12	9	21
山　东	10	11	21
辽　宁	9	11	20
吉　林	15	5	20
安　徽	14	2	16
福　建	10	3	13
甘　肃	6	1	7
重　庆	1	5	6
河　北	2	1	3
内蒙古	2	1	3
河　南	2	0	2

续表

地 区	中国科学院院士	中国工程院院士	合 计
山 西	1	1	2
江 西	1	0	1
新 疆	1	0	1
云 南	0	1	1
海 南	0	1	1
贵 州	0	1	1

以重庆市×××公司为例，该公司目前现有 R&D 人员 681 人，占总职工比例 14.17%，其中博硕职工比例约占总体的 7.93%。通过调查可知，该公司已有的科技人才中，有部分 R&D 人员享受到了相关科技人才政策，其中包括外来人才工作证申请办理政策（1 人）、专业技术人员继续教育政策（2100 人，企业支付经费 500 万元）、住房政策（1 人）及博士后日常经费支持（8 人）等，但享受相关政策的人员结构比例较低。为了进一步了解相关政策的实施效果，寻找政策落实过程中存在的根本问题，本课题组通过深度访谈方式，深入了解了该公司现有科技人员对国家及重庆市出台的相关科技人才政策的态度。从访谈结果分析不难看出，该企业科技人才的培育与引进，很少是因为可以享受到相关科技人才政策而入职的。而产生这一现象的主要原因是该企业的研发人员对已出台的相关政策的知晓度很低，几乎 90% 左右的科技人员根本不知道相关科技人才政策的存在；而在已了解科技人才政策存在的目标群体中，也仅对与自身有一定关联的部分政策的细则有所了解，如此低的知晓率会在很大程度上影响现有科技人才政策的实施效果。另外，通过访谈我们还发现，该企业科技人才对相关科技人才政策的落实持有一种怀疑态度，即使自身吻合相关条件，也不愿意申请。其原因则归结为两点：一是相对于科研院所的研发人员而言，企业研发人员在申请享有相关政策过程中，条件会在一定程度被提升；二是企业管理层对其科技人才申请相关政策待遇缺少足够的支持。

此外，科技人才政策的有效性不仅应体现在培养和引进科技人才的总体数量上，更重要的应从培养和引进科技人才的科技产出质量角度来分析。基于此，本项目为了进一步挖掘出现有科技人才政策措施方面所存在的不足，从科技人才所创造的科技创新成果［R&D 项目（课题）、专利、科技论文收录］方面对重庆市科技人才政策绩效水平进行了更深层次评估。

1）R&D 项目（课题）情况。科技人才的培养已经成为企业自主创新发展的根本条件。我国非常重视科技人才培养制度的建立，出台了各种科技人才激励政策。专门为培养拔尖科技人才而设立的 R&D 资助项目就是典型的代表，如 2008 年开始实施的海外高层次人才引进计划、长江学者奖励计划、中国科学院的"百人计划"等。通常 R&D 资助项目不仅以科学理论及方法的应用为目的，而且往往以科技人才的培养为基本目标。可以说，R&D 项目总数在一定程度上代表了一个国家或地区的科技人才培养和引进质量。由表 5 - 9 （a） 可知，2011 年全国共有 953124 项 R&D 项目（课题）。其中，604107 项由高等学校及相关部门来承担，其余部分分别由规模以上工业企业（232158 项）、研究与开发机构（70967 项）和高新技术企业（53833 项）来完成。根据 R&D 项目地区分布情况来看，2011 年重庆市各类机构共承担 19375 项 R&D 项目，在全国 31 个省份中处于中下游位次，处于第 19 位，其中约 68% 的 R&D 项目由高等学校承担，而由企业和研发机构完成的 R&D 项目仅占 32%。与我国发达地区（北京市、上海市、天津市、江苏省、广东省等）的情况相比，虽然在 R&D 项目总数上重庆市要远远低于这些地区，但从承担 R&D 项目的单位分布情况来看，全国多数地区都呈现出高等院校承担项目比重过大的情况。

从这些数据不难得出以下结论：第一，由科技人才所带来的 R&D 项目产出效果可以在一定程度上表明，重庆市现有科技人才政策所产生的激励效果尚不明显，所培养和引进的科技人才质量不高，在全国处于中等偏下位次；第二，从承担项目的机构分布情况来看，全国多数地区都存在一个共性问题，即 R&D 项目完成单位过多集中于高等院校，企业和研发机构承担过少，这表明当前各地区企业和研发机构所培养和引进的科技人才质量普遍偏低，其相关科技人才激励政策未在这些机构的科技人才培养和引进上发挥应有的效力。

2) 专利情况。当今世界的竞争归根到底是经济实力的竞争，是科技创新能力的竞争，是专利的竞争。专利数量的多少不仅能代表着该地区科技创新能力的强弱，也能在一定程度上表明该地区培养和引进科技人才创新能力。专利分为 3 类：发明专利、实用新型专利和外观设计专利，其中最能体现科技人才创新能力的是发明专利。尽管近年来我国各地区专利申请和授权量都呈现了较快的增长态势，但真正能代表科技人才创新能力的发明专利数量只处于稳步增长的态势。另外，由表 5 - 9 （b） 可知，2011 年重庆市专利有效数、专利申请受理数和专利申请授权数在全国处于中游位次，在 31 个省市中分别位列 15 和 14。其中能够较为体现科技人才创新产出水平的发明专利的 3 项指标排名，专利有效数和专利申请授权数的排名均要低于专利总数排名，仅有专利申请受理数的排名略高，处于第 13 位。通过对重庆市专利数据排名分析可以得出如下结论：第一，由科技人才所带来的专利产出效果可以在一定程度上表明重庆市现有科技人才政策在促使科技人才创新产出方面产生了一定的激励效果，能激发科技人才展开一定程度的创造力，在全国处于中等位次；第二，从体现科技人才创新能力的发明专利数据排名情况来看，现有科技人才激励政策效果并不明显，一方面在提升科技人才创新能力方面未产生较好的效用，另一方面培养和引进的科技人才质量水平偏低。

表5-9（a）　　2011年重庆市R&D项目（课题）基本情况　　单位：项

地　区	R&D 项目 （课题）总数	规模以上工业 企业 R&D 项目数	研究与开发机构 R&D 课题数	高等学校 R&D 课题数	高新技术企业 R&D 项目数
北　京	103526	7048	21678	68025	3143
天　津	28882	10515	1026	15720	2287
河　北	22603	6055	544	14922	1050
山　西	11823	2348	1066	7970	216
内蒙古	8211	1320	615	5835	29
辽　宁	31235	6799	1718	21930	914
吉　林	19356	1885	1760	15175	484
黑龙江	21374	4343	1798	14618	884
上　海	61757	12378	5981	39629	3002
江　苏	79100	31933	4245	39700	7160
浙　江	74091	28672	1787	40501	4889
安　徽	32520	8426	993	22389	1399
福　建	26138	6441	2142	15806	1453
江　西	17722	2608	731	13523	764
山　东	59183	25193	3389	27273	3355
河　南	28422	8415	684	18115	880
湖　北	45457	7077	2231	34657	1595
湖　南	37020	6928	1072	27992	903
广　东	78772	29243	4513	39157	12555
广　西	20350	2890	1810	14279	543
海　南	3466	299	606	2399	245
重　庆	19375	4524	1054	13111	1014
四　川	41012	6712	1775	31204	2527
贵　州	10975	1345	1022	8276	504
云　南	14363	1514	1561	10223	356

续表

地　区	R&D 项目 （课题）总数	规模以上工业 企业 R&D 项目数	研究与开发机构 R&D 课题数	高等学校 R&D 课题数	高新技术企业 R&D 项目数
西　藏	564	16	92	441	4
陕　西	32166	4210	1543	25654	1306
甘　肃	11545	1280	1746	8016	228
青　海	1357	131	289	717	12
宁　夏	4053	853	180	2774	132
新　疆	6706	757	1316	4076	55
合　计	953124	232158	70967	604107	53833

表 5 - 9 （b）　2011 年我国各地区有效专利、专利申请
受理和专利申请授权基本情况　　　　单位：件

地　区	专利有效数				专利申请受理数				专利申请授权数			
	总数	发明	实用 新型	外观 设计	总数	发明	实用 新型	外观 设计	总数	发明	实用 新型	外观 设计
北　京	131255	52522	60727	18006	77955	45057	26615	6283	40888	15880	19628	5380
天　津	38690	8159	23612	6919	38489	10623	18042	9824	13982	2528	8961	2493
河　北	33813	4321	22546	6946	17595	4651	10423	2521	11119	1469	7490	2160
山　西	14764	3359	9091	2314	12769	4602	5238	2929	4974	1114	3036	824
内蒙古	7162	1112	4081	1969	3841	1267	2034	540	2262	364	1415	483
辽　宁	54320	10452	36895	6973	37102	14658	17715	4729	19176	3164	13584	2428
吉　林	15594	3771	9224	2599	8196	3334	3941	921	4920	1202	2993	725
黑龙江	29042	5784	16930	6328	23432	5063	9704	8665	12236	1953	5855	4428
上　海	149202	31117	72699	45386	80215	32142	30926	17147	47960	9160	23351	15449
江　苏	371322	29385	131694	210243	348381	84678	81097	182606	199814	11043	53413	135358
浙　江	331703	25728	143255	162720	177066	24745	75860	76461	130190	9135	56030	65025
安　徽	60400	4782	31237	24381	48556	10982	23209	14365	32681	2026	16128	14527
福　建	58969	5025	32377	21567	32325	6896	16688	8741	21857	1945	12697	7215
江　西	14237	1862	8130	4245	9673	2796	4698	2179	5550	679	3088	1783
山　东	139884	15685	97598	26601	109599	25623	63004	20972	58844	5856	43443	9545
河　南	50785	6129	33889	10767	34076	8833	19120	6123	19259	2462	13032	3765
湖　北	50906	8868	30503	11535	42510	10327	17409	14774	19035	3160	11147	4728
湖　南	43108	8457	23751	10900	29516	8774	13598	7144	16064	2606	8732	4726

续表

地区	专利有效数				专利申请受理数				专利申请授权数			
	总数	发明	实用新型	外观设计	总数	发明	实用新型	外观设计	总数	发明	实用新型	外观设计
广 东	400571	58648	160770	181153	196272	52012	67333	76927	128413	18242	51402	58769
广 西	13149	1835	7523	3791	8106	2757	3614	1735	4402	634	2564	1204
海 南	2442	682	1004	756	1489	732	504	253	765	272	334	159
重 庆	41070	4750	21840	14480	32039	8839	16786	6414	15525	1865	8749	4911
四 川	74455	9262	32579	32614	49734	11808	19241	18685	28446	3270	12533	12643
贵 州	11240	2124	6741	2375	8351	2358	3170	2823	3386	596	1885	905
云 南	13683	3061	6801	3821	7150	2796	3175	1179	4199	1006	2217	976
西 藏	390	83	90	217	263	101	41	121	142	27	20	95
陕 西	31544	8197	19131	4216	32227	13037	11643	7547	11662	3139	6958	1565
甘 肃	6728	1565	4187	976	5287	2105	2441	741	2383	552	1536	295
青 海	1195	206	428	561	732	204	233	295	538	70	147	321
宁 夏	2133	322	1239	572	1079	442	527	110	613	103	418	92
新 疆	8603	902	6286	1415	4736	1273	2732	731	2642	302	1974	366

3）科技论文收录情况。科技人才创新能力不仅体现在其专利成果产出上，还体现在其所撰写的科技论文质量。质量越高，被国外 3 大检索工具收录的可能性就越大。可以说，国际科技论文是科技人才科技活动产出的重要形式之一，它可以从不同层面反映出科技人才在基础研究、应用研究等方面开展的工作及其与国内外科技界的交流情况。为了进一步评估科技人才政策对高层次科技人才的激励效果，本项目从国外主要检索工具收录我国科技论文基本情况来衡量各地区培养和引进科技人才的创新能力。由表 5 - 9（c）可知，与国内其他省市相比，2011 年重庆市科技人才所发表的科技论文被国外主要检索工具 SCI、EI、CPCI - S 分别收录 2408 篇、2442 篇、1407 篇，收录情况在 31 个省市居于中游，分别处在第 16 位和第 19 位，落后于高等学府较为集中的北京、上海、江苏、广东、陕西等省市。

表 5 - 9（c）　2011 年各地区国外主要检索工具收录
我国科技论文基本情况

地　区	篇数（篇）			位　次		
	SCI	EI	CPCI - S	SCI	EI	CPCI - S
北　京	23307	21688	16307	1	1	1
天　津	3428	2924	2919	13	14	13

地　区	篇数（篇）			位　次		
	SCI	EI	CPCI－S	SCI	EI	CPCI－S
河　北	1387	1636	3500	20	18	11
山　西	983	786	706	22	22	21
内蒙古	274	233	225	27	25	27
辽　宁	5034	5512	4824	9	6	5
吉　林	3443	3202	1647	12	13	16
黑龙江	3203	5066	3824	15	9	9
上　海	13300	10113	6175	2	3	3
江　苏	11243	10789	6698	3	2	2
浙　江	6854	5530	3953	4	5	8
安　徽	3242	2790	1623	14	15	18
福　建	2330	1605	1208	17	19	20
江　西	929	795	1627	23	21	17
山　东	5793	4269	4292	7	12	7
河　南	2106	1841	3160	19	17	12
湖　北	6034	5487	6163	6	7	4
湖　南	3818	5197	2605	11	8	15
广　东	6631	4534	3614	5	11	10
广　西	735	524	588	24	24	24
海　南	139	51	119	28	28	28
重　庆	2408	2442	1407	16	16	19
四　川	4843	5013	2859	10	10	14
贵　州	306	201	292	26	27	25
云　南	1354	585	682	21	23	22
西　藏	6	2	0	31	31	31
陕　西	5690	7450	4807	8	4	6
甘　肃	2192	1493	592	18	20	23
青　海	90	39	19	29	30	30
宁　夏	55	47	53	30	29	29
新　疆	373	226	266	25	26	26

　　从这一数据排名不难得出以下结论：其一，科技人才的科技论文产出质量能在一定程度上表明重庆市现有科技人才在基础研究、应用研究等科研工作取得了一定成效，也间接地验证了重庆市现有科技人才政策在促使科技人才创新产出方面起到了一定的激励作用，能刺激科技人才取得一定高水平的科研成果；其二，

通过科技论文收录情况可以发现，高水平科技论文产出数量较多的地区一般是知名度较高的高等院校集中地，这说明当前我国各地区科技论文产出多来源于高等院校的科技人才，来自于科研机构和企业的科技人才较少，也间接地证明了各地区现有科技人才激励政策对科研机构和企业培养和引进的科技人才的创新科研成果产出未产生显著效应，未能有效激发其创新能力。

第四节　重庆市科技人才政策实施过程中的经验及存在的问题

由于科技人才政策是一种激励性与自愿性政策，通过对调研数据和统计年鉴数据分析可知，重庆市现有科技人才政策实施过程中既有成功的经验，也有影响和制约科技人才政策落实和政策绩效实现的关键因素。

一、科技人才政策实施过程中的成功经验

提升科技人才政策的绩效水平，首先要建立在对科技人才现有需求层次的准确判断基础上；其次，政策应准确地反映当今所急需科技人才的核心需求；再次，随着科技人才结构的变化，科技人才的核心需求也会变化。科技人才激励政策应与之相匹配进行动态调整，才能使政策效用得以发挥。结合重庆市科技人才政策现状分析结果，本项目对其政策实施过程中的成功经验进行了总结。

1. 福利性政策对科技人才的各种具体生活需求覆盖面广

福利性政策是要满足人才最基本的生存需求，创造稳定的物质环境，即对基本生活方面的满足，如解决住房、户口、子女就学等问题，以及与工作相关的待遇，包括工资薪酬、一次性补贴、社会保险等。科技人才比较关注的是户口、直系亲属的就业就学问题，有些科技人才甚至可以为家属、子女牺牲部分学术前途。鉴于此，当前重庆市出台了多项相关科技人才政策，覆盖面广。具体包括：妥善安排户口政策［《中共重庆市委、重庆市人民政府关于印发〈重庆市实施西部大开发若干政策措施〉的通知》（渝委发〔2001〕26号）〕、妥善安排高层次留学人才的配偶子女［《关于建立海外高层次留学人才回国工作绿色通道的意见》（国人部发〔2007〕26号）〕、妥善安排家属［《重庆市人事局关于转发人事部关于鼓励海外高层次留学人才回国工作的通知》（渝人发〔2000〕158号）〕、工资高定和职务津贴政策［《重庆市人事局关于转发人事部关于鼓励海外高层次留学人才回国工作的通知》（渝人发〔2000〕158号）〕、人才绿色通道［《关于

实施中长期科技规划纲要》（渝委发〔2006〕16号）〕等。这些相关福利政策不同程度地考虑了各类科技人才的基本生活需求，有针对性地解决了科技人才的后顾之忧，使其能更好地确保自身有充足精力投入到科技创新工作中。

2. 发展性政策对科技人才发挥各自专长针对性强

发展性政策是以促进科技人才发展为目的，为使科技人才社会价值最大化而提供的激励措施，具体表现在创业门槛、成果转化奖励、职称评级、人力资本存量投资等。重庆市为了更好地激励科技人才创造高水平的创新性成果，有针对性地相继出台了多项发展性政策，分别满足了不同类型科技人才的科技创新活动需求，更好地激励了科技人才提高其科技创新能力。

（1）创业门槛。科技人才在创业初期大都会遇到资金难题，创业门槛是其考虑发展方向的重要因素之一。重庆市现行科技人才政策专门针对这一问题，对科技人员和留学人员制定了相应的优惠政策。其中，高层次留学人才回国创业税收优惠政策〔《关于建立海外高层次留学人才回国工作绿色通道的意见》（国人部发〔2007〕26号）〕强调高层次留学人才回国创办企业，按照国家的产业和区域税收政策享受相应的税收优惠。其中，创办高新技术企业的，享受国家高新技术企业优惠政策；对我国经济科技发展具有战略意义的重点项目，可专门立项，按照有关规定给予支持。而创新人才引智计划〔《关于加快区域科技创新体系建设的决定》（渝委发〔2004〕35号）〕中对带项目、专利、资金来渝创业的境内外科技人员，享受外商投资相关优惠政策。

（2）成果转化奖励。科技成果转化中科技人才发挥着重要作用。欲使科技成果转化工作持续运作，必须建立有效的科技人才激励机制。重庆市现行科技人才政策为了进一步激励科技人才提高其科技成果转化率，特别针对科技人员技术成果转化收入制定了相应的激励政策：一是科技人员职务技术成果技术转让收入政策〔《重庆市事业单位技术要素参与分配试行意见》（渝办发〔2001〕99号）〕中明确规定，拥有职务技术成果的事业单位未能适时实施成果转化的，允许该成果完成人和参加人在不变更权属关系前提下，由科技成果完成人自行开发、自行实施转化的，事业单位可享有该技术成果入股时所占股权中最高不超过35%的股权，也可依法以技术转让的方式取得技术转让收入。二是加大对科技成果完成人的奖励政策〔《重庆市委、重庆市人民政府关于印发〈重庆市实施西部大开发若干政策措施〉的通知》（渝委发〔2001〕26号）〕，规定以职务成果进行转化的，成果完成人可根据不同的转化方式，获得与之相当的股权、收益或奖励。

（3）人力资本存量投资。科技人才注重长远发展的一个突出表现就是追求专业知识的积累、技能的提升。人力资本存量投资是指通过人力资本投资来增加蕴藏于被投资者身上的各种知识和技能的总量，在科技人才政策中主要体现为培训及培养政策。重庆市为了进一步提升现有或引入科技人才的科技创新能力，在现有科技人才政策中，专门针对科技人才培养、培训制定了相关激励政策：其一，实施巴渝创新人才工程政策〔《关于加快区域科技创新体系建设的决定》（渝委发〔2004〕35号）〕，按照"一流项目，一流人才"的要求，科学合理制订创新人才培养规划。建立岗位培训、就业准入和职业化考核制度，加快培养一批懂科技、善经营、会管理的科技创新服务人才和科技型企业家，推进科技管理队伍职业化进程。其二，加快培养高层次创新人才政策〔《关于实施中长期科技规划纲要》（渝委发〔2006〕16号）〕：实施"巴渝科技创新人才工程"、"名家大师培养工程"和"研究生教育创新计划"，加大对领军人才的培养力度。其三，专业技术人员继续教育政策《重庆市专业技术人员继续教育条例》规定：专业技术人员每年接受继续教育的时间累计不少于80学时，接受继续教育期间享受与本单位在岗工作人员同等的工资、福利待遇，有权就侵害其接受继续教育权利的行为向所在单位的行政主管部门或人事、劳动行政主管部门提出申诉或申请仲裁。

二、重庆市科技人才政策实施过程中存在的问题

科技人才政策绩效评估的一个根本目的就是挖掘现有科技人才政策实施过程中可能存在的具体问题与原因，继而为进一步完善相关政策提供一定的决策依据，使完善后的科技人才政策能发挥应有的效用，提高科技人才政策绩效水平。通过调研结果和统计资料比对分析，重庆市科技人才政策在具体执行过程中，主要存在以下几方面问题：

1. 系统宣传不够，致使政策针对对象知晓率较低

政策知晓率越低，则政策实施效果也就越差。因为科技人员对政策的不了解和不认同会阻碍到政策有效执行。通过实际调研结果分析不难看出，重庆市科研院所、企业等政策受益单位的科技人才对相关人才激励政策知晓率水平较低，多数科技人员对现行政策仅部分知晓，其所占比重为89.32%，全部知晓所有政策的单位较少，仅有9家单位，且还存在对政策毫无知晓的2家单位。

究竟是何种原因导致企业及其科技人才对相关科技人才政策不了解呢？通过实际调查了解可知，政策宣传不到位是导致企业对重庆市科技人才政策不了解的主要原因。重庆市对现行科技人才政策宣传仍沿用传统的政策下达方式和宣传渠道（开会、报纸、广播、电视、政府网站等），缺乏有效的政策宣传系统。这些政策宣传途径仅能使科技人才对与其相关的部分政策有所了解，无法全面掌握现存的所有科技人才政策，同时了解的深度不够，无法知晓具体的政策实施细则。这在一定程度上不仅会影响科技人才政策的实施效果，使得科技人员在享有有关政策待遇后，无法知晓其后期努力会得到何种政策激励，而且政策实施细则的不

了解会影响政策对高层次人才的吸引力，降低政策的影响力和实施效果。总之，政策宣传不到位，会使得政策服务对象根本无法或不能及时了解相关政策，最终影响政策激励效应的发挥。

2. 部分科技人才政策细则内容不够全面

通过对重庆市现行科技人才政策内容调研发现，现有部分科技人才政策实施细则内容覆盖面不够全面，未能从全覆盖角度，对具体实施细则进行规范。具体表现为：第一，与其他发达地区相比，在相关政策内容中缺少科技人才职称职务评定的激励政策。职称职务评定关系到科技人才的切身利益，对调动科技人员的积极性有较强的精神层面的激励作用。第二，缺少对中低科技人才的培养及培训的激励政策。现行科技人才培养及培训政策更倾向于对尖端人才的培养培训、鼓励产学研合作等，政策内容适用范围较小，步伐较慢。

深入剖析科技人才政策细则内容不够全面的主要原因可以归结为：从宏观角度分析，考虑到重庆市地域环境发展特征，对高层次、顶尖科技人才的需求较为紧迫，因此，在相关政策制定过程中，首先按照人才需求的紧迫性，对主要激励政策内容进行设计，最终导致现行科技人才政策体系内容不够全面，覆盖面较窄。从微观角度分析，则归因于科技人才政策制定部门执行力，首先从重庆市科技人才需求角度来制定相关科技人才政策时，有关部门在结合重庆市科技创新活动现状的前提下，缺少对我国发达地区成功经验的借鉴，从而使得政策实施细则规范性不足；其次在政策实际贯彻执行过程中，部分地方和部门自行"变通"，规定了一些原政策所没有的内容，使得政策明显倾向性过于突出，而这种"变通"行为使部分政策未能发挥应有效用，覆盖面被缩减。

3. 科技人才对某些政策满意度较低

通过对重庆市样本单位实际调研结果分析不难发现，重庆市科研院所和企业等单位对现行科技人才政策的满意度不高，对现有政策十分满意的单位为0，仅33家单位对已出台的科技人才政策比较满意，而约有53家单位对政策执行效果的满意度水平一般，且有17家单位对科技人才激励政策不满意。

究竟是何种原因导致重庆市科技人才政策满意度低呢？课题组对此抽取了样本单位的80名科技人才进行了深度访谈，以期通过深度访谈，来切实了解相关机构科技人才对重庆市科技人才政策的态度。通过调研发现，导致政策满意度低的主要原因则归结于相关人才激励政策落实的便捷性上（见图5-6）：其一，科技人才政策申请受理程序过于烦琐，政策规定流程公开性较差，或实际执行的流程不合理，导致政策执行的实践成本过高，最终导致政策服务对象不满意。其二，科技人才政策执行部门服务意识与服务态度的问题。政策执行人员整体素质偏低，公务员的素质参差不齐，加之自身知识淡薄，对政策的长远影响未能深刻领悟，把政策盲目执行，这势必会影响政策服务对象的满意度。其三，政策执行人员素质偏低会在一定程度上曲解政策原意，无法用长远的眼光看问题，从而使得制定出的科技人才政策与执行不相容，导致政策受益者不满意。此外，还包括落实相关人才激励政策的细则流程的公开性和清晰度、信息的反馈性等方面都出现了导致企业满意度不高的诱因。

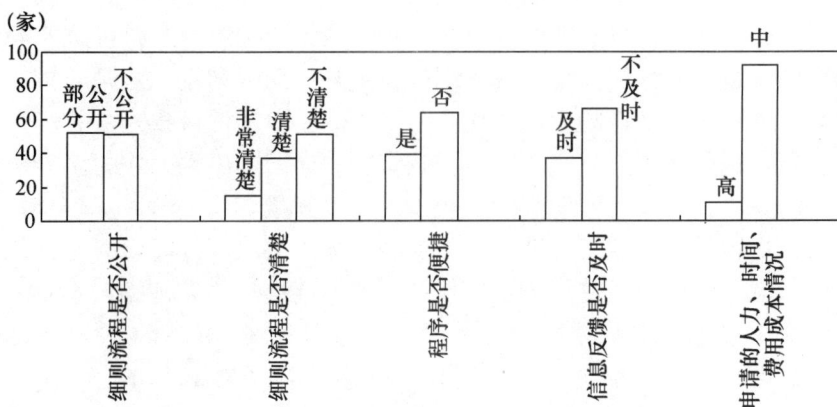

图 5－6　国家及重庆市科技人才政策落实的便捷性

4. 科技人才政策受益面较窄且激励效果不突出

通过实际调查结果及总体绩效水平评估情况分析不难看出，重庆市现有科技人才政策受益面较为狭窄，且激励效果不突出。具体表现为：第一，享受国家及重庆市相关科技人才激励政策的企业和科研机构所占比重较小。在 103 家样本单位中，仅有 24 家单位部分享受到相关政策，79 家单位的科技人才未能享受。其中得益于 16 项科技人才政策的具体情况也不容乐观，由表 5－3 可知，在 16 项科技人才激励政策中，仅有 2 家样本单位的科技人才全部享受了创新人才引智计划这一政策。而从总体上看，重庆市科技人才政策的受益情况一般，主要表现为两类：一类是部分单位的部分科技人才受益部分政策；一类是部分政策尚无单位或个人受益。第二，由科技人才激励政策的产出绩效来看，现有政策的受益面和激励效果也较为有限。具体来说，从政策实际产出绩效来看，现有政策更倾向于引入高端人才，而发展中的中小企业的一般科技人员受益较少，因而导致 2011 年重庆市 R&D 人员总量及科技人才所带来的科技产出在全国处于中等或中等偏下的位次。这一点在样本单位希望进一步调整和完善相关科技人才激励政策的实际调查结果得到了一步验证。具体情况如图 5－7 所示。第三，由科技人才科技产出绩效不难发现，与其他地区相比，重庆市现行科技人才政策的激励效果不明显。

（家）

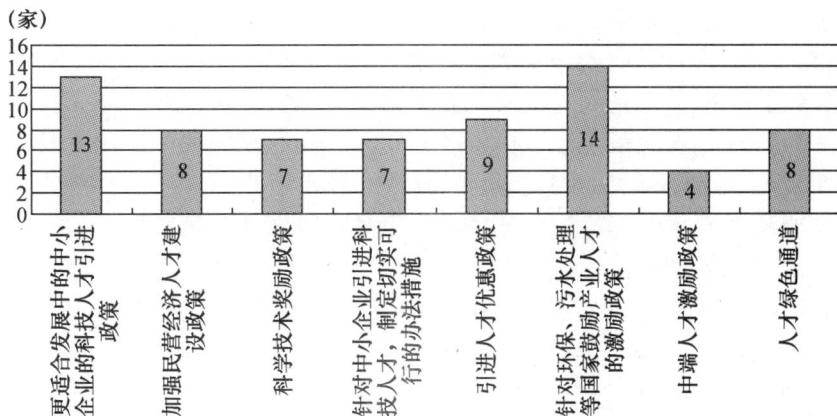

图5-7 调整和完善相关科技人才激励政策的实际调查结果

深入剖析重庆市现有科技人才激励政策受益面较为狭窄的主要原因，则可归结为：一是现行科技人才政策制定的条件不符合实际。与其他地区相比，重庆市科技人才政策制定缺乏对重庆市科技创新能力水平的分析，无法真正融合重庆市科技创新需求，对科技人才的受益条件要求缺乏科学分析，从而使得科技人员或者难以享受相应政策，或者会影响政策执行效果与效率，最终使得科技人才政策的激励效应难以实现。二是科技人才政策执行部门对个别政策执行违规行为，导致培养或引进的应该享受政策的对象不能享受，而不应该享受政策的对象享受政策，影响政策的受益效果和激励效用。三是有关科技人才政策制定不规范和不明确，导致政策执行与服务对象理解的偏差，影响政策执行效果和受益面。四是与其他地区科技人才政策力度相比，重庆市现行科技人才政策的激励力度不够，未能对科技人员产生足够的吸引力和刺激力，从而导致科技人员引入总量和科技创新产出效果不明显。

第五节 完善科技人才政策的建议

科技人才政策评估后必须针对科技人才政策实施过程中的问题与原因进行科学分析，同时，借鉴国内外相关经验，尤其是兄弟省市的科技人才政策经验，提出具有针对性的科技人才政策修订与完善的建议。

1. 加大政策宣传力度，拓展宣传途径，提高政策知晓率

要使科技人员对政策了解信任，就必须把政策的宣传工作做好。间接地说，若想科技人才政策有效执行，必须具备完善的传播机制来向被服务对象传播政策。具体措施包括：一是提高政府机关干部对政策宣传重要性的认识，及时贯彻落实上级政府的各项政策；二是拓展政策宣传途径，充分利用各种手段（包括电子政务平台），将政策的相关宣传资料传播给需要培养和引进的科技人才，提高其对重庆市科技人才政策的知晓度；三是设置科技人才政策联络员，专门负责宣传督查各地区的政策宣传情况；四是组织实施"定点政策宣讲"，增强科技人才政策的感召力；五是开展特色服务——"现场答疑"，从网络报道走向实地解答，委派专员深入一线，开展现场政策宣讲、实务操作培训，搭建交流平台；六是通过全面整合、剖析相关人才政策条例，及时为用人单位提供人才服务和人才培养等方面政策和操作流程的指导，答疑解惑，帮助企业及科技人才了解人才政策。

2. 改革完善已有政策，扩大政策受益面和激励效果

任何地区的科技人才政策不应一成不变，而应适时根据科技人才需求，不断加以完善和创新。为了进一步扩大重庆市科技人才政策的受益面，提高政策激励效果，本项目提出应从以下几方面对现行政策进行完善与革新：

（1）促进政府特殊津贴制度功能转型。将特殊津贴制度纳入国家荣誉制度体系内，突出其精神激励功能。特殊津贴称号向重大项目、重大工程的核心科技人才倾斜，取消特殊津贴制度实际上存在的终身制，与项目、工程实施周期挂钩。引导国家技术发展的重点从科研院所和高校向企业转移，扭转"科学家本位"的格局，提高工程技术领域高层次科技人才的社会地位。

（2）改革现行绩效津贴制度，引导激励政策倾向。借鉴我国发达地区的成功经验，改革现行工资制度，鼓励对主要从事应用研究的高层次创新型科技人才实施市场化激励，如年薪制、协议工资制、项目工资制、股权期权激励等。同时，引导激励政策向青年高层次创新型科技人才倾斜。加大对青年科技人才的资助力度，优先支持45周岁以下（特别是35周岁以下）青年人员主持重大项目研究。

（3）强化各类人才继续教育。强化各类人才继续教育，形成终身教育体系，建立各行各业人员继续教育培训机制；加大选拔培养力度，挖掘利用好本地现有人才，尤其是本地的拔尖人才和实用人才，完善该类人才的选拔制度和培养规划；建立终身教育培养体系，形成全方位、多层次、多渠道的培训格局，抓好人的能力建设、培育和开发。

3. 大力实施政策创新，扩大政策覆盖面

基于重庆市现行的科技人才政策覆盖面较为狭窄，因此，本项目从以下几方

面大力实施政策创新，以期扩大政策的覆盖面：

（1）加快推进职称制度改革。借鉴发达地区的成功经验，加快推进科技人才职称制度改革，在探索首席专家制度、终身教授（终身研究员）制度以及"非升即走"制度等新型的科研职业生涯管理制度的同时，对引进人才专业技术职务任职资格应采取分级激励制度。一方面，对留学人员评聘职称职务限制缩小；另一方面，对高科技企业中业绩突出的专业技术人员和管理人员，可不受学历、任职时间等限制，破格评聘中、高级职务等。

（2）增强创业平台构建，加快科技技术的成果转化。自主创新和科技成果转化都需要政府提供一定的科技平台。对此，重庆市政府必须针对不同的创业科技人才，有针对、有重点地进行培养和激励，并学习典型省市的一些创业激励政策，对创业的科技人才给予重视，加快推进科技创新脚步，特别是对技术创新平台、资源共享平台和交流合作平台的优化和重组，使科技资源能有效高效的进行配置，提升科技创新能力。同时，加大力度建设创业服务中心，大学科技园、软件园和留学生创业园等，保证科研成果的有效转化，促进重庆科技产业的发展。

（3）制定更加优惠的科技人才引进政策。借鉴发达地区的科技人才激励政策的成功经验，调整重庆市现有科技人才引进和培养政策，用更加优惠的政策、更具吸引力的事业、更真实的感情、更加宽松的政策环境引进和留住人才：一是以竞争性的优惠政策争取科技人才。根据重庆市经济实力，建立高层次科技人才引进绿色通道，通过高待遇、高配套、高服务等优势吸引人才。二是鼓励柔性引进。鼓励各类人才不迁户口、不调档案，以柔性方式引进人才，以解决急需科技人才的需求。三是鼓励智力引进。鼓励各类人才以讲座、合作、租赁、互借、知识产业结盟等方式实现知识协同，为重庆市经济建设和社会发展服务。

4. 加强对政策执行人员素质的提升，提高政策满意度

政策执行过程中，政策执行者会由于自身的政治素质、业务素质和道德素质较低等，消极、被动、抵制执行政策，甚至影响和阻挠科技人才政策的有效执行。提高地方政府人员的道德素质，不仅可以提高政府在人民心中的形象和威信，还可以获得人们对政策的支持，使政策顺利实施。因此，必须加强科技人才政策执行人员的素质教育，提高政策执行人员的政策知识水平和政策执行能力。主要措施有：第一，严把公务员入口，制定严密的录用标准，通过测试选聘，注重人员的知识结构、语言能力、社会活动能力及思想的积极性；第二，激励在职人员自我学习，开展在职公务员的培训工作，对政策执行人员在思想上教导，使其把受益者的利益放在第一位，为科技人才提供完善的服务。

5. 加强政策制定的科学性，提高政策的适用性

在制定科技创新人才政策的过程中，应充分根据当地的主导产业、经济发展

的特点，在与国家、省制定的宏观政策保持高度一致的基础上，做充分的需求调研。一方面，加强科技政策公众参与，通过建立科技政策公众参与的制度保障体系，开发有效的科技政策公众参与形式，使公众的观点和建议真正落实到科技政策制定的过程中，通过行政机构设立独立的部门或者委员会为公众参与提供制度保障。另一方面，参考专家、学者的意见、建议，专家学者往往在某一个领域具有扎实的理论功底和深刻的前瞻性，充分接受他们的意见可以避免制定出来的政策脱离实际。

6. 加强政策制定的系统性，提高政策实施绩效

现有的科技创新人才政策往往集中在人才引进方面，在人才引进后培养方面的政策缺失，建议健全以市场机制为基础的科技人才机制和政策体系，包括：创新人才培养机制和政策、创新人才选拔机制和政策、创新人才分配激励机制和政策、创新人才评价机制和政策以及创新人才柔性流动机制和政策等。加强人才引进后配套政策的制定，尤其是在人才的后续培养和培训方面应给予一定的扶持，为人才的后续发展提供更多的平台和机会。引进人才后还要想尽办法留住人才，尤其对于经济发展刚刚起步的重庆市而言，更需要加强人才的后续跟进政策。

7. 加强政策制定的反馈机制，提高政策的灵活性

科技创新人才政策的制定是一个系统的过程。对于制定政策的决策主管部门，不仅需要加强政策制定的严密性和可操作性，更需要了解政策制定后实施的效果，以便在下一次制定出更加行之有效的政策。建议进一步加强高层次人才创新创业综合服务平台建设，建立政策反馈机制和互动机制，利用信息化平台发放政策执行效果的在线问卷调查，对制定的政策进行跟踪分析，及时收集反馈的信息并听取科技创新人才意见，对政策进行修改和完善，形成良性互动机制。

8. 加强地方政府政策执行的监督，提高政策执行效果

为防止腐败，防止政策执行者的受利益驱使违法违纪执行政策，纠正政策执行失败行为，提高政策执行力，防止政策执行中各种问题的出现，加强地方政府政策执行的监督是十分必要的。为此，政府首先需要建立高效率的监督机构，保证专业监督部门独立行使职权，使其不受其他部门的利益干扰，调动政策监督部门的积极性，增强其使命感，并构建部门的内部监督，以便监督部门能够履行自己的职责。其次，在中国，新闻媒体的舆论监督一直被作为对党政权利组织公开的监督方式，因此地方政府必须重视地方的新闻舆论监督，给予新闻机构充分的自主监督权，使其为地方政策的执行进行监督，从而避免政策因为各种不合理原因而执行不到位。还有一点就是人民群众也有监督的权利，地方政府应该在政策执行时，让每个人都了解到自己的权利，并虚心接受群众提出的建议。

第六章　重庆市知识产权政策绩效评估

第一节　研究背景

（1）调查研究的背景。党中央、国务院为推动我国经济社会发展转型，提出建设创新型国家，为实现建设创新型国家的目标，修订知识产权法律，颁布《国家"十二五"科学和技术发展规划》，采取了一系列政策予以推动。重庆市委市府为贯彻、落实、具体化党中央、国务院的决定，根据重庆市实际，发布了《重庆市"十二五"科学技术和战略性新兴产业发展规划》，出台了众多配套政策。重庆市出台的众多奖励科技的政策规定是为激励获得、有效运用、保护知识产权，增强企业、地方竞争力和经济活力。已制定的政策是否科学、可行？是否得到了切实执行？是否达到了预期效果？需要在充分调查研究，掌握第一手资料的基础上对其进行尽可能全面、准确评估。

（2）调查研究的范围与目的。①调查研究范围：根据课题研究分工，本部分为重庆市政府职能部门为贯彻党中央、国务院、重庆市委、重庆市政府科技政策发布的科技政策中有关知识产权政策部分的内容。②调查研究目的：一是调查重庆市知识产权政策的真实执行情况；二是统计分析研究重庆市知识产权政策执行过程中经验、问题及其原因；三是为重庆市今后修订科技政策中有关知识产权的政策提供事实根据和建议。著名社会科学家 Thomas Herzog 将科学研究的目标分为 4 个层次：科学研究最基本的研究目标在于探索（Exploration），即找出那些事物是否存在着或发生过。高一层次的目标是描述（Description），即尝试以更完整的方式来界定某现象的属性。更高一层次的目标是预测（Prediction），即发现了关联的事物。最高层次的目标是控制

（Control）。① 本书研究的目标主要在于前三者。从建议政策制定者完善既有规定，帮助政策制定者通过实现预期目标进而实现控制特定事物的角度，可以说，对最高层次的目标亦有所涉及。

（3）调查研究的意义。科技政策执行状况评估调研，有利于及时调查分析重庆市科技政策的执行情况，分析研究政策实施过程中存在的问题及原因，奠定修订完善有关政策的工作基础。政策执行研究学者普雷斯曼和韦尔达夫斯基曾说："承诺会产生期待，但是无法兑现的承诺都会导致期望的破灭与失望。"美国学者艾利斯说："在实现政策目标的过程中，方案确定的功能只占10%，而其余的90%取决于政策的有效执行。"可见，政策执行的极度重要性和复杂性。"正如政策并不能凭空产生一样，它们也不能凭空执行。确切地说，公共政策的执行受到一组复杂的环境因素的影响。此外，即使没有环境因素的影响，复杂执行特定政策的官僚机构有时也不能完成任务。不管什么原因——有限的资源，不恰当的组织结构，无效的沟通，或者不良的协调——决策者的决策都有可能未按其原先意图去执行。"② 调查和研究重庆市科技政策执行状况，有利于重庆市有关部门准确把握其制定的政策执行情况，及时发现问题，为完善科技政策提供基于实际调查研究的客观根据，提供科学研究的智力成果支持。

第二节　研究工作概述

（1）调研内容。调查内容可以分为四大类。第一类，企业的基本情况，如行业、发展时间、发展阶段、员工状况等；第二类，企业获得重庆市关于激励知识产权政策的状况，涵盖专利权、著作权、商标权、商业秘密等知识产权全部领域，如是否真正获得重庆市对申请专利、著名商标的奖励；第三类，对国家运用知识产权规定的认知情况，如知识产权融资的规定；第四类，对国家知识产权立法和重庆市激励知识产权政策的建议情况，如对专利相关立法最主要的建议和理由等。

（2）调研地域。调查地域范围为重庆市全境。具体为：云阳、万州、垫江、梁平、荣昌、江津、九龙坡、南岸、渝北、巴南、綦江、重庆市高新技术开发

---

① Thomas Herzog. 社会科学研究方法与资料分析 [M]. 朱柔若，译. 台北：扬智文化事业股份有限公司，2004.

② ［美］罗伯特·B. 登哈特. 公共组织理论 [M]. 扶松茂，等译. 北京：中国人民大学出版社，2003.

区、重庆市经济技术开发区等市内区、市、县。

（3）调研行业。由于调研的主要内容是专利、商标等知识产权，而商贸企业、银行等通常不具有自主专利权，按照项目研究的目的，调查研究的对象确定为生产型企业。调查行业为生物医药技术、新能源、光机电一体化、环境保护、新材料、陶瓷、农产品深加工、化工、纺织、电子以及机械制造等。

（4）确定企业。按照随机确定方式决定实际调研企业。

第三节　问卷调查结果及分析

1. 关于企业在竞争中的地位的调查统计结果及分析（见图6-1）

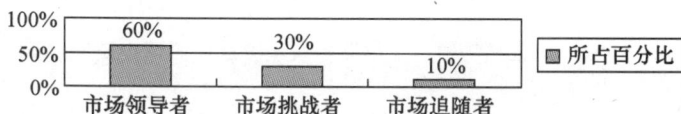

图6-1　企业在竞争中的地位的调查统计结果

调查结果的统计：在"企业在竞争中的地位的调查统计"中，市场领导者占60%，市场挑战者占30%，市场追随者占10%。

调查结果的分析：①在受访企业中，市场领导者占60%，说明受访企业大多数在管理、技术、资金和规模上已经具备了相当的实力，成为国内行业的领导者。②有30%的企业属于市场挑战者，说明市场依然充满活力，市场竞争比较激烈。③10%的企业是市场追随者，说明有的企业依然处于市场中不利地位。

结论：重庆市企业中市场领导者所占比例较大。

经验：重庆市为数不少的企业在国内相关行业中处于市场领导者地位，形势喜人。

存在的主要问题：公平和自由的市场是企业健康发展的重要前提。虽然重庆市很多企业的发展已经达到了一定的高度，但很多企业依然达不到一流的水平。

我们好奇的是，如此众多比例的企业居于市场的领导地位，那么，重庆市企业在全国的竞争力应当很强，如全国500强、世界500强企业多，至少是全国500强企业众多。重庆市不应是欠发达地区，处于欠发达阶段，然而，重庆市整体是处于"双欠"阶段。所以，企业对自身所处发展阶段的评价是否准确有待验证。

建议：政府不仅要"扶强"还要"扶优"，特别是那些虽然总体规模不大但是在相关行业中处于领导地位的企业或者有这种潜在能力的企业。

2. 关于企业获得知识产权服务最主要途径的调查统计结果及分析（图6-2）

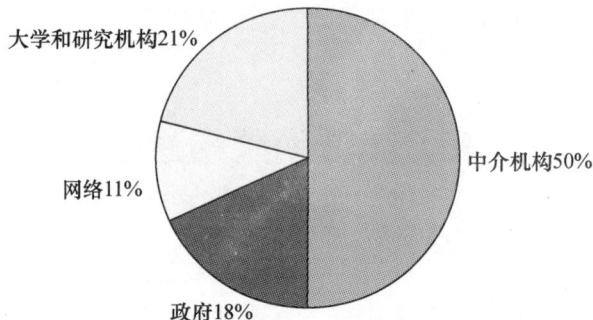

图6-2　企业获得知识产权服务最主要途径的调查统计结果

调查结果的统计：在"企业获得知识产权服务最主要的途径的调查统计"中，中介机构占50%，大学和研究机构占21%，政府占18%，网络占11%。

调查结果的分析：①由于知识产权具有较强的专业性，不光要求精通相关法律，还需要懂得非法律领域的知识。一般情况下相关的专业人士才具备此专长，而大多数相关的专业人士就职于中介机构，所以上述扇形图中，中介机构占50%。②大学和研究机构里往往有许多领域的专家，所以也能占21%，但似乎大学所拥有的知识产权知识对企业的传播不足，企业从大学和研究机构获得知识产权的偏少。③网络具有低成本、信息容量大和便捷等特点，成为许多人获取知识产权服务的重要途径。但由于网络信息在客观性、权威性、科学性方面不够严谨，让人们接受时有不同程度的保留，同时，我国互联网的覆盖率和网速，也可能是一个影响因素，所以相对前两种方式较少。④政府的主要职能是行政管理与行政服务，但是由于人力、财力的限制，政府不是大多数企业获得知识产权服务最主要的途径。

结论：企业获得知识产权服务最主要的途径是中介机构，其次分别是大学和研究机构、政府、网络。

经验：由于各种获取知识产权途径有不同的特性，因此企业在一定程度上可以根据自身的情况进行选择。总体来讲，中介机构的崛起成了服务企业知识产权的主力军。

存在的主要问题：随着重庆市经济和高新技术产业的发展，对知识产权方面人才的需求量越来越大，大学和研究机构应更好发挥其智力优势，为企业提供更多服务。网络具有便捷和成本低廉的优势，应更好发挥其优势。

建议：企业、中介机构、大学和研究机构、政府应加强沟通和交流，各自发挥优势，从而使企业获得更多更好的知识产权服务。

3. 关于企业是否有专门的知识产权管理机构的调查统计结果及分析（见图6-3）

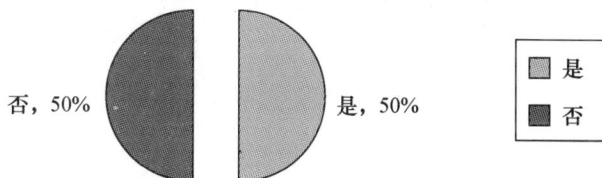

图6-3　企业是否有专门的知识产权管理机构的调查统计结果

调查结果的统计：在"企业是否有专门的知识产权管理机构"的调查中，有专门知识产权管理机构的企业占50%，无专门知识产权管理机构的企业占50%。

调查结果的分析：一般所称知识产权包括著作权、专利权和商标权，也包括商业秘密权、植物新品种权等。就我们的调查对象而言，主要是指专利权，包括发明、实用新型、外观设计、商标权，即工业产权。由于我国科技、经济发展水平使然，国内不少企业都不太重视知识产权。企业的目的是实现利润最大化，在企业内部机构设置上也是以此为依据。知识产权仅仅是实现其利润的工具之一，其企业内部机构设置情同此理。设置和未设置知识产权专门管理部门的企业比例相同。如果以企业设置知识产权专门管理部门的比例衡量企业发展水平和阶段的话，目前，重庆市企业的发展水平确有待提高。

结论：重庆市受访企业中有一半设立了专门的知识产权管理机构。

经验：有半数受访企业设立了专门的知识产权管理机构，令人鼓舞。

存在的主要问题：在现今，企业能否有自己具有优势的知识产权往往关系到企业的生死存亡，所以对企业自身知识产权的保护和管理早已成为许多大企业实现再生产的重要一环。然而依然有很多企业缺乏在这一块的意识和能力，应该加强企业的知识意识和能力，拥有自己的一套知识产权管理机制。

建议：①不一定每个企业均要设立专门的知识产权机构。但是，企业应当有专兼从事知识产权管理工作的人员和机构，具备相应的能力并切实履行职责。因此，政府科技部门宜引导企业因企制宜做好本企业的知识产权工作。②大型企业宜设立专门的知识产权机构，因为它层出不穷的产品研发需要有专门的知识产权团队来捍卫知识产权利益。

4. 关于影响企业研发人员申请专利的最主要动力的调查统计结果及分析（见图 6-4）

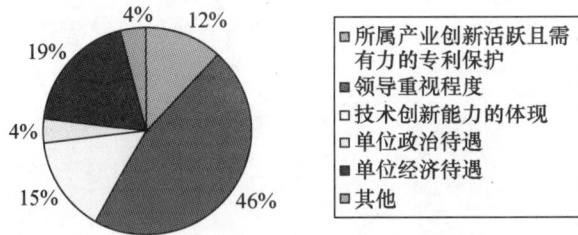

图 6-4　影响企业研发人员申请专利的最主要动力的调查统计结果

调查结果的统计：在"影响企业研发人员申请专利的最主要动力的调查统计"中，"所属产业创新活跃且需有力的专利保护"占 12%，"领导重视程度"占 46%，"技术创新能力的体现"占 15%，"单位政治待遇"占 4%，"单位经济待遇"占 19%，"其他"占 4%。

调查结果的分析：①"领导重视程度"占 46%。这是正常的，因为领导是企业的决策者，可以调动的资源较非领导者多。②"单位政治待遇"占 4%，"单位经济待遇"占 19%，也就是说"有待遇鼓励的"仅占 23%。研发人员也需要激励，如果没有长效的鼓励机制，真是"又要马儿跑，又要马儿不吃草"，研发的积极性迟早会被打消。③"所属产业创新活跃且需有力的专利保护"占 12%，说明整个行业中，很多企业不是太注重专利创新和专利保护，其不利于企业的长远和可持续发展。有的企业不重视对本企业专利权的保护，其他企业侵犯本企业专利大量生产产品而不知晓，最终可能将导致原有的市场份额减少。同时，没有足够的保护力度，对研发人员的信心和积极性也是一定程度上的伤害。④"技术创新能力的体现"占 15%，说明"技术创新能力的体现"确实是一部分研发人员申请专利的最主要动力。

结论：影响企业研发人员申请专利的最主要动力依次是"领导重视程度"、"单位经济待遇"、"技术创新能力的体现"、"所属产业创新活跃且需有力的专利保护"、"单位政治待遇"。这是比较正常的。

经验：现行影响企业研发人员申请专利的最主要动力排序是比较合理的。

存在的主要问题：如果研发人员的经济待遇普遍成为最主要的动力，那么企业申请专利就会更为踊跃。然而，事实并非如此，因此需要提高研发人员的经济待遇。

建议：①企业激励研发人员申请专利的方式可以而且应当是多元的，企业应综合运用激励方式以实现目标；②政府可以持续给予适当的物质奖励和精神奖励。

5. 关于企业对职务发明的奖励标准的调查统计结果及分析（见图6-5）

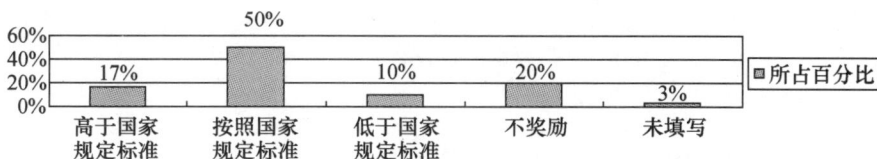

图6-5 企业对职务发明奖励标准的调查统计结果

调查结果的统计：在"企业对职务发明奖励标准的调查统计"中，"高于国家规定标准"占17%，"按照国家规定标准"占50%，"低于国家规定标准"占10%，"不奖励"占20%，"未填写"占3%。

调查结果的分析：①职务发明，专利权归单位，发明人或设计人有署名权，所以如果单位待遇低，奖励少，甚至不奖励，无法或者难于调动发明人或者设计人工作积极性，既不利于职工也不利于企业。②企业对职务发明的奖励"高于国家规定标准"的占17%，"按照国家规定标准"的占50%。"高于国家规定标准"的与"按照国家规定标准"的总和占了67%，说明国家的相应奖励政策得到了多数企业的执行甚至是"超额"执行，从而有利于企业和职工的发展。同时，需要注意的是，有30%左右的企业不奖励或低于国家规定，这些企业的行为是违法的，同时，也不利于企业的发展。

结论：国家职务发明的规定执行良好。

经验：国家的相应奖励政策得到了多数企业的执行甚至是"超额"执行。

存在的主要问题：对于国家标准，仍然有20%的企业未执行，有10%的企业"打折"执行。

建议：①政府应加大力度指导、监督、督促企业对职务发明人进行奖励，奖励的方式应多种多样，如奖金、技术入股、职务升迁、出国学习等，以此鼓励职务发明人为企业工作。②加强专利法执法监督，制止不奖励职务发明人的行为，充分体现对职务发明人的尊重和肯定。如果企业不执行或"打折"执行国家标准，那么政府可以给予通报批评、警告，也可给予物质惩罚。所以应正确认识这种监督是监督专利法的执行，而非干涉企业的经营管理自主权。

6. 关于企业是否开展过知识产权评估的调查统计结果及分析（见图6-6）

调查结果的统计：在"企业是否开展过知识产权评估的调查统计"中，开展过知识产权评估的占20%，未开展过知识产权评估的占80%。

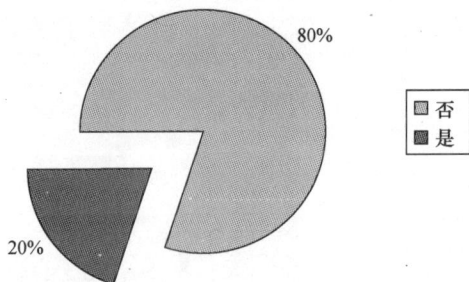

图 6 - 6　企业是否开展过知识产权评估的调查统计结果

调查结果的分析：①对知识产权的评估可以在知识产权有效期内的任何时间开展。它可以为给予发明人报酬和奖励提供参考，也可以为确定专利许可使用费用提供参考依据。②开展过知识产权评估的仅占 20%，未开展过知识产权评估的企业占 80% 之多。这说明绝大多数企业没有认识到知识产权评估的必要性或者没有知识产权评估的能力。

结论：知识产权是企业生存和发展的重要资本之一，然而受访的绝大多数企业不重视对知识产权的评估或者无评估能力。

经验：令人稍感欣慰的是，有 20% 的受访企业开展过知识产权评估。

存在的主要问题：未开展过知识产权评估的企业占 80% 之多。这不利于评估企业的财产价值，因为知识产权是企业财产的重要组成部分；也不利于评估研发人员的劳动价值，它可能对发明人产生消极影响；进一步而言，如果没有开展知识产权评估，那么发明人的报酬和奖励也很难科学评定。

建议：企业应加强对知识产权的评估工作，包括对知识产权应有的实际价值和市场前景的评估，提高知识产权的利用率，充分发挥知识产权的价值，为企业创造更多效益。

7. 关于企业是否发生过知识产权资产流失的调查统计结果及分析（见图 6 - 7）

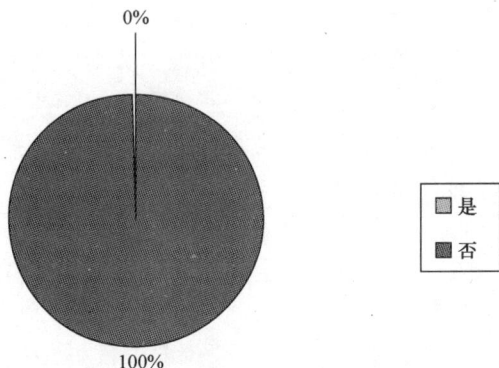

图 6 - 7　企业是否发生过知识产权资产流失的调查统计结果

调查结果的统计：在"企业是否发生过知识产权资产流失的调查统计"中，发生过知识产权流失的为 0，没有发生过知识产权流失的为 100%。

调查结果的分析：在"企业是否发生过知识产权资产流失的调查统计"中，发生过知识产权流失的仅为 0，没有发生过知识产权流失的为 100%。这说明全部企业在维护自身知识产权方面做出了努力，无知识产权流失。

结论：调查样本中的 60 家企业均没有发生过知识产权资产流失。

经验：受访企业均未发生过知识产权资产流失。

目前不存在大的问题：由于知识产权有异于有形财产，其流失常常不为人们察觉，又加之不少企业缺乏知识产权专业人员，从而缺乏相应的判断是否发生知识产权流失的知识，所以，此项结论的可信性受疑。

8. 关于企业认为知识产权纠纷案件处理行政收费是否合理的调查统计结果及分析（见图 6 - 8）

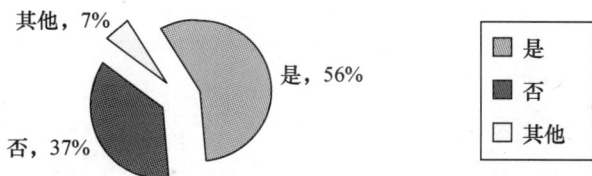

图 6 - 8　企业认为知识产权纠纷案件处理行政收费是否合理的调查统计结果

调查结果的统计：在"企业认为知识产权纠纷案件处理行政收费是否合理的调查统计"中，认为知识产权纠纷案件处理行政收费合理的占 56%，认为知识产权纠纷案件处理行政收费不合理的占 37%，"其他"占 7%，可见对知识产权纠纷案件处理行政收费是否合理表达看法的企业占 93%。

调查结果的分析：①在样本中，有 93% 的企业对知识产权纠纷案件处理行政收费是否合理表达了看法。②有 56% 的企业认为知识产权纠纷案件处理行政收费合理。由于知识产权纠纷案件处理行政收费的多少与标的额的大小有关，说明多数企业也相对比较认同知识产权管理部门的行政处理收费。③有 37% 的企业认为知识产权纠纷案件处理行政收费不合理，说明为数不少的企业对于行政机关处理知识产权纠纷的行政收费有异议。④"其他"占 7%，说明有的企业在知识产权纠纷方面可能不怎么申请行政处理，而是直接协商处理纠纷或者到法院起诉。

结论：多数企业认同知识产权管理部门的行政处理收费，而一部分企业认为知识产权管理部门的行政处理收费不合理，还有少数企业未置可否。

经验：多数企业认为现行收费是合理的。

存在的主要问题：有37%的受访企业认为知识产权纠纷案件处理行政收费不合理。

建议：知识产权纠纷案件处理行政收费额应当兼顾实际成本、企业负担、企业收益、物价水平等确定。

9. 关于企业获得市区政府知识产权资助的最主要方式的调查统计结果及分析

（1）总体情况的调查统计结果及分析（见图6-9）。

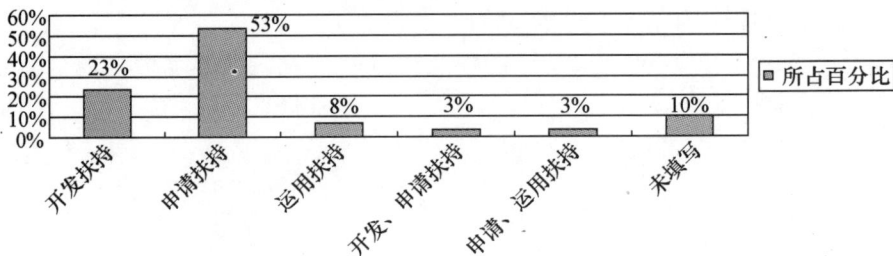

图6-9　企业获得市区政府知识产权资助的最主要方式的调查统计结果

调查结果的统计：①在"企业获得市区政府知识产权资助的最主要方式的调查统计"中，"开发扶持"占23%，"申请扶持"占53%，"运用扶持"占8%，"开发、申请扶持"占3%，"申请、运用扶持"占3%，"未填写"的占10%。②获得过资助的占90%。

调查结果的分析：企业获得的政府扶持，按照比例大小，从高到低依次是申请环节的政府扶持、开发环节的政府扶持、运用环节的政府扶持等。这说明政府对知识产权的扶持主要在企业申请专利或注册商标的环节。

结论：政府对知识产权的扶持主要集中在企业获得知识产权授权。

经验：政府对申请知识产权的扶持获得了企业的普遍赞誉，效果非常好。

存在的主要问题：政府对开发环节、成果应用环节进行了扶持的比例过低，特别是对成果应用环节的扶持过低。

建议：继续维持对企业知识产权申请的政府扶持政策，同时适当加大对知识产权运用的扶持力度。毕竟，知识产权只有真正运用了，才能切实产生社会经济价值。

（2）根据企业性质进行的调查统计结果及分析（见图6－10～图6－13）。

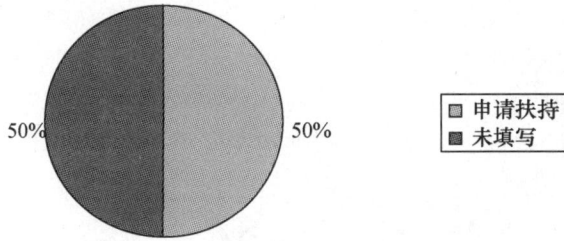

图6－10 上市分司获得的扶持情况

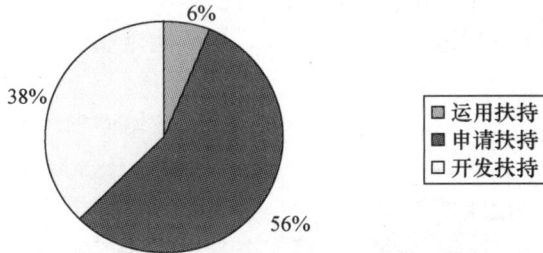

图6－11 民营企业获得的扶持情况

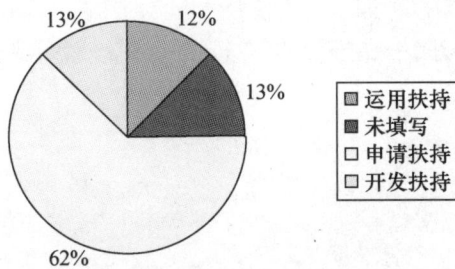

图6－12 国有企业获得的扶持情况

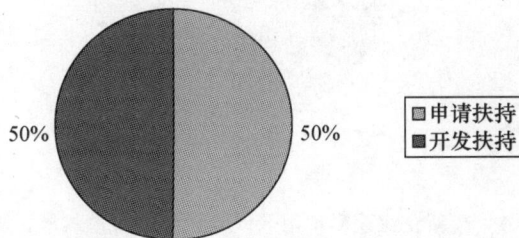

图6－13 其他企业获得的扶持情况

调查结果的统计。①在"上市公司获得的扶持情况"图中，获得申请扶持的上市公司占50%，"未填写"的上市公司占50%。②在"民营企业获得的扶持情况"图中，获得运用扶持的民营企业占6%，获得申请扶持的民营企业占56%，获得开发扶持的民营企业占38%。获得扶持的民营企业占100%。③在"国有企业获得的扶持情况"图中，获得运用扶持的国有企业占12%，获得申请扶持的国有企业占62%，获得开发扶持的国有企业占13%，"未填写"的国有企业占13%。获得扶持的国有企业占87%。④在"其他企业获得的扶持情况"图中，"其他企业"获得申请扶持的占50%，"其他企业""未填写"的占50%。

调查结果的分析：①上市公司没有获得过开发扶持、运用扶持。②民营企业和国有企业在3个环节均得到了政府扶持。③其他企业中，获得申请扶持和开发扶持的各占一半。

结论：在知识产权开发、申请、运用3个环节均得到政府扶持的只有民营企业和国有企业。

经验：在知识产权扶持方面，政府是平等对待民营企业和国有企业的。

存在的主要问题：除民营企业和国有企业之外的其他企业在获得政府扶持方面还有待提高。

建议：除民营企业和国有企业之外的其他企业应"强练内功"，提高自身科研实力，才能获得政府在3个环节的扶持。

（3）根据企业是否属于高新企业进行的调查统计结果及分析（见图6-14和图6-15）。

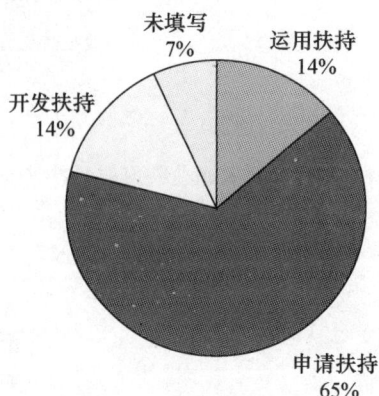

图6-14 高新企业获得市区政府知识产权资助的最主要方式

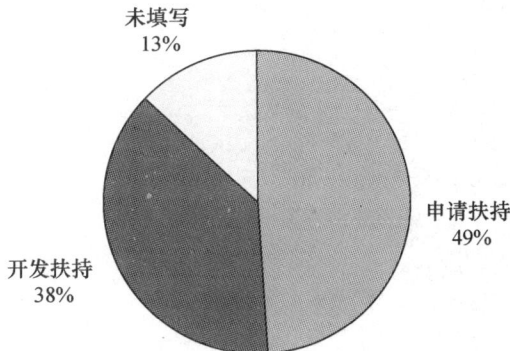

图 6 – 15　非高新企业获得市区政府知识产权资助的最主要方式

调查结果的统计：①在"高新企业获得市区政府知识产权资助的最主要方式"中，有 65% 的高新企业获得申请扶持，有 14% 的高新企业获得开发扶持，有 14% 的高新企业获得运用扶持，有 7% 的高新企业"未填写"。②在"非高新企业获得市区知识产权资助的最主要方式"中，有 49% 的非高新企业获得申请扶持，有 38% 的非高新企业获得开发扶持，有 13% 的非高新企业"未填写"。

调查结果的分析：无论是高新企业还是非高新企业，获得市区政府知识产权资助的最主要方式均是申请环节的扶持。

结论：无论是高新企业还是非高新企业，获得市区政府知识产权资助的最主要方式均是申请环节的扶持。

经验：企业在获得政府知识产权资助的环节分布方面，没有是否是高新企业的差别对待。

存在的主要问题：非高新企业没有获得运用扶持。

建议：非高新企业没有获得运用扶持的原因可能在于自身知识产权的应用价值不是很大。从这个角度讲，非高新企业还是需要"练内功"。

（4）按照企业是市场追随者、领导者、挑战者等来做的调查统计结果及分析（见图 6 – 16 ~ 图 6 – 18）。

调查结果的统计：①在"市场追随者获得市区政府知识产权资助的最主要方式"中，获得政府知识产权资助的市场追随者占 100%。②在"市场挑战者获得市区政府知识产权资助的最主要方式"中，获得申请扶持的市场挑战者占 56%，获得开发扶持和申请扶持的市场挑战者占 33%，"未填写"的市场挑战者占 11%。实际获得申请扶持的市场挑战者占 89%。③在"市场领导者获得市区政府知识产权资助的最主要方式"中，获得开发扶持的市场领导者占 22%，获得申请扶持的市场领导者占 56%，获得运用扶持的市场领导者占 11%，"未填写"的市场领导者占 11%。

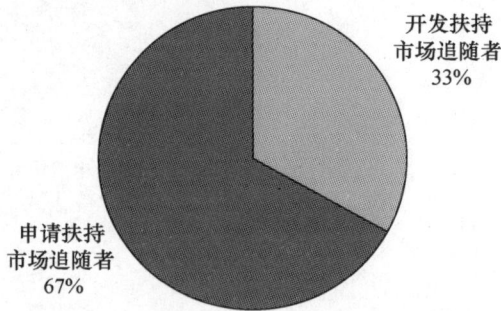

开发扶持
市场追随者
33%

申请扶持
市场追随者
67%

图 6 - 16　市场追随者获得市区政府知识产权资助的最主要方式

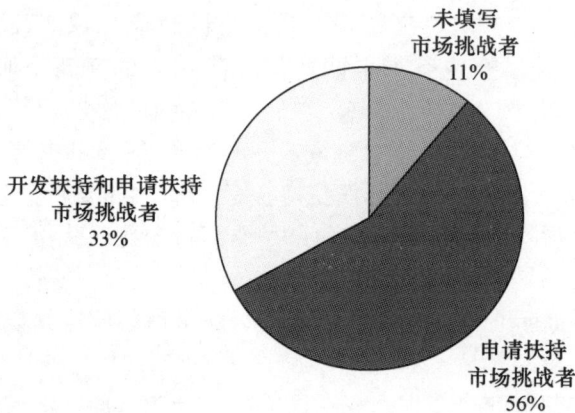

未填写
市场挑战者
11%

开发扶持和申请扶持
市场挑战者
33%

申请扶持
市场挑战者
56%

图 6 - 17　市场挑战者获得市区政府知识产权资助的最主要方式

调查结果的分析：无论是市场领导者企业、市场挑战者企业还是市场追随者企业，获得政府知识产权资助的最主要方式均是申请扶持。也就是说，无论获得扶持者在市场中的地位如何，政府扶持主要在企业申请知识产权环节。

结论：①无论企业在市场中处于领导者地位、挑战者地位、追随者地位，它们获得知识产权资助的最主要方式均是申请环节的扶持。②市场领导者企业、市场挑战者企业均在专利开发、专利申请、专利运用这三个环节获得了政府扶持，而市场追随者企业则只在专利开发、专利申请这两个环节获得了政府扶持而未能在推广应用环节获得政府扶持。

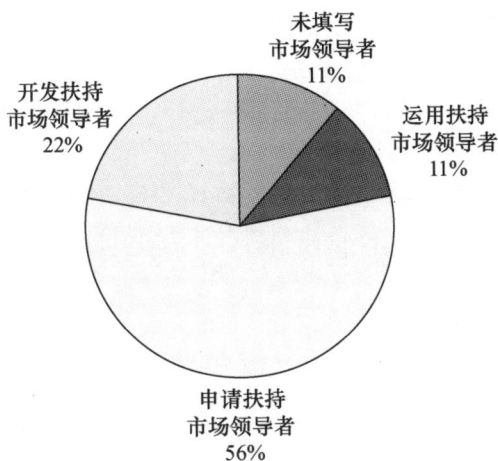

未填写
市场领导者
11%

运用扶持
市场领导者
11%

开发扶持
市场领导者
22%

申请扶持
市场领导者
56%

图 6 - 18　市场领导者获得市区政府知识产权资助的最主要方式

经验：企业在获得政府知识产权资助的环节分布方面，没有是否是市场领导者企业的差别对待。

建议：市场追随者企业还需要"练内功"才能获得知识产权运用环节的政府扶持。

10. 对企业是否享受过科技支持企业获得技术标准的调查统计结果及分析

（1）总体情况的调查统计结果及分析（见图 6 - 19）。

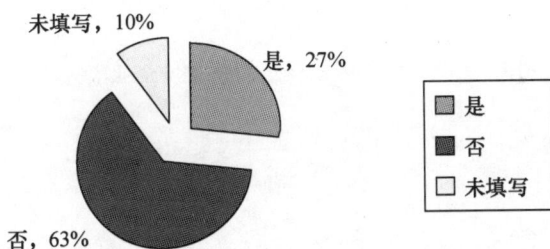

未填写，10%

是，27%

是

否

未填写

否，63%

图 6 - 19　企业是否享受过科技支持企业获得技术标准的调查统计结果

调查结果的统计：在"企业是否享受过科技支持企业获得技术标准"的调查中，有 27% 享受过该服务，有 63% 未享受过该服务，有 10%"未填写"。

调查结果的分析：有 27% 的企业享受过"科技支持企业获得标准技术"，63% 的企业未能享受。由于主持或者参加制定技术标准的企业具有技术优势，具有技术优势的企业只能是少数。统计的数据说明政府对企业获得技术标准的支持比例是比较恰当的。如果支持比例过高，那么门槛就会太低，不利于发挥激励作用。如果支持比例过低，那么门槛就太高，多数企业即使很努力也迈不进门来，就会丧失积极性，也不利于发挥激励作用。

结论：政府对企业获得技术标准的支持比例是比较恰当的。

经验：目前享受过科技支持企业获得技术标准的企业在全部企业中的比例是较为适当的。

目前存在的问题：无。

建议：继续保持现有支持力度。

（2）根据企业性质进行的统计结果及分析（见图6-20～图6-23）。

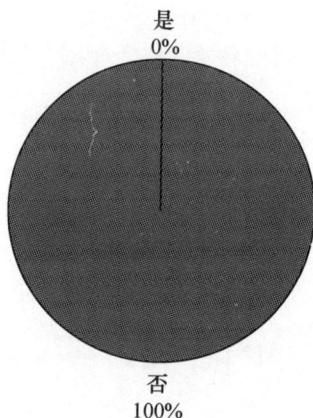

图6-20　上市公司是否享受过科技支持企业获得技术标准

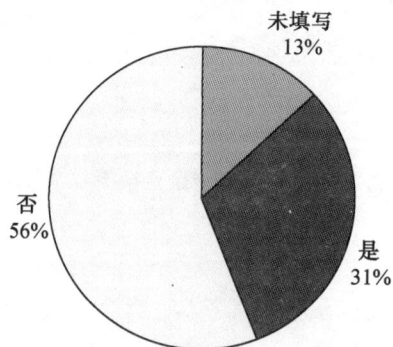

图6-21　民营企业是否享受过科技支持企业获得技术标准

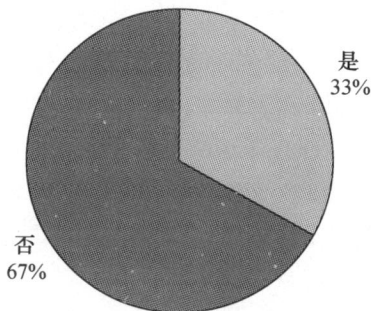

图 6 - 22　国有企业是否享受过科技支持企业获得技术标准

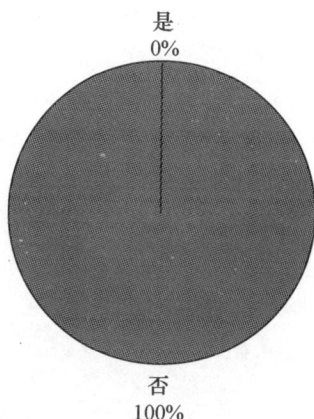

图 6 - 23　其他企业是否享受过科技支持企业获得技术标准

调查结果的统计：①在"上市公司是否享受过科技支持企业获得技术标准"中，享受过科技支持企业获得技术标准的上市公司占 0%，没有享受过科技支持企业获得技术标准的上市公司占 100%。②在"民营企业是否享受过科技支持企业获得技术标准"中，享受过科技支持企业获得技术标准的民营企业占 31%，没有享受过科技支持企业获得技术标准的民营企业占 56%，"未填写"占 13%。③在"国有企业是否享受过科技支持企业获得技术标准"中，享受过科技支持企业获得技术标准的国有企业占 33%，没有享受过科技支持企业获得技术标准的国有企业占 67%。④在"其他企业是否享受过科技支持企业获得技术标准"中，享受过科技支持企业获得技术标准的其他企业占 0%，没有享受过科技支持企业获得技术标准的其他企业占 100%。

调查结果的分析：①享受过科技支持企业获得技术标准的上市公司占 0%，没有享受过科技支持企业获得技术标准的上市公司占 100%。因为，政府支持的对象是中小企业而非所有企业，上市公司均为大企业，不属于支持的对象范围。②享受过科技支持企业获得技术标准的民营企业占31%，没有享受过科技支持企业获得技术标准的民营企业占56%。这说明民营企业在我国当下已经具备了较强的科研实力，约3成的民营企业具备获得政府科技支持的门槛。③享受过科技支持企业获得技术标准的国有企业占33%，没有享受过科技支持企业获得技术标准的国有企业占67%。这说明国有企业一如既往的具备较强的科研能力，其中3成能够达到政府科技支持的门槛。④享受过科技支持企业获得技术标准的其他企业占0%，没有享受过科技支持企业获得技术标准的其他企业占100%。主要原因可能在于这些企业自身科研能力有待提高，尚未达到获得政府科技支持的门槛。

结论：受访企业中，享受过科技支持企业获得技术标准的企业比例最高的是国有企业即33%，其次是民营企业即31%，上市公司和其他企业均未享受。

经验：①重庆市国有企业和民营均具备了相当的科研实力，约3成能达到政府科技支持的条件。②重庆市政府部门不存在明显的对国有、民营的歧视。

存在的主要问题：①只有少数企业享受企业获得技术标准，多数企业距离达到政府科技支持的门槛还有一段路要走。②受访企业中，国有企业、民营企业之外的其他企业享受过科技支持企业获得技术标准的比例令人遗憾。

建议：政府应采取激励措施鼓励企业不断提高技术水平，从而有实力和资格参与制定技术标准，这既可以获得政府资助，还可以通过收取技术使用费获益。

（3）高新企业是否享受过科技支持企业获得技术标准的调查统计结果及分析（图6-24和图6-25）。

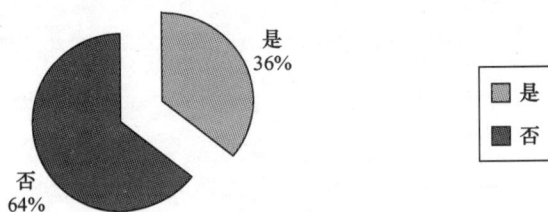

图6-24　高新企业是否享受过科技支持企业获得技术标准

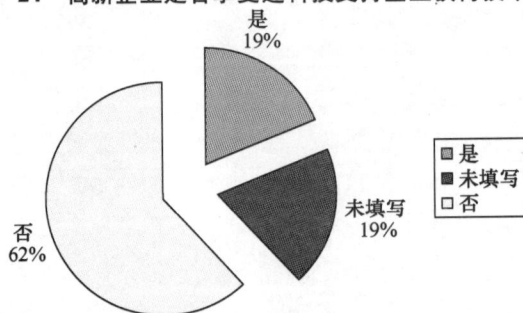

图6-25　非高新企业是否享受过科技支持企业获得技术标准

调查结果的统计：①在"高新企业是否享受过科技支持企业获得技术标准"的调查中，享受过科技支持企业获得技术标准的高新企业占36%，没有享受过科技支持企业获得技术标准的高新企业占64%。②在"非高新企业是否享受过科技支持企业获得技术标准"的调查中，享受过科技支持企业获得技术标准的非高新企业占19%，没有享受过科技支持企业获得技术标准的非高新企业占62%，"未填写"的非高新技术企业占19%。

调查结果的分析：高新企业享受过科技支持企业获得技术标准的比例为36%，远远高于非高新企业享受过科技支持企业获得技术标准的比例即19%。究其原因，在于高新技术企业的认定是需要经过重庆市有关部门的认定，而认定需要以一定的技术实力为条件。显然，高新企业的科研能力在总体上高于非高新企业的科研能力。

结论：①享受过科技支持企业获得标准技术的企业相对较少。②高新企业享受过科技支持企业获得技术标准的比例远远高于非高新企业享受过科技支持企业获得技术标准的比例。

经验：高新企业享受过科技支持企业获得技术标准的比例远远高于非高新企业享受过科技支持企业获得技术标准的比例。

存在的主要问题：无。

建议：维持现有规定。

（4）根据企业是市场追随者、市场领导者、市场挑战者等做的调查统计结果及分析（见图6-26~图6-28）。

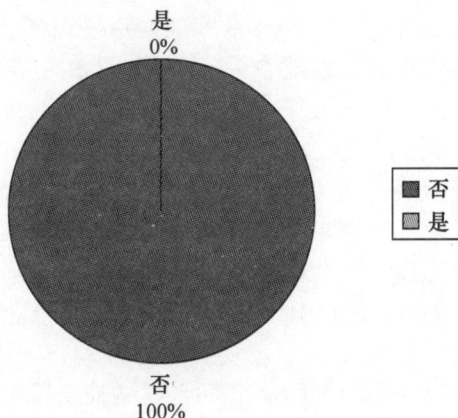

图6-26　市场追随者企业是否享受过科技支持企业获得技术标准

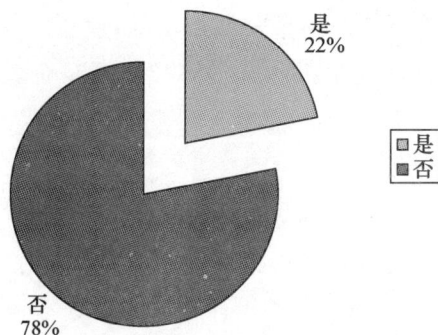

图 6 - 27　市场挑战者企业是否享受过科技支持企业获得技术标准

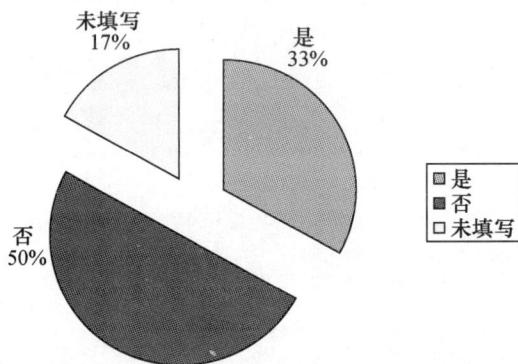

图 6 - 28　市场领导者企业是否享受过科技支持企业获得技术标准

　　调查结果的统计：①在"市场追随者企业是否享受过科技支持企业获得技术标准"中，享受过科技支持企业获得技术标准的市场追随者为 0，没有享受过科技支持企业获得技术标准的市场追随者为 100%。②在"市场挑战者企业是否享受过科技支持企业获得技术标准"中，享受过科技支持企业获得技术标准的市场挑战者为 22%，没有享受过科技支持企业获得技术标准的市场挑战者为 78%。③在"市场领导者企业是否享受过科技支持企业获得技术标准"中，享受过科技支持企业获得技术标准的市场领导者为 33%，没有享受过科技支持企业获得技术标准的市场领导者为 50%，"未填写"的占 17%。

　　调查结果的分析：①3 类企业中，享受过科技支持企业获得技术标准的比例从高到低依次是市场领导者的 33%、市场挑战者的 22%、市场追随者的 0%。这与相应企业在市场中的地位是相称的。②享受过科技支持企业获得技术标准的市场追随者为 0，没有享受过科技支持企业获得技术标准的市场追随者为 100%。一些市场追随者可能本身不需要获得技术标准，或者其中一部分企业自身有能力获得技术标准，或者是要获得科技支持企业获得国家标准的门槛较高。所以没有市场追随者享受了科技支持企业获得技术标准。③享受过科技支持企业获得技术标准的市场挑战者为22%，没有享受过科技支持企业获得技术标准的市场挑战者为78%。作为市场中最具活力的市场挑战者，可能有些市场挑战者本身达不到一定的技术标准，所以享受了技术支持企业获得技术标准，但也有的其自身可能具有这个能力，而还有一部分企业可能不需要该技术标准，或者是要获得科技支持企业获得国家标准的门槛较高，所以享受了技术支持企业获得技术标准的市场挑战者只有22%。④享受过科技支持企业获得技术标准的市场领导者为33%，没有享受过科技支持企业获得技术标准的市领导战者为50%，"未填写"的占17%。某些市场领导者企业具有较高的技术水平，不需要科技支持企业获得标准技术，或者有的企业不需要技术标准，所以获得科技支持企业获得技术标准的领导者企业为33%。

结论：3类企业中享受过科技支持企业获得技术标准的比例从高到低依次是市场领导者的33%、市场挑战者的22%、市场追随者的0%。

经验：数据证明市场领导者的科研能力强于市场挑战者，市场挑战者的科研能力强于市场追随者。

存在的主要问题：获得科技支持企业获得技术标准的受益企业数需要进一步增加。

建议：无论市场领导者还是市场挑战者均需在大力提高技术实力的基础上获得技术标准的支持，这对企业发展还是地区科技、经济的发展都有积极的促进作用。

11. 关于企业是否获得过获取国家、国际标准后的支持的调查统计结果及分析

（1）总体情况的调查统计结果及分析（见图6-29）。

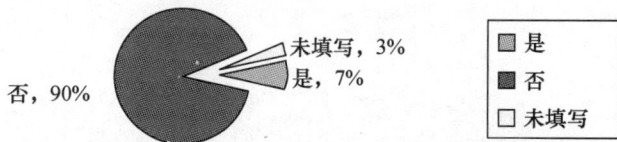

图6-29 企业是否获得过获取国家、国际标准后的支持的调查统计结果

调查结果的统计：在"企业是否获得过获取国家、国际标准后的支持"的统计中，获得过获取国家、国际标准后支持的企业占7%，没有获得过获取国家、国际标准后支持的企业占90%，"未填写"的企业占3%。

调查结果的分析：获得过获取国家、国际标准后的支持的比例只有7%，过

低。其原因在于企业主持或者参与制定国家、国际技术标准，需要在国内或者国际上处于技术领先水平或者处于前沿水平，而重庆市企业处于此种技术水平的企业为数甚寡，故而至此。

结论：获得过获取国家、国际标准后的支持的企业比例低。

经验：一部分企业获得此项支持表明重庆市企业在全国或者国际上具有一定技术优势。

存在的主要问题：目前重庆市受访企业中获得过获取国家、国际标准后的支持的比例过低。

建议：企业和政府共同努力，以使更多的企业在技术上达到国内、国际领先水平，主持或者参与制定技术标准并获得有关支持的同时，更好为企业产生效益，促进企业发展。

（2）根据企业性质进行的调查统计结果及分析（见图6-30～图6-34）。

调查结果的统计：①在"上市公司是否获得过获取国家、国际标准后的支持"中，获得过获取国家、国际标准后支持的上市公司占0%，未获得过获取国家、国际标准后支持的上市公司占100%。②在"国有企业是否获得过获取国家、国际标准后的支持"中，获得过获取国家、国际标准后支持的国有企业占22%，未获得过获取国家、国际标准后支持的国有企业占78%。③在"民营企业是否获得过获取国家、国际标准后的支持"中，获得过获取国家、国际标准后支持的民营企业占0%，未获得过获取国家、国际标准后支持的民营企业占100%。④在"港澳台资企业是否获得过获取国家、国际标准后的支持"中，获得过获取国家、国际标准后支持的港澳台资企业占0%，未获得过获取国家、国际标准后支持的港澳台资企业占100%。⑤在"其他企业是否获得过获取国家、国际标准后的支持"中，获得过获取国家、国际标准后支持的其他企业占0%，未获得过获取国家、国际标准后支持的其他企业占100%。

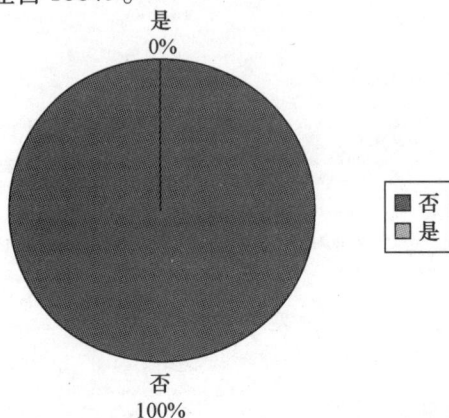

图6-30　上市公司是否获得过获取国家、国际标准后的支持

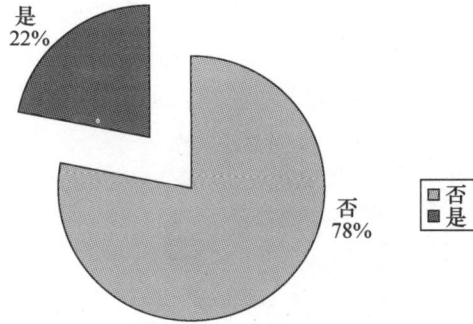

图 6 – 31　国有企业是否获得过获取国家、国际标准后的支持

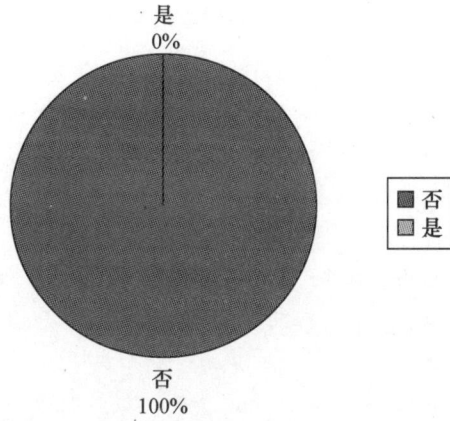

图 6 – 32　民营企业是否获得过获取国家、国际标准后的支持

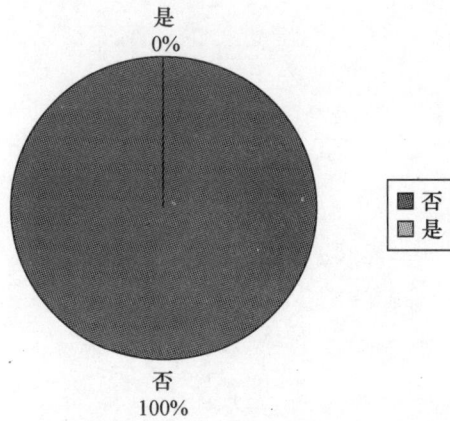

图 6 – 33　港澳台资企业是否获得过获取国家、国际标准后的支持

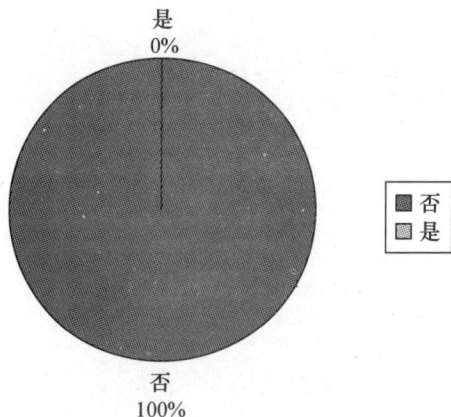

是
0%

否
是

否
100%

图 6 - 34 其他企业是否获得过获取国家、国际标准后的支持

调查结果的分析：这种结果是符合制定技术标准要求的结果。从表面上看，除国有企业之外的其他企业均未获得过获取国家、国际标准后的支持，似不合理。但究其原因，从企业自身来讲，在于其他企业自身能力不足因此未能满足政府规定的相应支持的条件是一个不争的事实，总体而言，由于各种因素使然，国企的技术水平仍然高于其他企业。

结论：极少数企业获得过获取国家、国际标准后的支持。

经验：获得过获取国家、国际标准后支持的国有企业占22%。

存在的主要问题：非国企技术水平不高。

建议：急需不断且迅速提高非国企的技术水平，使之更好地参与国际、国内竞争，既获得市场利益，又获得政府包括资金在内的支持，无疑对企业而言有百益而无一害。

（3）根据企业是否属于高新企业进行的调查统计结果及分析（见图6-35和图6-36）。

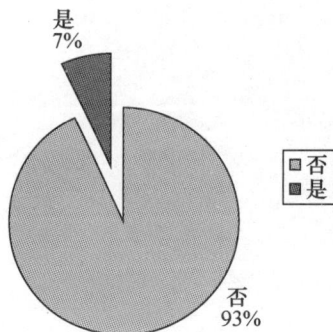

是
7%

否
是

否
93%

图 6 - 35 高新企业是否获得过获取国家、国际标准后的支持

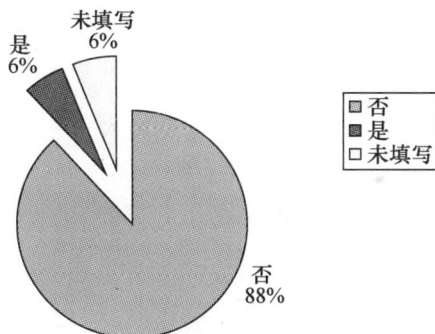

图 6 - 36　非高新企业是否获得过获取国家、国际标准后的支持

调查结果的统计：①在"高新企业是否获得过获取国家、国际标准后的支持"中，获得过获取国家、国际标准后支持的高新企业占 7%，没有获得过获取国家、国际标准后支持的高新企业占 93%。②在"非高新企业是否获得过获取国家、国际标准后的支持"中，获得过获取国家、国际标准后支持的非高新企业占 6%，没有获得过获取国家、国际标准后支持的非高新企业占 88%，"未填写"的占 6%。

　调查结果的分析：①获得过获取国家、国际标准后支持的高新企业占 7%，获得过获取国家、国际标准后支持的非高新企业占 6%。一般企业刚起步时，研发能力和技术水平可能相对较低，但在企业发展的过程中，由于各方面政策的鼓励，加上自己研发能力的提高和技术水平的成熟，自己就能达到国际水平。特别是那些先前得到过科技支持企业达到国家、国际标准的大企业。②特别是高新技术领域，企业的技术水平直接关系到企业的生死，所以更注重研发和技术水平，相对来说，成长就比较快。③一些企业可能在发展的过程中遇到波折，导致管理和技术水平下降，最终失去了再次获得科技支持企业达到国家、国际标准的机会。④获得更高的技术标准之后能给企业营造更好的形象和声誉，带来更高的效益，所以一些已有较高技术水平但又达不到其他更高技术水平的企业也愿意获得科技支持企业获得国家、世界技术标准后的支持。

　结论：高新企业与非高新企业获得过获取国家、国际标准后的支持的比例非常接近，并且均比较低。

　经验：高新企业与非高新企业在获得过获取国家、国际标准后的支持的比例方面没有什么差异。说明二者受到平等对待。

　存在的主要问题。高新企业与非高新企业在获得过获取国家、国际标准后的支持的比例均偏低。同时，高新技术企业的技术优势不明显。

建议：发展技术实力是硬道理。

（4）按照企业是市场追随者、领导者、挑战者的调查统计结果及分析（见图 6 – 37 ~ 图 6 – 39）。

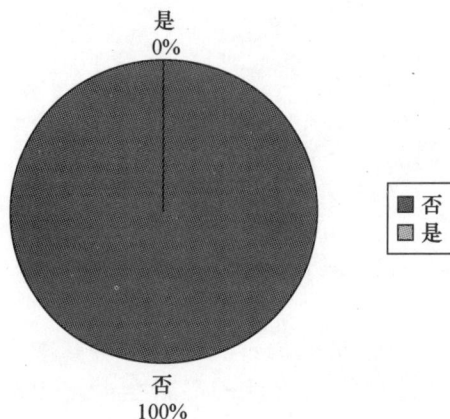

是
0%

否
100%

否
是

图 6 – 37　市场追随者企业是否获得过获取国家、国际标准后的支持

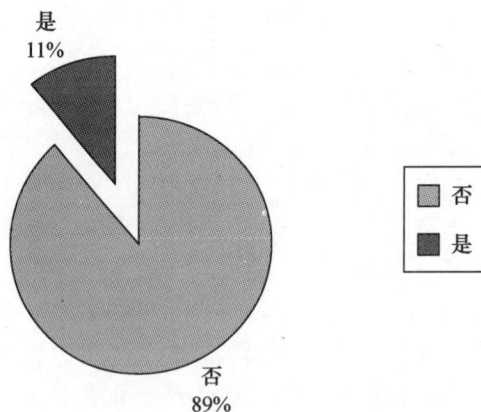

是
11%

否
是

否
89%

图 6 – 38　市场挑战者企业是否获得过获取国家、国际标准后的支持

调查结果的统计：①在"市场追随者企业是否获得过获取国家、国际标准后的支持"中，获得过获取国家、国际标准后支持的市场追随者占 0%，未获得过获取国家、国际标准后支持的市场追随者占 100%。②在"市场挑战者企业是否获得过获取国家、国际标准后的支持"中，获得过获取国家、国际标准后支持的市场挑战者占 11%，未获得过获取国家、国际标准后支持的市场挑战者占 89%。

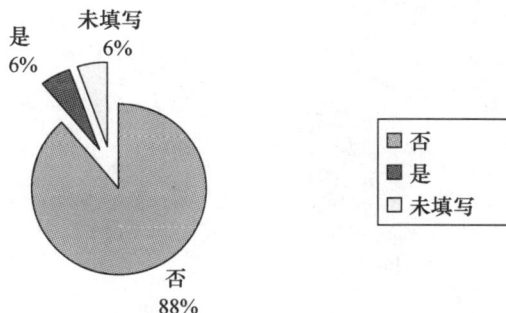

图 6 – 39　市场领导者企业是否获得过获取国家、国际标准后的支持

③在"市场领导者企业是否获得过获取国家、国际标准后的支持"中，获得过获取国家、国际标准后支持的市场领导占 6%，未获得过获取国家、国际标准后支持的市场领导占 88%，"未填写"的市场领导者占 6%。

调查结果的分析：①市场追随者企业获得过获取国家、国际标准后支持的占 0%，原因是其没有技术实力获得主持或者参加制定国家、国际标准的机会。②市场挑战者企业获得过获取国家、国际标准后支持的占 11%，市场领导者企业获得过获取国家、国际标准后支持的市场领导占 6%，市场挑战者重视国家、国际技术标准工作，呈进攻态势，市场领导者对技术标准重视不及前者。

结论：市场挑战者较之市场领导者更重视技术标准，这十分重要。

经验：市场挑战者企业获得过获取国家、国际标准后支持的比例最高。整个行业的发展中，各个企业所扮演的角色很难是一成不变的，所以市场挑战者和市场领导者角色可能会互换。

存在的主要问题：大多数企业没有制定或者参与制定国家、国际技术标准从而没有获得政府的支持。

建议：企业应大力提高技术能力，积极开展国家、国际技术标准工作，获得竞争优势，同时获得政府支持。因为企业获得国家、国际技术标准证明它具备较强的科研能力，并且能推动企业自身、行业和社会经济发展，是有贡献的，应给予奖励、支持。

12. 关于企业知识产权管理能力建设面临的最主要困难的调查统计结果及分析

（1）总体情况的调查统计结果及分析（见图 6 – 40）。

调查结果的统计：在"企业知识产权管理能力建设面临的最主要困难"中，"知识产权未纳入绩效考核指标，得不到重视"占 17%，"知识产权人才匮乏，亟须加强培养"占 31%，"缺乏管理平台和专利信息数据库等基础设施"占 7%，

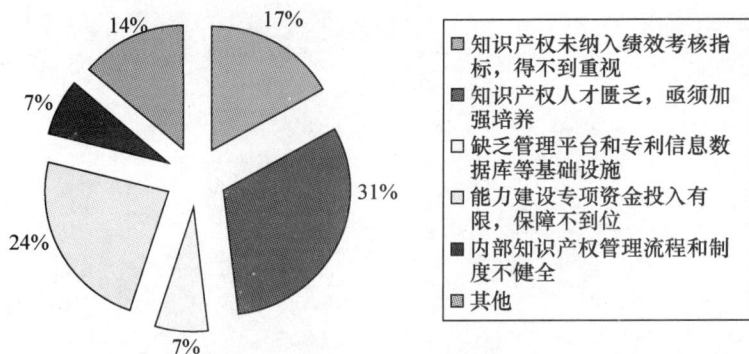

图例：
- ▨ 知识产权未纳入绩效考核指标，得不到重视
- ▨ 知识产权人才匮乏，亟须加强培养
- □ 缺乏管理平台和专利信息数据库等基础设施
- □ 能力建设专项资金投入有限，保障不到位
- ■ 内部知识产权管理流程和制度不健全
- ▨ 其他

图6-40　企业知识产权管理能力建设面临的最主要困难的调查统计结果

"能力建设专项资金投入有限，保障不到位"占24%，"内部知识产权管理流程和制度不健全"占7%，"其他"困难占14%。

调查结果的分析：①"知识产权未纳入绩效考核指标，得不到重视"占7%。说明企业管理层对知识产权在企业发展中的重要性认识不足，同时，也需要看到，不是每个企业都需要知识产权为保障。②"知识产权人才匮乏，亟须加强培养"占31%。知识产权专业领域人才的缺乏是一个比较普遍的现象。③"缺乏管理平台和专利信息数据库等基础设施"占7%。实际上国家这方面的平台和数据库是较为完善的，而且是公开的，在互联网上可以随时检索。目前状况的成因是没有知识产权专业人才。④"能力建设专项资金投入有限，保障不到位"占24%。这也是比较普遍的现象，有的企业的确可能是整个企业都缺乏资金，但也有企业不重视再投入。⑤"内部知识产权管理流程和制度不健全"占7%。少部分企业在知识产权管理上不够重视。

结论：企业在知识产权管理能力建设方面的困难，从高到低，依次是"知识产权人才匮乏，亟须加强培养"、"能力建设专项资金投入有限，保障不到位"、"知识产权未纳入绩效考核指标，得不到重视"、"其他"困难、"缺乏管理平台和专利信息数据库等基础设施"以及"内部知识产权管理流程和制度不健全"。

经验：企业知识产权管理能力建设的主要困难是人才、资金和管理缺位。

存在的主要问题：①知识产权专业人才缺乏。②企业对专项资金的投入和保障不足。③企业未将知识产权纳入绩效考核指标。④企业在知识产权的管理上经验不足，以致制度不全。

建议：①在知识产权制度建设上，政府宜指导、帮助企业。②在资金上，政府可以对有发展潜力的企业的知识产权建设的贷款进行贴息。③在人才引进方面，可与相关领域的在校大学生、研究生等进行订单式培养。④将知识产权纳入绩效考核指标，对有成果的研发人员给予适当奖励和肯定。

（2）根据企业性质的调查统计结果及分析（见图6-41~图6-44）。

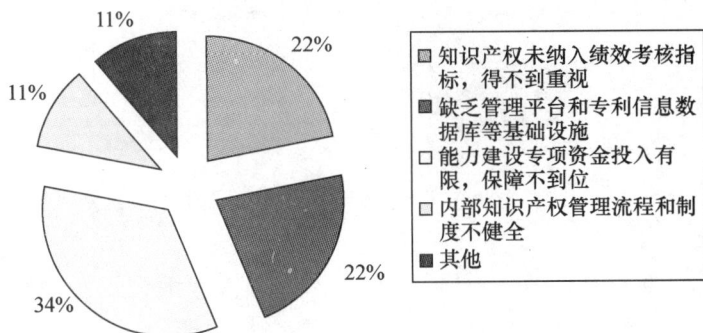

图例：
- 知识产权未纳入绩效考核指标，得不到重视
- 缺乏管理平台和专利信息数据库等基础设施
- 能力建设专项资金投入有限，保障不到位
- 内部知识产权管理流程和制度不健全
- 其他

图6-41 国有企业知识产权管理能力建设面临的最主要困难

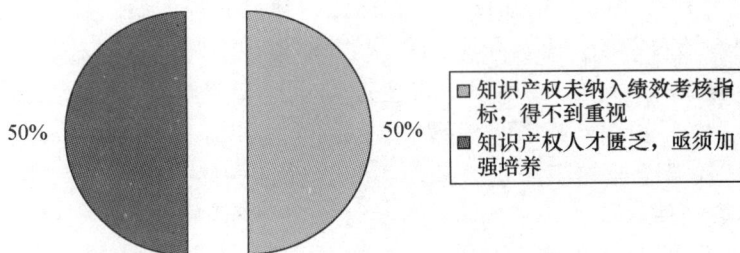

图例：
- 知识产权未纳入绩效考核指标，得不到重视
- 知识产权人才匮乏，亟须加强培养

图6-42 上市公司知识产权管理能力建设面临的最主要困难

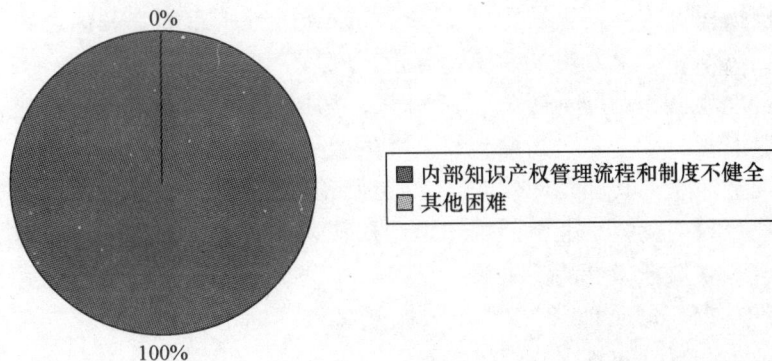

图例：
- 内部知识产权管理流程和制度不健全
- 其他困难

图6-43 港澳台资企业知识产权管理能力建设面临的最主要困难

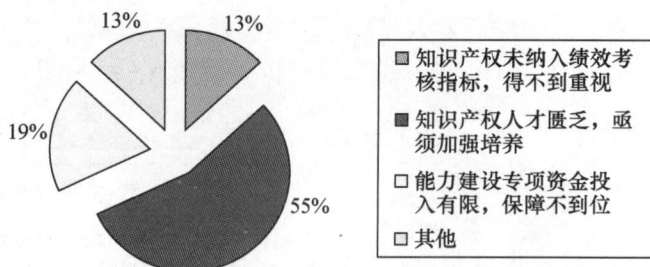

图 6-44　民营企业知识产权管理能力建设面临的最主要困难

调查结果的统计：①在"国有企业知识产权管理能力建设面临的最主要困难"中，"知识产权未纳入绩效考核指标，得不到重视"占22%，"缺乏管理平台和专利信息数据库等基础设施"占22%，"能力建设专项资金投入有限，保障不到位"占34%，"内部知识产权管理流程和制度不健全"占11%，"其他"困难占11%。②在"上市公司知识产权管理能力建设面临的最主要困难"中，"知识产权未纳入绩效考核指标，得不到重视"占50%，"知识产权人才匮乏，亟须加强培养"占50%。③在"港澳台资企业知识产权管理能力建设面临的最主要困难"中，"内部知识产权管理流程和制度不健全"占100%，"其他"困难占0%。④在"民营企业知识产权管理能力建设面临的最主要困难"中，"知识产权未纳入绩效考核指标，得不到重视"占13%，"知识产权人才匮乏，亟须加强培养"占55%，"能力建设专项资金投入有限，保障不到位"占19%，"其他"困难占13%。

调查结果的分析：①国有企业知识产权管理能力建设方面，"知识产权未纳入绩效考核指标，得不到重视"占22%，"缺乏管理平台和专利信息数据库等基础设施"占22%，"能力建设专项资金投入有限，保障不到位"占34%，"内部知识产权管理流程和制度不健全"占11%，"其他"困难占11%，但在人才方面不缺少，这说明国有企业对知识产权人才的吸引能力特别强。国有企业突出的问题是专项资金保障；其次是绩效考核和知识产权基础设施。一些国有企业缺乏相关的管理平台和制度。②上市公司知识产权管理能力建设方面主要的问题是"知识产权未纳入绩效考核指标，得不到重视""知识产权人才匮乏，亟须加强培养"，两者各占50%。知识产权未纳入绩效考核指标，极有可能造成对研发人员的忽视和对知识产权的忽视，间接导致人才的流失，再加上企业本就缺人才，将对企业的发展造成不利。③港澳台资企业知识产权管理能力建设面临的最主要困难，"内部知识产权管理流程和制度不健全"占100%。④民营企业知识产权管理能力建设面临的最主要困难，"知识产权人才匮乏，亟须加强培养"占55%，

"能力建设专项资金投入有限，保障不到位"占19%，"知识产权未纳入绩效考核指标，得不到重视"占13%，"其他"困难占13%。民营企业可能由于规模相对较小，所以知识产权管理制度上还没出现问题，但在人才、资金和管理平台上有很大的不足，将直接影响企业的发展。知识产权未纳入绩效考核指标，得不到重视，对企业的长远发展不利。

结论：①国企、民营、上市公司内部知识产权管理流程和制度不健全。②国企和民企能力建设专项资金投入有限，保障不到位，缺乏管理平台和专利信息数据库等基础设施。③国企人才具有优势。④港澳台资企业不重视知识产权工作。

经验：①国有企业有知识产权人才优势。②上市公司除了"知识产权未纳入绩效考核指标，得不到重视"和"知识产权人才匮乏，亟须加强培养"，其他困难不大。③澳台资企业知识产权管理能力建设面临的主要困难只有内部知识产权管理流程和制度不健全。④民营企业知识产权管理能力建设最大困难在人才。

存在的主要问题：人才、制度、基础设施是各类企业面临的共同困难。

建议：①所有企业均将知识产权纳入绩效管理。②加强知识产权专业人才建设和运用。③建立、完善企业内部知识产权管理流程和制度。

（3）根据企业是否属于高新企业进行的调查统计结果及分析（见图6-45、图6-46）。

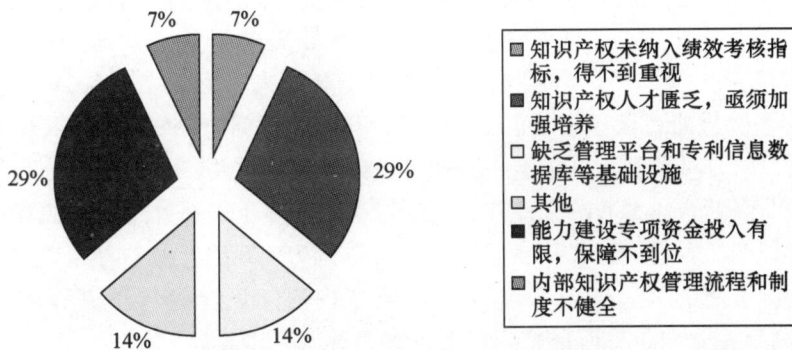

图6-45　高新企业知识产权管理能力建设面临的最主要困难

调查结果的统计：①在"高新企业知识产权管理能力建设面临的最主要困难"中，"知识产权未纳入绩效考核指标，得不到重视"占7%，"知识产权人才匮乏，亟须加强培养"占29%，"缺乏管理平台和专利信息数据库等基础设施"

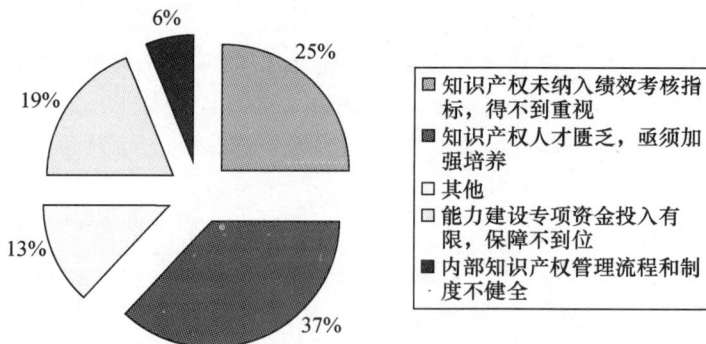

图 6 – 46　非高新企业知识产权管理能力建设面临的最主要困难

占14%，"能力建设专项资金投入有限，保障不到位"占29%，"内部知识产权管理流程和制度不健全"占7%，"其他"困难占14%。②在"非高新企业知识产权管理能力建设面临的最主要困难"中，"知识产权未纳入绩效考核指标，得不到重视"占25%，"知识产权人才匮乏，亟须加强培养"占37%，"能力建设专项资金投入有限，保障不到位"占19%，"内部知识产权管理流程和制度不健全"占6%，"其他"困难占13%。

调查结果的分析：①高新企业"知识产权未纳入绩效考核指标，得不到重视"仅占7%，而非高新企业"知识产权未纳入绩效考核指标，得不到重视"占25%。由于高新企业的发展很大程度上由其研发水平和技术平决定，所以相对而言，高新企业比非高新企业更注重知识产权。②高新企业"知识产权人才匮乏，亟须加强培养"占29%，非高新企业"知识产权人才匮乏，亟须加强培养"占37%，人才优势前者优于后者。③由于高新企业在知识产权方面要求较普遍的专业性，所以管理平台和专利信息数据库等基础设施很重要。④一小部分高新企业和一小部分非高新企业都有缺乏专项资金的情况。⑤由于大部分高新企业和民营企业对内部知识产权管理流程和制度比较重视，只有7%高新企业"内部知识产权管理流程和制度不健全"，只有6%非高新企业"内部知识产权管理流程和制度不健全"。⑥高新企业和非高新企业都有相当的"其他"困难。

结论：①高新企业比非高新企业更注重知识产权。②高新技术企业在人才方面优于民营企业，但人才缺乏对于高新企业和非高新企业都是比较大的困难。③大部分高新企业比较重视管理平台和专利信息数据库等基础设施。④小部分高新企业和非高新企业都有缺乏专项资金的情况。⑤小部分高新企业和非高新企业内部知识产权管理流程和制度不健全。⑥高新企业和非高新企业都有相当的"其他"困难。

经验：高新企业比非高新企业更注重知识产权。因为：高新企业知识产权管理能力建设面临的最主要困难中"知识产权未纳入绩效考核指标，得不到重视"仅占7%，而非高新企业知识产权管理能力建设面临的最主要困难中"知识产权未纳入绩效考核指标，得不到重视"占25%。

存在的主要问题。①人才缺乏对于高新企业和非高新企业都是比较大的困难。②部分高新企业和非高新企业都有缺乏资金、内部制度不健全。

建议：①未将知识产权纳入绩效标准的企业应尽快纳入。②加大对人才的引进。③部分高新企业应完善知识产权管理平台和专利信息数据库等基础设施。④缺乏知识产权专项资金的一部分企业应确立专项资金制度。⑤有小部分高新企业和非高新企业应完善其内部管理制度。

（4）按照企业市场地位的调查统计结果及分析（见图6－47～图6－49）。

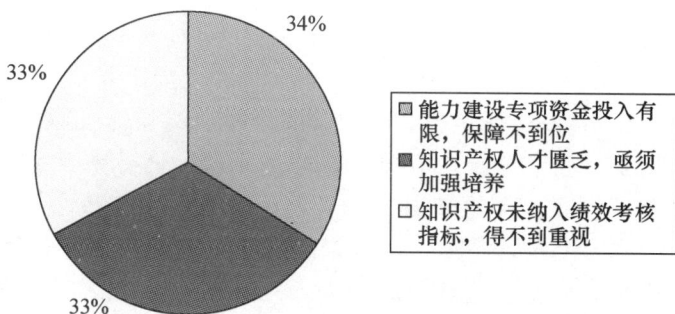

图6－47　市场追随者企业知识产权管理能力建设面临最主要困难

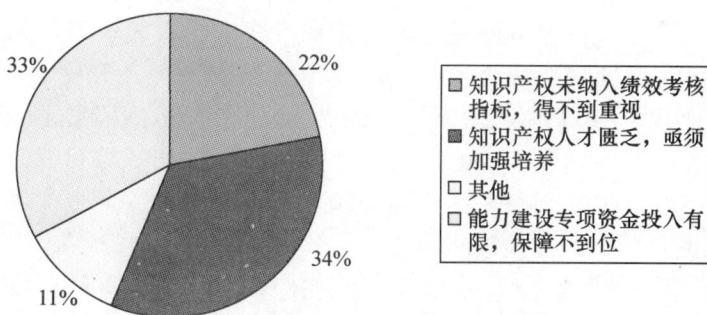

图6－48　市场挑战者企业知识产权管理能力建设面临是主要困难

调查结果的统计：①在"市场追随者企业知识产权管理能力建设面临最主要困难"中，市场追随者面临的主要困难，"知识产权未纳入绩效考核指标，得不

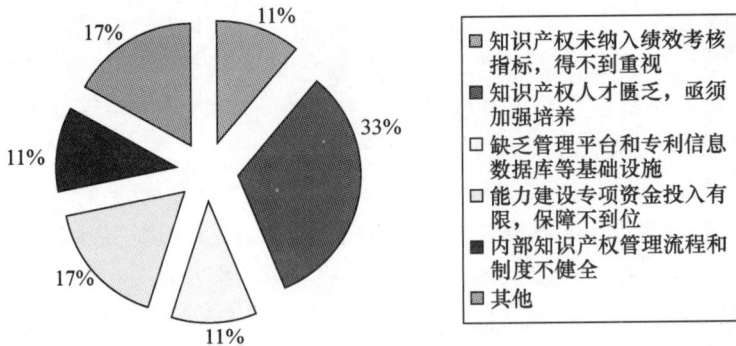

图 6-49 市场领导者企业知识产权管理能力建设面临最主要困难

到重视"占33%，"知识产权人才匮乏，亟须加强培养"占33%，"能力建设专项资金投入有限，保障不到位"占34%。②在"市场挑战者企业知识产权管理能力建设面临最主要困难"中，市场挑战者面临的主要困难，"知识产权未纳入绩效考核指标，得不到重视"占22%，"知识产权人才匮乏，亟须加强培养"占34%，"能力建设专项资金投入有限，保障不到位"占33%，"其他"困难占11%。③在"市场领导者企业知识产权管理能力建设面临最主要困难"中，市场领导者面临的主要困难，"知识产权未纳入绩效考核指标，得不到重视"占11%，"知识产权人才匮乏，亟须加强培养"占33%，"缺乏管理平台和专利信息数据库等基础设施"占11%，"能力建设专项资金投入有限，保障不到位"占17%，"内部知识产权管理流程和制度不健全"占11%，"其他"困难占17%。

调查结果的分析：①市场追随者"知识产权未纳入绩效考核指标，得不到重视"占33%，"知识产权人才匮乏，亟须加强培养"占33%，"能力建设专项资金投入有限，保障不到位"占34%。由于市场追随者往往起步比较晚，再加上在相关领域内知识产权的发展往往需要一个较长的时间段，所以，作为起步较晚的市场追随者所面临的主要问题仍是专业人才、资金、考核。②市场挑战者"知识产权未纳入绩效考核指标，得不到重视"占22%，"知识产权人才匮乏，亟须加强培养"占34%，"能力建设专项资金投入有限，保障不到位"占33%，其与市场追随者基本相同，集中在人才、资金和考核。③市场领导者"知识产权未纳入绩效考核指标，得不到重视"占11%，"知识产权人才匮乏，亟须加强培养"占33%，"缺乏管理平台和专利信息数据库等基础设施"占11%，"能力建设专项资金投入有限，保障不到位"占17%，"内部知识产权管理流程和制度不健全"占11%。其困难相对分散，但仍然面临人才、资金、考核等困难。

结论：市场领导者企业面临的困难分散在6个方面，而市场挑战者企业面临的困难集中在4个方面；市场追随者企业的困难集中在3个方面，即"知识产权未纳入绩效考核指标，得不到重视"、"知识产权人才匮乏，亟须加强培养"、"能力建设专项资金投入有限，保障不到位"。市场追随者和市场挑战者面临的困难是专业人才、专项资金和未将知识产权纳入绩效考核。一些市场领导者们也仍然难以摆脱在人才、资金上的缺乏，在此基础上，还伴随着管理和硬件上的不足，以及制度的不健全。

经验：在众多市场领导者企业知识产权管理能力建设中不存在集中的严重困难。

存在的主要问题：各类企业不同程度存在人才、资金、内部管理、考核等问题。

建议：政府根据企业所处发展阶段和状况，有针对性指导解决其面临的困难。

（5）按照企业所属行业的调查统计结果及分析（见图6-50~图6-53）。

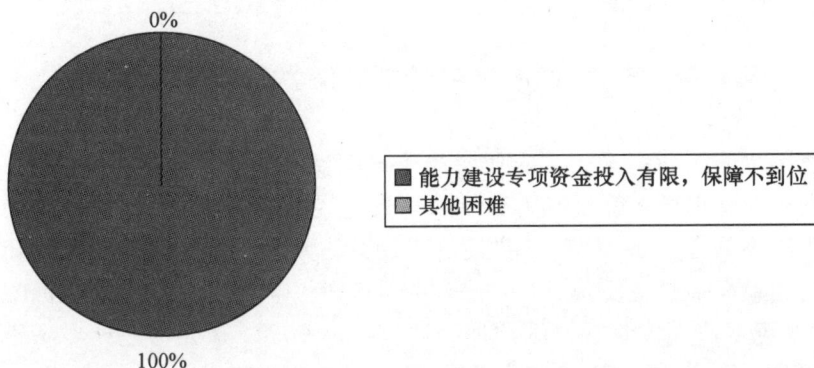

图6-50　农业企业知识产权管理能力建设面临最主要困难

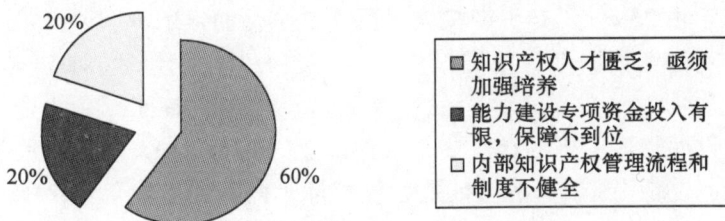

图6-51　科技企业知识产权管理能力建设面临最主要困难

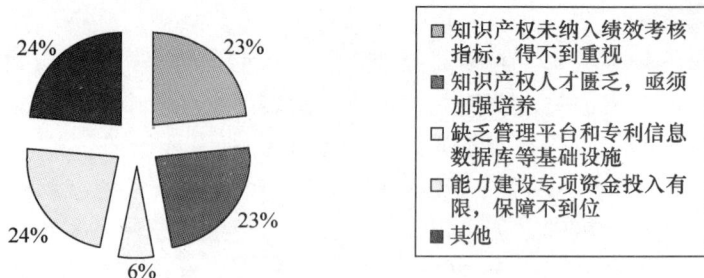

图6-52 传统制造业企业知识产权管理能力建设面临最主要困难

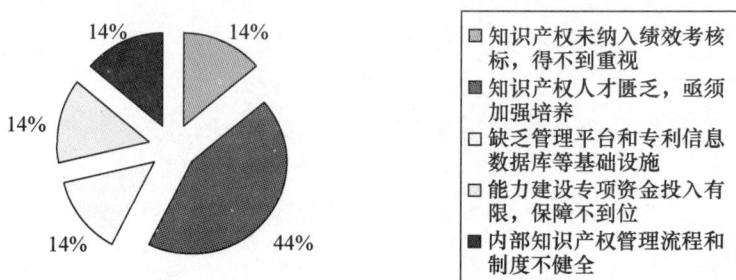

图6-53 其他行业的企业知识产权管理能力建设面临最主要困难

调查结果的统计：①在"农业企业知识产权管理能力建设面临最主要困难"中，农业企业知识产权管理能力建设面临最主要困难，"能力建设专项资金投入有限，保障不到位"占100%，"其他"困难占0%。②在"科技企业知识产权管理能力建设面临最主要困难"中，科技企业知识产权管理能力建设面临最主要困难，"知识产权人才匮乏，亟须加强培养"占60%，"能力建设专项资金投入有限，保障不到位"占20%，"内部知识产权管理流程和制度不健全"占20%。③在"传统制造业企业知识产权管理能力建设面临最主要困难"中，传统制造业企业知识产权管理能力建设面临最主要困难，"知识产权未纳入绩效考核指标，得不到重视"占23%，"知识产权人才匮乏，亟须加强培养"占23%，"缺乏管理平台和专利信息数据库等基础设施"占6%，"能力建设专项资金投入有限，保障不到位"占24%，"其他"困难占24%。④在"其他行业的企业知识产权管理能力建设面临最主要困难"中，其他行业的企业知识产权管理能力建设面临最主要困难，"知识产权未纳入绩效考核指标，得不到重视"占14%，"知识产权人才匮乏，亟须加强培养"占44%，"缺乏管理平台和专利信息数据库等基础设施"占14%，"能力建设专项资金投入有限，保障不到位"占14%，"内部知识产权管理流程和制度不健全"占14%。

调查结果的分析：①农业企业知识产权管理能力建设，"能力建设专项资金投入有限，保障不到位"占100%，"其他"困难占0%。农业是一个有待长期发展而短期见效慢的特殊行业，所以很多企业不愿涉足此行业。同样，很多资金也不愿进入此行业，但此行业又关系国计民生，所以资金上主要是国家在投入。由于我国很多地方农业基础设施落后，再加上收益的考量，如农业知识产权很难转化为实际效益，所以导致整个行业在知识产权管理能力建设上缺乏专项资金。②科技企业知识产权管理能力建设最主要的困难，"知识产权人才匮乏，亟须加强培养"占60%，"能力建设专项资金投入有限，保障不到位"占20%，"内部知识产权管理流程和制度不健全"占20%。由于科技企业从事研发和技术上的专业性是企业之本，在人才、资金的投入上是长期的，所以一些企业在此专项资金不足；再加上本行业对专业人才的要求比较高，所以符合标准的人才也就相对较少，所以人才的缺乏是本行业最基本的问题之一，大多数该行业企业都很难摆脱此问题。③传统制造业企业知识产权管理能力建设最主要的困难，"知识产权未纳入绩效考核指标，得不到重视"占23%，"知识产权人才匮乏，亟须加强培养"占23%，"缺乏管理平台和专利信息数据库等基础设施"占6%，"能力建设专项资金投入有限，保障不到位"占24%，"其他"困难占24%。不少传统制造业企业主要偏向于外观"模仿"，长期如此，很难不遇到技术革新带来的压力，所以一部分传统制造企业知识产权人才匮乏；由于一些中小型传统制造企业一般可能没有自己独立的研发部，所以知识产权也很难纳入绩效考核，得不到重视。管理平台和硬件实施的缺乏也主要是由资金问题导致的，再加上一些传统制造企业本就缺乏在知识产权方面的专项资金投入，所以在知识产权方面资金不足是一些传统制造业的短板。再加上传统制造业的长期发展，其他困难也已暴露。④其他行业的企业知识产权管理能力建设面临最主要困难，"知识产权未纳入绩效考核指标，得不到重视"占14%，"知识产权人才匮乏，亟须加强培养"占44%，"缺乏管理平台和专利信息数据库等基础设施"占14%，"能力建设专项资金投入有限，保障不到位"占14%，"内部知识产权管理流程和制度不健全"占14%。由于其他企业中一些企业不如以前流行，所以整个行业可能危机都比较严重。面对技术革新，它们在知识产权人才方面也比较匮乏。随着一些企业的发展，硬件的缺乏和管理制度问题也开始出现，知识产权专项资金得不到保障。

结论：不同行业的企业面临的知识产权管理能力建设困难，差异是很大的。

经验：知识产权管理能力建设对于不同行业的企业均具有重要价值。

存在的主要问题：①在知识产权方面，农业企业知识产权管理能力建设专项资金普遍缺乏。②多数科技企业知识产权人才匮乏，部分科技企业能力建设专项资金投入较少，部分科技企业内部知识产权管理流程和制度不健全。③一些传统制造业企业和其他企业也遇到人才、资金问题，随着企业的进一步发展，又相继出现硬件和制度的不足。

建议：①农业企业知识产权管理应加大专项资金的投入。②科技企业应重视自己对人才的培养和人才的引进，部分科技企业应加大知识产权管理能力建设专项资金的投入，部分科技企业应完善内部知识产权管理流程和制度。③一些传统制造业企业和其他企业也应当重视知识产权方面的人才、资金问题，完善硬件和制度问题。

（6）按照企业所在技术领域的调查统计结果及分析（见图6-54~图6-59）。

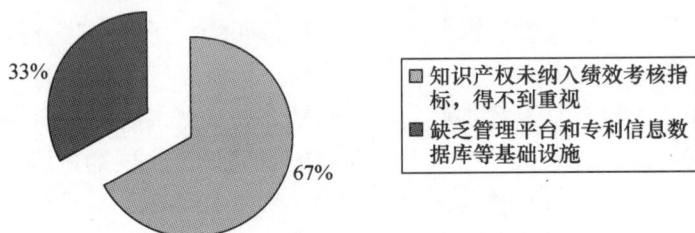

图6-54 新能源、高效能源企业知识产权管理能力建设面临最主要困难

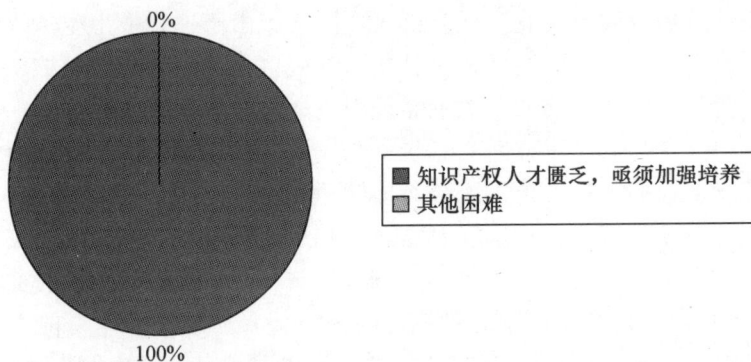

图6-55 新材料企业知识产权管理能力建设面临最主要困难

调查结果的统计：①在"新能源、高效能源企业知识产权管理能力建设面临最主要困难"中，新能源、高效能源企业知识产权管理能力建设面临最主要困难，"知识产权未纳入绩效考核指标，得不到重视"占67%，"缺乏管理平台和专利信息数据库等基础设施"占33%。②在"新材料企业知识产权管理能力建设面临最主要困难"中，新材料企业知识产权管理能力建设面临最主要困难，

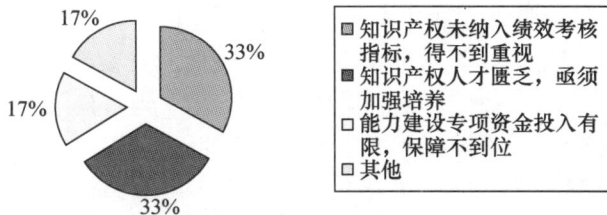

图 6-56　生物医药技术（含农业、轻工）企业知识产权管理能力建设面临最主要困难

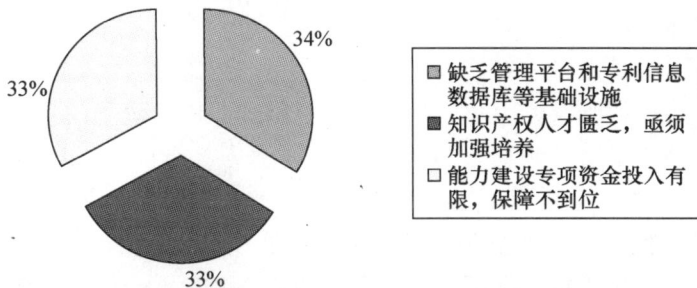

图 6-57　高技术研发企业知识产权管理能力建设面临最主要困难

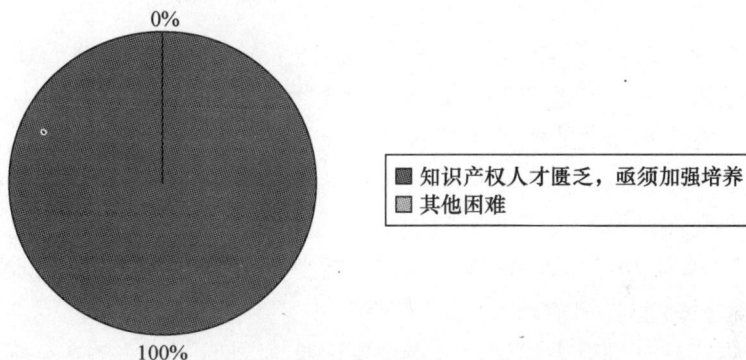

图 6-58　电子信息企业知识产权管理能力建设面临最主要困难

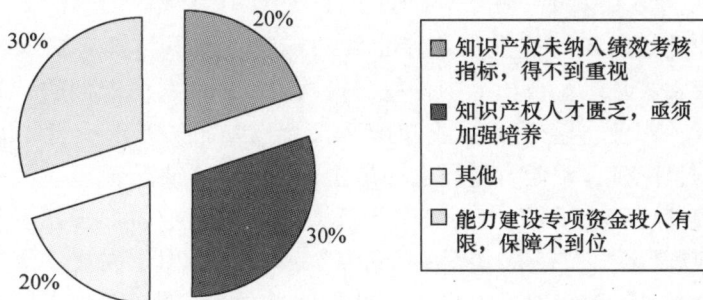

图 6-59　其他技术领域企业知识产权管理能力建设面临最主要困难

"知识产权人才匮乏，亟须加强培养"占100%，"其他"困难占0%。③在"生物医药技术（含农业、轻工）企业知识产权管理能力建设面临最主要困难"中，生物医药技术（含农业、轻工）企业知识产权管理能力建设面临最主要困难，"知识产权未纳入绩效考核指标，得不到重视"占17%，"知识产权人才匮乏，亟须加强培养"占33%，"能力建设专项资金投入有限，保障不到位"占33%，"其他"困难占17%。④在"高技术研发企业知识产权管理能力建设面临最主要困难"中，高技术研发企业知识产权管理能力建设面临最主要困难，"缺乏管理平台和专利信息数据库等基础设施"占34%，"知识产权人才匮乏，亟须加强培养"占33%，"能力建设专项资金投入有限，保障不到位"占33%。⑤在"电子信息企业知识产权管理能力建设面临最主要困难"中，电子信息企业知识产权管理能力建设面临最主要困难，"知识产权人才匮乏，亟须加强培养"占100%，"其他"困难占0%。⑥在"其他技术领域企业知识产权管理能力建设面临最主要困难"中，其他技术领域企业知识产权管理能力建设面临最主要困难，"知识产权未纳入绩效考核指标，得不到重视"占20%，"知识产权人才匮乏，亟须加强培养"占30%，"能力建设专项资金投入有限，保障不到位"占30%，"其他"困难占20%。

调查结果的分析：①新能源、高效能源企业"知识产权未纳入绩效考核指标，得不到重视"占67%，"缺乏管理平台和专利信息数据库等基础设施"占33%。由于新能源、高效能源是目前的热门行业，有大量人才和资金的涌入，但由于其真正起步比较晚，大部分企业未将知识产权纳入绩效考核指标，得不到重视，部分企业硬件设施不足。②新材料企业"知识产权人才匮乏，亟须加强培养"占100%，"其他"困难占0%。新材料行业由于本身专业人才比较稀缺，所以几乎所有新材料企业都缺乏相关的专业人才。③生物医药技术（含农业、轻工）企业知识产权管理能力建设面临最主要困难，"知识产权未纳入绩效考核指标，得不到重视"占17%，"知识产权人才匮乏，亟须加强培养"占33%，"能力建设专项资金投入有限，保障不到位"占33%，"其他"困难占17%。生物医药技术（含农业、轻工）企业的起步也相对较晚，知识产权未纳入绩效考核指标，知识产权人才匮乏。再加上本行业的投入时常是巨大而长期的，所以部分生物医药技术（含农业、轻工）企业知识产权管理方面的专项资金不足。④高技术研发企业知识产权管理能力建设面临最主要困难，"缺乏管理平台和专利信息数据库等基础设施"占34%，"知识产权人才匮乏，亟须加强培养"占33%，"能力建设专项资金投入有限，保障不到位"占33%。由于高技术研发企业起步较晚，再加上高风险和需要巨大投入，以及对人才素质的高要求，所以很多高技术研发企业知识产权人才匮乏，资金和硬件不足。⑤电子信息企业"知识产权人才匮乏，亟须加强培养"占100%，"其他"困难占0%。由于该行业相当热门，所以很多资金和技术人才涌入，该产业更新换代较快，新技术往往层出不穷，所以相对高端的知识产权人才匮乏。⑥其他技术领域企业"知识产权未纳入绩效考核指标，得不到重视"占20%，"知识产权人才匮乏，亟须加强培养"占30%，"能力建设专项资金投入有限，保障不到位"占30%，"其他"困难占20%。其他技术领域企业也要求在技术和研发上有相当的能力，但由于部分企业知识产权未纳入绩效考核指标，得不到重视；技术和研发人员本就相对缺乏，所以导致本行业的一部分企业知识产权人才匮乏；再加上对相关知识产权管理的不重视或需要的投入太大，所以缺乏专项资金。

结论：①新材料企业和电子信息企业知识产权管理能力严重缺乏。②大部分新能源、高效能源企业知识产权未纳入绩效考核指标，得不到重视，部分新能源、高效能源企业缺乏管理平台和数据库等硬件设施。③部分生物医药技术（含农业、轻工）企业知识产权未纳入绩效考核指标，得不到重视；生物医药技术（含农业、轻工）企业部分知识产权人才匮乏，部分生物医药技术（含农业、轻工）企业知识产权管理能力建设专项资金投入有限。④部分高技术研发企业知识产权管理能力建设缺乏管理平台和专利信息数据库等基础设施，部分高技术研发企业知识产权人才匮乏，部分高技术研发企业能力建设专项资金投入有限。⑤部分其他技术领域企业知识产权未纳入绩效考核指标，得不到重视，部分其他技术领域企业知识产权人才匮乏，部分其他技术领域企业知识产权管理能力建设专项资金投入有限。

经验：不同行业均存在知识产权管理能力建设问题。

存在的主要问题：企业的主要问题是缺乏人才、资金、硬件、内部考核。

建议：①企业应加大知识产权人才的培养和引进，完善知识产权管理制度和相关的硬件设施，加大知识产权专项资金投入。②政府应该制订人才培养计划，对高校的人才培养方案可以提出一些建议，加大对知识产权领域的扶持力度。

（7）按照企业成立时间长短的调查统计结果及分析（见图6-60～图6-62）。

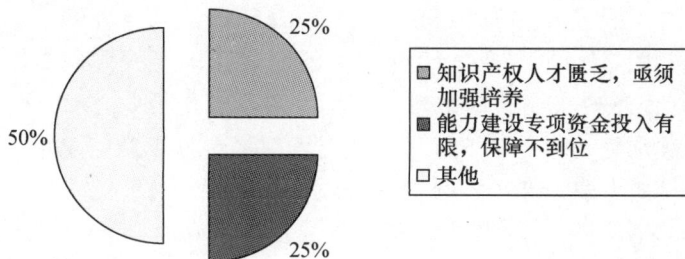

图6-60　成立1~5年的企业知识产权管理能力建设面临最主要困难

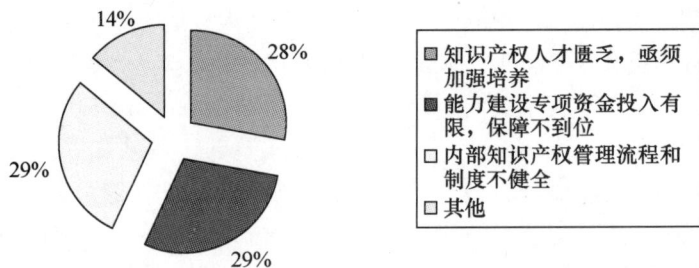

图 6 - 61　成立 5 ~ 10 年的企业知识产权管理能力建设面临最主要困难

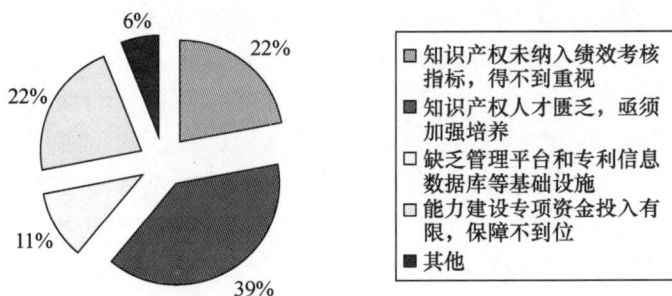

图 6 - 62　成立 10 年以上的企业知识产权管理能力建设面临最主要困难

调查结果的统计：①在"成立 1 ~ 5 年的企业知识产权管理能力建设面临最主要困难"中，成立 1 ~ 5 年的企业知识产权管理能力建设面临最主要困难，"知识产权人才匮乏，亟须加强培养"占 25%，"能力建设专项资金投入有限，保障不到位"占 25%，"其他"困难占 50%。②在"成立 5 ~ 10 年的企业知识产权管理能力建设面临最主要困难"中，成立 5 ~ 10 年的企业知识产权管理能力建设面临最主要困难，"知识产权人才匮乏，亟须加强培养"占 28%，"能力建设专项资金投入有限，保障不到位"占 29%，"内部知识产权管理流程和制度不健全"占 29%，"其他"困难占 14%。③在"成立 10 年以上的企业知识产权管理能力建设面临最主要困难"中，成立 10 年以上的企业知识产权管理能力建设面临最主要困难，"知识产权未纳入绩效考核指标，得不到重视"占 22%，"知识产权人才匮乏，亟须加强培养"占 39%，"缺乏管理平台和专利信息数据库等基础设施"占 11%，"能力建设专项资金投入有限，保障不到位"占 22%，"其他"困难占 6%。

调查结果的分析：①成立 1 ~ 5 年的企业知识产权管理能力建设面临最主要困难，"知识产权人才匮乏，亟须加强培养"占 25%，"能力建设专项资金投入有限，保障不到位"占 25%，"其他"困难占 50%。成立 1～5 年的企业由于起步较晚，所以在知识产权管理能力建设方面的主要问题是资金和人才，再加上一些其他的问题。②成立 5～10 年的企业知识产权管理能力建设面临最主要困难，"知识产权人才匮乏，亟须加强培养"占 28%，"能力建设专项资金投入有限，保障不到位"占 29%，"内部知识产权管理流程和制度不健全"占 29%，"其他"困难占 14%。成立 5～10 年的企业虽然起步比成立 1～5 年的企业早，但部分企业的资金和人才的缺乏依然是其软肋。再随着发展时间的延长，一些管理和制度上的问题也开始显现。③成立 10 年以上的企业"知识产权未纳入绩效考核指标，得不到重视"占 22%，"知识产权人才匮乏，亟须加强培养"占 39%，"缺乏管理平台和专利信息数据库等基础设施"占 11%，"能力建设专项资金投入有限，保障不到位"占 22%，"其他"困难占 6%。成立 10 年以上的企业虽起步比较早，人才的缺少和专项资金投入仍是它们的重要问题。再加上随看企业的壮大，管理平台和专利信息数据库等基础设施的缺乏逐渐成为遏制企业发展的重要因素。

结论：无论企业起步得早晚，有关知识产权的人才和资金总是企业发展永不能忽视的重要主题，需要增加和更新管理平台和专利信息数据库等基础设施。部分成立 10 年以上的企业知识产权未纳入绩效考核指标，得不到重视。

经验：对知识产权的重视程度与企业成立的时间长短没有直接关系。

存在的主要问题：人才和资金是始终是制约企业发展的因素，无论企业成立的时间长短。

建议：①企业应对自身知识产权管理能力建设的发展投入充足的资金和人才资源。②企业在长期发展中，应及时完善制度，加强管理。③政府在企业知识产权能力建设方面应做好相应的服务和指导工作。

（8）按照企业获得知识产权服务最主要方式做的调查统计结果及分析（见图 6-63～图 6-66）。

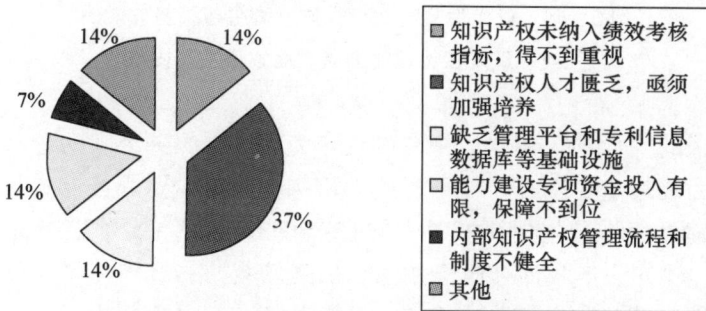

图 6-63　以中介机构作为最主要服务方式的企业
知识产权管理能力建设面临最主要困难

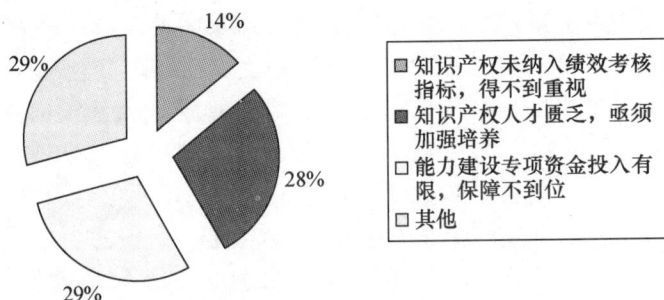

14%
29%
28%
29%

■ 知识产权未纳入绩效考核
指标，得不到重视
■ 知识产权人才匮乏，亟须
加强培养
□ 能力建设专项资金投入有
限，保障不到位
□ 其他

图 6 – 64   以政府作为最主要服务方式的企业知识产权管理能力建设面临最主要困难

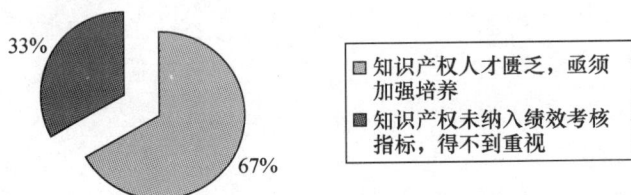

33%
67%

□ 知识产权人才匮乏，亟须
加强培养
■ 知识产权未纳入绩效考核
指标，得不到重视

图 6 – 65   以网络作为最主要服务方式的企业知识产权管理能力建设面临最主要困难

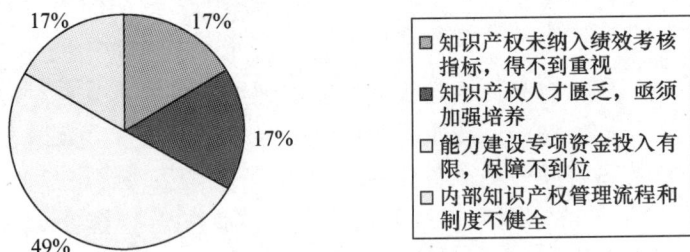

17%
17%
17%
49%

■ 知识产权未纳入绩效考核
指标，得不到重视
■ 知识产权人才匮乏，亟须
加强培养
□ 能力建设专项资金投入有
限，保障不到位
□ 内部知识产权管理流程和
制度不健全

**图 6 – 66   以大学和研究机构作为最主要服务方式的
企业知识产权管理能力建设面临最主要困难**

调查结果的统计：①在"以中介机构作为最主要服务方式的企业知识产权管理能力建设面临最主要困难"中，以中介机构作为最主要服务方式的企业知识产权管理能力建设面临最主要困难，"知识产权未纳入绩效考核指标，得不到重视"占14%，"知识产权人才匮乏，亟须加强培养"占37%，"缺乏管理平台和专利信息数据库等基础设施"占14%，"能力建设专项资金投入有限，保障不到位"占14%，"内部知识产权管理流程和制度不健全"占7%，"其他"困难占14%。②在"以政府作为最主要服务方式的企业知识产权管理能力建设面临最主要困难"中，以政府作为最主要服务方式的企业知识产权管理能力建设面临最主要困难，"知识产权未纳入绩效考核指标，得不到重视"占14%，"知识产权人才匮乏，亟须加强培养"占28%，"能力建设专项资金投入有限，保障不到位"占29%，"其他"困难占29%。③在"以网络作为最主要服务方式的企业知识产权管理能力建设面临最主要困难"中，以网络作为最主要服务方式的企业知识产权管理能力建设面临最主要困难，"知识产权未纳入绩效考核指标，得不到重视"占33%，"知识产权人才匮乏，亟须加强培养"占67%。④在"以大学和研究机构作为最主要服务方式的企业知识产权管理能力建设面临最主要困难"中，以大学和研究机构作为最主要服务方式的企业知识产权管理能力建设面临最主要困难，"知识产权未纳入绩效考核指标，得不到重视"占17%，"知识产权人才匮乏，亟须加强培养"占17%，"能力建设专项资金投入有限，保障不到位"占49%，"内部知识产权管理流程和制度不健全"占17%。

调查结果的分析：①以中介机构作为最主要服务方式的企业"知识产权未纳入绩效考核指标，得不到重视"占14%，"知识产权人才匮乏，亟须加强培养"占37%，"缺乏管理平台和专利信息数据库等基础设施"占14%，"能力建设专项资金投入有限，保障不到位"占14%，"内部知识产权管理流程和制度不健全"占7%，"其他"困难占14%。以中介机构作为最主要服务方式的企业在知识产权管理方面往往主要依靠的是中介机构，而不是自己的知识产权管理方面的能力，所以久而久之，自身在这方面的能力就会退化，部分企业就会在知识产权人才方面出现匮乏，没有固定的管理平台和专利信息数据库等基础设施，部分企业就不会在知识产权方面留下专项资金，甚至内部知识产权管理流程和制度不健全，因为一出现问题可以找中介公司。部分企业由此也不必将知识产权纳入绩效考核指标，加以重视。②以政府作为最主要服务方式的企业知识产权管理能力建设面临最主要困难，"知识产权未纳入绩效考核指标，得不到重视"占14%，"知识产权人才匮乏，亟须加强培养"占28%，"能力建设专项资金投入有限，保障不到位"占29%，"其他"困难占29%。以政府作为最主要服务方式的部分企业知识产权未纳入绩效考核指标，得不到重视。部分企业过于依赖政府知识产权服务，而不重视自身知识产权管理人才的培养。部分企业因为依赖政府知识产权服务，导致在该方面的专项资金有限或者得不到保障。③以网络作为最主要服务方式的企业知识产权管理能力建设面临最主要困难，"知识产权未纳入绩效考核指标，得不到重视"占33%，"知识产权人才匮乏，亟须加强培养"占67%。因为以网络作为依赖的方式，方便、快捷，大多数企业几乎不需要在人才上下什么功夫，所以久而久之，自身知识产权管理方面的人才建设很有可能会被忽略。

网络服务也没太大必要或者不容易纳入绩效考核。④以大学和研究机构作为最主要服务方式的企业"知识产权未纳入绩效考核指标，得不到重视"占17%，"知识产权人才匮乏，亟须加强培养"占17%，"能力建设专项资金投入有限，保障不到位"占49%，"内部知识产权管理流程和制度不健全"占17%。因为大学在研发上往往有自己的机构或者设备等硬件设施，或者大学中的科研和技术人员可以直接进入企业，所以只有少部分企业知识产权人才匮乏。但也因此部分企业未将知识产权纳入绩效考核指标，也有很大一部分企业忽视在知识产权专项资金的投入和保障，甚至有些企业内部知识产权管理流程和制度也不健全。

结论：①以中介机构作为最主要服务方式的企业知识产权管理能力建设面临的主要困难散布在六个方面，非常分散，但是知识产权人才匮乏占了接近4成。②以政府作为最主要服务方式的企业知识产权管理能力建设面临的主要困难，按照比例大小，分别是建设专项资金投入有限、"其他"、知识产权人才匮乏、知识产权未纳入绩效考核指标。③以网络作为最主要服务方式的企业知识产权管理能力建设面临的主要困难集中在两个方面，按照比例大小，分别是知识产权人才匮乏、知识产权未纳入绩效考核指标。④以大学和研究机构作为最主要服务方式的企业知识产权管理能力建设面临的主要困难集中在四个方面。其中，按照比例大小，分别是能力建设专项资金投入有限占49%，剩余的比例由知识产权未纳入绩效考核指标、知识产权人才匮乏、内部知识产权管理流程和制度不健全分摊。⑤知识产权人才匮乏是各类企业共同的困难。

经验：以网络作为最主要服务方式的企业知识产权管理能力建设面临的主要困难是最少的，这充分体现了网络这个知识宝库的作用。

存在的主要问题：知识产权人才匮乏是各类企业共同的困难。

建议：各种知识产权服务方式具有各自的特点，企业应根据自身能力、需要和某种服务方式的特点谨慎选择。同时，各种服务方式不应当是排斥的，可以相互补充。从网络中获取知识产权知识，这是最便捷的、最低廉的，应优先选择。当然，网络不一定总是能有效满足自己获取知识产权知识的需求，这就需要借助于其他服务方式。

13. 对"市资助申请国内发明、实用新型、外观设计专利有利于企业申请专利"的调查统计结果及分析（见图6-67）

调查结果的统计：①在对"市资助申请国内发明、实用新型、外观设计专利有利于企业申请专利"的调查中，没有问卷选择"完全不同意"；选择"不同意"的占3%；选择"不确定"的占17%；选择"同意"的占47%；选择"完全同意"的占33%。②在对"市资助申请国内发明、实用新型、外观设计专利有利于企业申请专利"的调查中，选择"同意"的占47%，选择"完全同

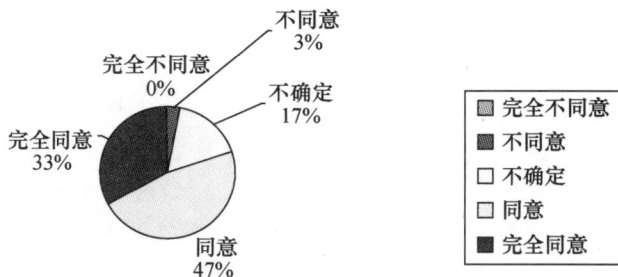

图 6-67　对"市资助申请国内发明、实用新型、外观设计
专利有利于企业申请专利"的相关评价所占比例

意"的占 33%，扣除"不同意"的 3% 和"完全不同意"的 0%，"净同意"①
所占比例为 77%。

　　调查结果的分析：①选择"同意"的占 47%，选择"完全同意"的占
33%，加起来就有 80% 的受访企业是明确赞成重庆市有关资助企业申请国内专利
的政策的，并且认为这有利于推动企业的申请工作。特别是"净同意"所占比
例达到 77%，这说明重庆市有关资助企业申请国内专利的政策获得了受访企业
77% 的"净支持率"。②有 3% 的受访企业"不同意"重庆市现行对国内专利的
资助政策。究其原因，相关企业认为：企业申请专利旨在提高企业的市场竞争力
和加大对自身产品的保护，从而赢得市场占有率、赢得大量利润。政府对国内专
利申请的资助额度较低，对企业的激励作用相对于企业对潜在巨额利润的追求而
言"无足轻重"。另有企业认为自身是民营企业，受到了歧视对待，但是多数民
营企业表示在获得市政府的专利申请资助方面没有受到过歧视。

　　结论：①重庆市现行资助申请国内发明、实用新型、外观设计专利有利于企
业申请专利，这是获得绝大多数企业的认可的。②企业申请专利旨在以专利为工
具获取利润，这才是企业申请专利的动机，因此对于绝大多数企业而言，虽然考
虑了政府的资助，但是由于此资助太微薄，只可以算作"锦上添花"。然而，对
于那些把政府对专利申请的资助直接给予企业相关工作人员个人的企业而言，这
些资助奖励也是一笔不小的收入和"物质奖励"。由于根据国家规定，专利权人
可以将其已经获得专利权的信息在商业活动中做出标示，也可以申报与专利有关
的奖励，客观上有广告的效果，故一些企业认为，专利申请成功后可获得"精神
奖励"，它可以极大地激励相关工作人员"动员"、组织、协调、配合或劝告企

---

　　① "净同意"所占比例 = "完全同意"所占比例 + "同意"所占比例 - "完全不同意"所占比例 -
"不同意"所占比例。

业领导层同意获取专利。

经验：现行资助政策不仅是对企业的物质奖励，也是精神上的肯定。一些民营企业尤其重视这种精神上的肯定，因为它们认为几十年来政府对民营企业的态度经历了这样一个过程："被明确否定→允许存在但不允许进入关键领域→允许存在但被歧视→平等对待但有所警惕。"当然，这个过程中有反复、徘徊。在这样一个历史背景下，民营企业格外珍惜政府对它们的"精神支持"。它们把物质奖励也看作是一种"精神支持"。无论如何，现行资助政策有助于企业获得专利权，进而增强企业竞争力并推动社会进步。

存在的主要问题：选择"不确定"的占17%，这说明一部分受访企业对"市资助申请国内发明、实用新型、外观设计专利有利于企业申请专利"是模糊不清的。选择"不同意"的占3%，这说明这些企业否定"市资助申请国内发明、实用新型、外观设计专利有利于企业申请专利"。

建议：①继续维持对国内发明、实用新型、外观设计专利申请的资助奖励，并且，与时俱进，适时提高奖励额度。另一种思路是，有鉴于发明专利和实用新型专利、外观设计专利授权的条件有着重大不同，以及对建设创新型国家的贡献度，可以考虑减少或不资助实用新型专利和外观设计专利，对发明专利加大资助力度。②加大对专利申请资助政策的宣传力度；针对偏远地区、非支柱产业、中小企业加大宣传力度。

14. 对"市资助申请外国发明、实用新型、外观设计专利有利于企业申请专利"的调查统计结果及分析（见图6-68）

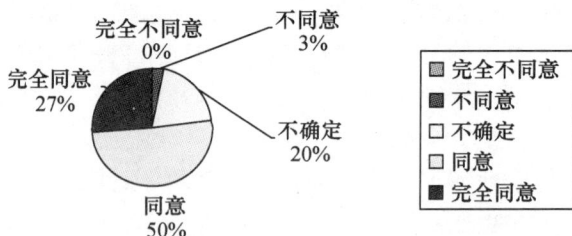

图6-68 对"市资助申请外国发明、实用新型、外观设计专利有利于企业申请专利"的相关评价所占比例

调查结果的统计：①在对"市资助申请外国发明、实用新型、外观设计专利有利于企业申请专利"的调查中，没有问卷选择"完全不同意"；选择"不同意"的占3%；选择"不确定"的占20%；选择"同意"的占50%；选择"完全同意"的占27%。②在对"市资助申请外国发明、实用新型、外观设计专利有利于企业申请专利"的调查中，选择"同意"的占50%，选择"完全同意"的占27%，扣除"不同意"的3%和"完全不同意"的0%，"净同意"所占比例为74%。

调查结果的分析：①"净同意"所占比例为74%，这说明重庆市有关资助企业申请国外专利的政策获得了受访企业的74%的"净支持率"。②有3%的受访企业"不同意"重庆市现行对国外专利的资助政策。究其原因，也是由于资助额度较低，对于企业申请专利可能获取的巨大利润而言，显得"微不足道"。此外，申请国外专利的周期较长、成本较高，政府微薄的资助相对于申请专利的成本特别是研发成本来说是"杯水车薪"。

结论：绝大多数受访企业认为重庆市现行资助申请国外发明、实用新型、外观设计专利有利于企业申请专利。这不仅是物质激励，而且是精神激励，表明了政府对企业的认可。民营企业特别在乎政府对自己的认可，因此，此类政策对民营企业的精神激励比国有企业更大。

经验：现行资助政策不仅是对企业的物质奖励，也是精神上的肯定。

存在的主要问题：选择"不确定"的占20%，这说明不少受访企业对"市资助申请国外发明、实用新型、外观设计专利有利于企业申请专利"是模糊不清的。选择"不同意"的占3%，这说明这些企业否定"市资助申请国外发明、实用新型、外观设计专利有利于企业申请专利"。

建议：继续维持对国外发明、实用新型、外观设计专利申请的资助奖励，并适时提高奖励额度。实行区别化对待，即根据企业申请或者维持专利的种类、地区市场容量、经济发展水平、受理国收费额、国家战略等，实施不同强度的资助。

15. 对"了解申请专利资助的流程"的调查统计结果及分析（见图6－69）

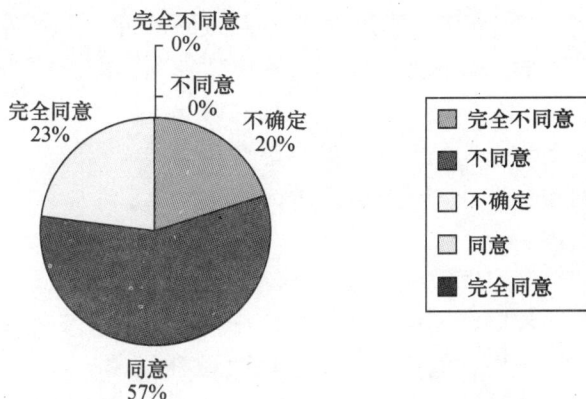

图6－69　对"了解申请专利资助的流程"的不同回答及各自所占比例

调查结果的统计：①在对"了解申请专利资助的流程"的调查中，没有问卷选择"完全不同意"、"不同意"；选择"不确定"的占20%；选择"同意"的占57%；选择"完全同意"的占23%。②选择"同意"的占57%，选择"完全同意"的占23%，扣除"不同意"的0%和"完全不同意"的0%，"净同意"所占比例为80%。

调查结果的分析：①选择"同意"的占57%，选择"完全同意"的占23%，加起来就有80%的受访企业是明确了解申请专利资助流程的。并且，这80%也是"净同意"所占比例。这说明绝大多数受访企业"了解申请专利资助的流程"。②有20%的受访企业选择"不确定"。这说明这些企业是不了解申请政府专利资助流程的。究其原因，有企业自身的原因，也有政府的原因。第一，企业自身的原因。有的企业基本没有申请过专利，相应也无兴趣了解申请专利资助的流程。企业之所以没有申请专利，大致有四种原因：一是有获得专利的相应科技实力但是认为申请专利需要公开技术，容易被模仿，容易被侵权，因此采用商业秘密保护的形式而非专利保护的形式保护本企业利益。二是有获得专利的相应科技实力但是认为申请专利周期长、程序烦琐、耗费大量时间和精力，因此对申请专利有"畏难情绪"。三是企业的科技研发人员文字功底差，不知道如何填写专利申请，而办公室的管理人员或文秘人员虽然有文字功底但是不懂相关科技的关键，掌握不好公开与不公开的尺度，甚至掌握不好自己的技术"进步"是否符合申请专利的条件，因此没有申报。四是企业还处于简单模仿阶段，无申报专利的科技实力。此外，有些企业虽然成功申请过专利，但是企业工作人员没有主动了解、查询政府的专利资助政策。第二，政府的原因。部分企业认为，政府相关专利资助政策的公开程度不够；公开方式有问题，例如，通过传统纸质媒体在不醒目位置公开有关资助政策，这就使企业了解该政策具有偶然性，因为企业不可能花费太多精力每天阅读不同的报纸以及报纸的每一个版面。

结论：①绝大多数受访企业是明确了解申请专利资助流程的。②的确存在为数不少的受访企业不了解申请专利资助流程的情况。

经验：80%的受访企业是明确了解申请专利资助流程的。

存在的主要问题：选择"不确定"的占20%，这说明不少受访企业并不了解申请专利资助流程。

建议：①全面公开资助流程。政府资助企业获得专利是政府希望、鼓励、推动企业去为的行为，规则需要周知和实际执行，不涉及国家秘密和商业秘密、个人隐私，不需要任何保密，因此专利资助政策以及申请流程应全部公开。否则，专利资助政策的制定目的就无法全面地、有效地实现。②丰富公开方式。除在市内主流纸质媒体公布资助规范外，由于纸质媒体的局限性，在网络时代应在政府网站上公布，便于企业随时搜索、查询、阅读，同时，积极开发网上申报资助系统，推动网上申报资助。

16. 对"申请专利资助的程序便捷"的调查统计结果及分析（见图6-70）

调查结果的统计：①在对"申请专利资助的程序便捷"的回答中，没有问卷选择"完全不同意"；选择"不同意"的占7%；选择"不确定"的占17%；选择"同意"的占49%；选择"完全同意"的占27%。②选择"同意"的占49%，选择"完全同意"的占27%，扣除"不同意"的7%和"完全不同意"的0%，"净同意"所占比例为69%。

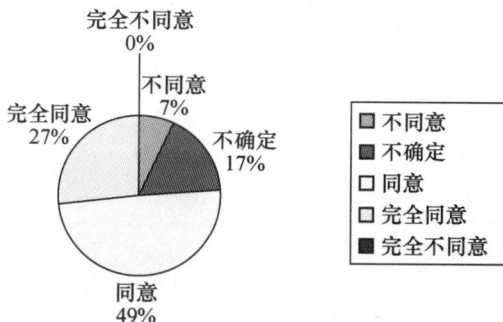

图6-70　对"申请专利资助的程序便捷"不同评价及各自所占比例

调查结果的分析：①"申请专利资助的程序便捷"获得了76%的受访企业的赞成，而且"净同意"所占比例为69%。这说明绝大多数受访企业认为"申请专利资助的程序便捷"。②有7%的受访企业选择明确选择了"不同意"。这个比例虽然不是太高，但是不应忽视。关于"不同意"的原因，受访企业认为，在程序上主要是政府通知之后报申报材料，申报之后很久才能把资助经费发下来。其实，严格说来，这只能说明企业实际获得资助经费的时间比希望的时间长，而非申请专利资助的程序不够便捷。实际上，只要企业把规定的材料全部提交了，就不需要再做其他任何行为，不需要自己跑很多部门，不需要自己"冲很多管卡"，"等着领钱"就行了。因此，程序其实是"一站到位"，是很便捷的。③至于17%的受访企业选择"不确定"。原因在于这些企业不了解专利申请的程序，或者无法准确判断程序"便捷"与"烦琐"的界限。

结论：①绝大多数受访企业认为申请专利资助的程序是便捷的。②少数受访企业认为申请专利资助的程序不是便捷的。经进一步询问，发现对方把领取资助经费的周期较长当作申请资助专利资助程序不便捷的表现。这是一种误解。程序，是做某个事情的方式、步骤的时间和空间的总和。这里的时间应当是做某件事情的时间，具体到申请专利资助就是申请行为需要耗费的时间而非申请之后等待结果的时间。申请所需是按规定提交全部材料，因此就时间而言是便捷的。至于方式、步骤、空间方面的"便捷"，受访企业均无异议。

经验：76%的受访企业认为申请专利资助的程序是便捷的。

存在的主要问题：选择"不确定"的占17%，这说明不少受访企业无法肯定地对申请专利资助程序是否便捷做出判断。7%的受访企业持明确否定态度。

建议：①增加申请专利资助的方式，除当面交付外，可通过邮寄、代理、在线等方式提交申请专利资助。②针对领取到政府资助金的周期较长引起一些企业的质疑，可以明确规定政府审查、支付资助金的时限，防止企业产生误解，同时，为提高效率，可以用当面领取、银行转账等多种方式支付。

17. 对"申请专利资助对于企业自主创新的帮助很大"的调查统计结果及分析（见图6-71）

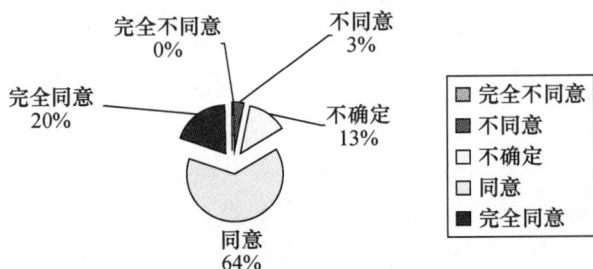

图6-71　对"申请专利资助对于企业自主创新的帮助很大"的不同回答及各自所占比例

调查结果的统计：①在对"申请专利资助对于企业自主创新的帮助很大"的调查中，没有问卷选择"完全不同意"；选择"不同意"的占3%；选择"不确定"的占13%；选择"同意"的占64%；选择"完全同意"的占20%。②在对"申请专利资助对于企业自主创新的帮助很大"的调查中，"净同意"所占比例为81%。

调查结果的分析：①选择"同意"的占64%，选择"完全同意"的占20%，加起来就有84%的受访企业是明确赞成"申请专利资助对于企业自主创新的帮助很大"。特别是"净同意"所占比例达到81%。②有3%的受访企业"不同意"。究其原因，相关企业认为：企业自主创新旨在提高企业的市场竞争力，从而赢得利润。政府对专利申请的资助额度较低，对企业的激励作用非常有限。③13%的受访企业不确定申请专利资助是否对于企业自主创新有很大帮助。原因在于，企业自主创新的动力来源是多元而非一元的：政府对申请专利的资助只是外在的动力来源；企业股东会、董事会、经理层、科技研发形式负责人与实际负责人以及研发团体成员等的利益分配机制均是内在的动力来源。从更远一点说，还与下列因素有关：企业主要产品所属的国内产业处于初创阶段、发展阶段、成熟阶段中的什么阶段；国家、国际对知识产权的保护力度；自主创新后在多长时间内容易被模仿；企业对自主创新产品的维权成本与收益的比例等。

结论：①绝大多数受访企业是明确赞成"申请专利资助对于企业自主创新的帮助很大"的。②极少数受访企业明确否定"申请专利资助对于企业自主创新的帮助很大"。③13%的受访企业不确定申请专利资助是否对于企业自主创新有很大帮助。

经验：84%的受访企业认为申请专利资助对于企业自主创新的帮助很大。

存在的主要问题：选择"不确定"的占13%，这说明不少受访企业无法明确地对申请专利资助对于企业自主创新的帮助是否很大做出确定地判断。3%的受访企业持明确否定态度。问题的实质在于，企业应是技术创新的主体，政府资助其申请专利从而推动技术创新，但是，政府不是企业技术创新的主体，二者不能错位。

建议：①企业正确认识在市场经济中企业、政府的社会职能定位，充分认识到对企业是市场竞争的主体、技术进步和创新的主体，进行技术创新并以技术创新成果获得市场和利润是企业自身利益所在，是自己应独立承担和完成的事。正确定位帮助者的作用，避免将帮助者和责任者混同。②政府应建立和完善驱动企业开展技术创新、有利于企业开展技术创新的市场环境、机制、制度，既不能无所作为，也不能越俎代庖。③对于国家而言，应从制度上减少企业获得技术创新成果的成本，包括获得专利权、商标权的成本，这样对企业的激励作用更为广泛，受益面更宽，对技术创新的推动作用更大。

18. 对"现行专利资助的标准合理"的调查统计结果及分析（见图6-72）

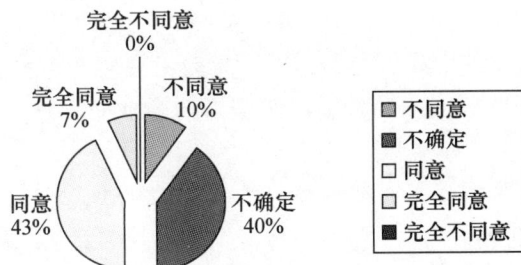

图6-72　对"现行专利资助的标准合理"的不同评价及各自所占比例

调查结果的统计：①在对"现行专利资助的标准合理"的调查中，没有问卷选择"完全不同意"；选择"不同意"的占10%；选择"不确定"的占40%；选择"同意"的占43%；选择"完全同意"的占7%。②在对"现行专利资助的标准合理"的调查中，"净同意"所占比例为40%。

调查结果的分析：①选择"同意"的占43%，选择"完全同意"的占7%，加起来只有50%的受访企业是明确赞成"现行专利资助的标准合理"。特别是"净同意"所占比例只有40%。②有10%的受访企业"不同意"。它们认为：现行资助是对申报成功的资助且资助额度太低；其实企业还有很多时候研发失败了，但是耗费了大量成本，希望政府能对研发失败的科研项目进行适当补助，而企业愿意把相关研发资料交给政府，给全社会参考借鉴，避免其他企业重蹈覆辙，浪费整个社会的人力、物力、财力。这种观点貌似合理，但是，实际上是计划经济的观念在作祟，是要政府承担企业技术开发的风险和后果，显然不可行。按照自己责任原则，企业要承担技术开发的成果、利润和风险，从制度设计上看，不能让政府以资助专利申请的形式分担企业技术开发的风险。③高达40%的受访企业不确定现行专利资助标准是否合理。原因在于，这些企业认为申请专利本来就属于企业自身的事情，政府并没有义务资助以及要资助到哪个程度，企业因此无法确定政府应当资助到什么额度才是合理的。

结论：①只有一半的受访企业是明确赞成"现行专利资助的标准合理"的，且"净同意"所占比例只有40%。②10%受访企业明确否定"现行专利资助的标准合理"。③40%的受访企业不确定现行专利资助的标准是否合理。

存在的主要问题：10%的受访企业明确否定"现行专利资助的标准合理"，40%的受访企业不确定现行专利资助的标准是否合理。

建议：随着政府财力的改善、物价水平的提高、企业研发成本的上升，适当提高专利资助的标准。虽然对专利是否资助以及资助多少，属于政府的行政自由裁量权，但是结合资助是对企业进行适当的物质奖励和精神奖励的宗旨，应把资助作为一种"合理预期"维持在不低于原有水平的基础上。而原有水平是要考虑物价上涨、研发成本上升、货币贬值等因素的。除非政府遭遇重大的财政困难，否则一贯形成的政府的"合理预期"及其相关利益不宜降低。如果政府遭遇重大财政困难必须降低或取消资助，则应当向企业做出解释。否则，有损政府的公信力。

19. 对"制定国家标准、国际标准给予补贴的政策执行效果很好"的调查统计结果及分析（见图6-73）

调查结果的统计：①在"对制定国家标准、国际标准给予补贴的政策执行效果很好"的调查中，没有问卷选择"完全不同意"；选择"不同意"的占3%；

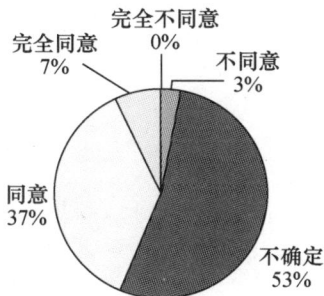

图 6-73　对"制定国家标准、国际标准给予补贴的政策
执行效果很好"的不同评价及各自所占比例

选择"不确定"的占 53%；选择"同意"的占 37%；选择"完全同意"的占
7%。②"净同意"所占比例为 41%。

调查结果的分析：①选择"同意"的占 37%，选择"完全同意"的占 7%，
加起来只有 44% 的受访企业是明确赞成"对制定国家标准、国际标准给予补贴
的政策执行效果很好"。特别是"净同意"所占比例只有 41%，比较低。②有
3% 的受访企业"不同意"。它们认为：这方面执行效果不好。③高达 53% 的受
访企业不确定对制定国家标准、国外标准给予补贴的政策执行效果是否很好。原
因在于，参加或者负责制定行业、国家、国际技术标准，要求该企业在该特定行
业的技术中具有明显优势和影响力，绝大多数企业难以参与其间，故而不知道这
些规定本是理所当然。由于对这些规定不了解，进而无从判断政府对制定技术标
准的补贴政策执行效果的好坏属于应有之义。

结论：①赞成"对制定国家标准、国际标准给予补贴的政策执行效果很好"
的受访企业并不是很多是正常的。②一半以上的受访企业不确定政府对制定国家
标准、国外标准给予补贴的政策执行效果是否很好同样是正常的。

存在的主要问题：参加或者主持制定国家、国际技术标准的企业少，说明重
庆市企业的技术水平在全国、全世界不具有明显的竞争优势，甚至处于劣势。

建议：①促使企业大搞技术创新，通过一段时间的努力，使一些企业能在国
内外同行业中处于优势的领头地位，从而制定国家、国际技术标准，为企业赢得
竞争优势和利益。②保持或提高现有补贴标准，改进政策传播方式、途径、范
围、效率也是积极可为，大有可为的。

20. 对"企业知识产权质押融资需求很大"的调查统计结果及分析（见
图 6-74）

调查结果的统计：①在对"企业知识产权质押融资需求很大"的调查中，
没有问卷选择"完全不同意"；选择"不同意"的占 3%；选择"不确定"的占

50%；选择"同意"的占30%；选择"完全同意"的占17%。②在对"企业知识产权质押融资需求很大"的调查中，"净同意"所占比例为44%。

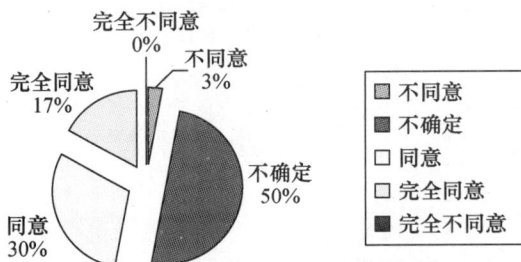

图6-74 对"企业知识产权质押融资需求很大"的不同评价及各自所占比例

调查结果的分析：①选择"同意"的占30%，选择"完全同意"的占17%，二者相加有47%的受访企业是明确赞成"企业知识产权质押融资需求很大"的。特别是"净同意"所占比例只有44%。这说明受访企业中对知识产权质押融资需求很大的数量还不到一半。原因在于知识产权质押融资方式必须建立在对知识产权的价值评估基础之上，评估需要支付经费，企业不愿意出此资；并且一些金融机构也不愿意以知识产权作为贷款的质押，企业认为知识产权的无形性使得知识产权质押融资充满了不确定性，风险太高。②选择"不确定"的高达50%。这说明有一半的受访企业不了解自身对知识产权质押融资的需要是否很大，背后可能的原因在于他们对知识产权质押融资缺乏了解。

结论：企业对"企业知识产权质押融资需求很大"的回答可谓泾渭分明。用知识产权质押融资是一种融资的形式，但企业融资的形式有多种，企业采取何种形式融资必须考虑成本、风险、便捷，同时，受到金融市场发展状况和供求关系的制约。企业以知识产权质押融资在全球和中国均是新事物，市场均尚不成熟。

经验：有47%的受访企业认为自身对知识产权质押融资的需求很大，说明重庆市企业在此方面状况不错。

存在的主要问题：50%的受访企业不确定自身对知识产权质押融资的需求是否很大，发展空间巨大。

建议：企业应如同运用有形财产融资一样运用知识产权质押融资，以解决企业发展所需资金。

21. 对"非常了解知识产权质押融资政策"的调查统计结果及分析（见图6-75）

调查结果的统计：①在对"非常了解知识产权质押融资政策"的调查中，

选择"完全不同意"的占3%；选择"不同意"的占13%；选择"不确定"的占54%；选择"同意"的占20%；选择"完全同意"的占10%。②在对"非常了解知识产权质押融资政策"的调查中，"净同意"所占比例仅为4%。

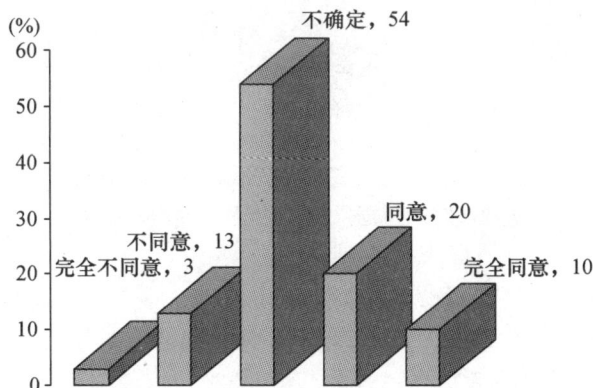

图6-75　对"非常了解知识产权质押融资政策"的不同回答及各自所占比例

调查结果的分析：①选择"同意"的占20%，选择"完全同意"的占10%，加起来只有30%的受访企业非常了解知识产权质押融资政策。特别是"净同意"所占比例仅为4%，这说明受访企业非常了解知识产权质押融资政策的比例比较低。②选择"完全不同意"的占3%，选择"不同意"的占13%，选择"不确定"的占54%。这说明绝大多数企业并不是非常了解知识产权质押融资政策，知识产权的交换价值尚未充分发挥。

结论：多数企业并不是非常了解知识产权质押融资政策。

经验：有30%的受访企业非常了解知识产权质押融资政策。

存在的主要问题：绝大多数企业并不是非常了解知识产权质押融资政策。

建议：①加大对知识产权质押融资的宣传力度，力求周知。②引导企业如同运用有形财产一样充分发挥知识产权的价值，运用好其价值。③知识产权、金融、税务、工商等主管部门应为企业运用知识产权融资创造好的环境和市场。

22. 对"已出台的知识产权保护政策能很好满足企业融资的需求"的调查统计结果及分析（见图6-76）

调查结果的统计：①在对"已出台的知识产权保护政策能很好满足企业融资的需求"的调查中，没有问卷选择"完全不同意"；选择"不同意"的占7%；选择"不确定"的占60%；选择"同意"的占30%；选择"完全同意"的占3%。②"净同意"所占比例仅为26%。

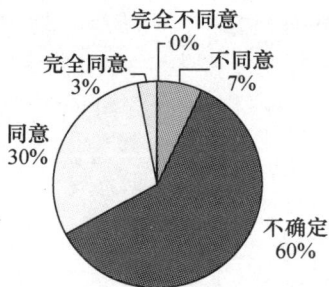

图6-76 对"已出台的知识产权保护政策能很好满足企业融资的需求"的评价及各自所占比例

调查结果的分析：①选择"同意"的占30%，选择"完全同意"的占3%，加起来只有33%的受访企业认为"已出台的知识产权保护政策能很好满足企业融资的需求"，且"净同意"所占比例仅为26%。这说明只有少数企业认为已出台的知识产权保护政策能很好满足企业的融资需求。②7%的受访企业认为现行知识产权政策没有很好满足企业融资的需求。它们认为现行政策对知识产权的保护力度很小，知识产权局没有执法权，工商局又很忙，因此侵犯知识产权的案件的调查取证工作主要依靠企业自身，相关调查取证人员甚至面临生命危险。在知识产权面临被严重侵犯的高风险状态下，以知识产权来融资就面临严重挑战。③60%的受访企业并不确定现行知识产权保护政策是否很好地满足企业融资的需求。原因在于它们非常不了解知识产权保护及其与融资之间的内在关系。

结论：只有少数受访企业认为"已出台的知识产权保护政策能很好满足企业融资的需求"。绝大多数企业尚未运用知识产权融资，因此，其不能准确把握本问题。

经验：有33%的受访企业认为"已出台的知识产权保护政策能很好满足企业融资的需求"，说明重庆市已在此方面有积极探索。

存在的主要问题：60%的受访企业并不确定现行知识产权保护政策是否很好地满足企业融资的需求，说明重庆市绝大多数企业可能对知识产权法律、知识产权融资规章、市场不了解。

建议：企业应正确认识知识产权保护、知识产权质押融资、知识产权保护与其融资的关系，提高企业知识产权、财务人员关于知识产权融资的认识，在需要时运用知识产权融资规范为企业融资服务。充分认识知识产权是私权，对私权的保护是权利人自己的事，对政府的期待不能超过现有法律规范所规定的职权。

23. 对"已出台的知识产权保护政策能很好促进企业发展"的调查结果及分析（见图6－77）

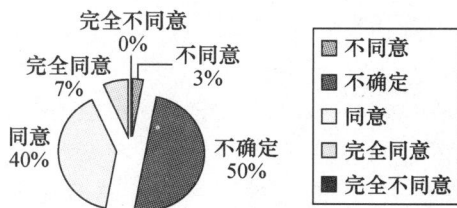

图6－77　对"已出台的知识产权保护政策能很好促进企业发展"的回答及所占比例

调查结果的统计：①在对"已出台的知识产权保护政策能很好促进企业发展"的调查中，没有问卷选择"完全不同意"；选择"不同意"的占3%；选择"不确定"的占50%；选择"同意"的占40%；选择"完全同意"的占7%。②选择"同意"的占40%，选择"完全同意"的占7%，扣除"不同意"的3%和"完全不同意"的0%，"净同意"所占比例为43%。

调查结果的分析：①选择"同意"的占40%，选择"完全同意"的占7%，加起来就有47%，特别是"净同意"所占比例仅为43%，这说明已出台的知识产权保护政策能很好促进接近5成但不到5成的企业的发展。②有3%的受访企业明确持否定态度。究其原因，相关企业认为现行知识产权保护政策之下知识产权执法力量缺失，行政权力对知识产权的保护很弱，特别是调查取证主要依靠企业自身。③高达50%的受访企业选择"不确定"。这说明这些企业对于已出台的知识产权保护政策是否很好地促进了本企业的发展是不清楚的。

我国知识产权立法、司法、政府政策，我国知识产权保护力度不断加大，已经达到国际公约规定的水平。结合企业对问卷"6"、"7"、"9"、"10"的回答、对立法建议的回答和实际座谈中提出的诸如惩罚性赔偿、专利行政机关应有处罚权等建议，可以认为，众多的企业因缺乏专业知识产权人才，对知识产权及其法律不甚了解，运用更少。

结论：众多企业对我国知识产权法律、政策体系缺乏真正了解，因此不能很好保护、运用、管理知识产权。

经验：已出台的知识产权保护政策很好地促进了接近五成但不到五成的企业的发展。

存在的主要问题：已出台的知识产权保护政策对一半的受访企业的效果不是很明显。

建议：切实搞好知识产权人才培养，以人力资源支持企业运用知识产权法律和政策，以之为企业创造效益，推动企业发展。

24. 对"列举企业在专利工作中遇到的三大困难？需要何种支持？"调查统计结果及分析

这是一个开放式的主观问卷题，不设置限制，由受访者完全根据自己的想法自主填写。

调查结果的统计：在总共 60 份问卷中有 20 份没有填写这个部分。在 40 份问卷中，基本上未列举困难而直接向政府提出某种支持的请求，共有 70 个。在希望政府帮助解决专利侵权问题方面的请求有：政府介入查处知识产权侵权行为；请求国家加大专利侵权的查处力度，必要时可以采用惩罚性赔偿的标准；维权力度不够，维权途径过于单一，请求相关部门能完善相应制度；建立打假维权联动机制；请求帮助解决侵权取证难问题。在希望政府帮助检索方面的请求有：帮助检索；建立相关管理平台和专利信息数据库。具体来说，请求帮助解决对专利的价值评估难问题的有 2 个，请求对知识产权培训、指导的有 22 个，请求帮助检索专利的有 4 个，请求帮助解决专利侵权问题的有 20 个，请求简化专利申请流程、缩短周期的有 6 个，请求加大对企业技术创新资助和优惠的税收政策的有 8 个，请求加大相关专利政策的宣传的有 2 个，请求解决目前不利于科技发展的"投机型逐利"社会主流价值的有 2 个，请求搭建用以咨询的专家库的有 2 个，请求培育和提升中介机构服务水平的有 2 个，如图 6 - 78 所示。

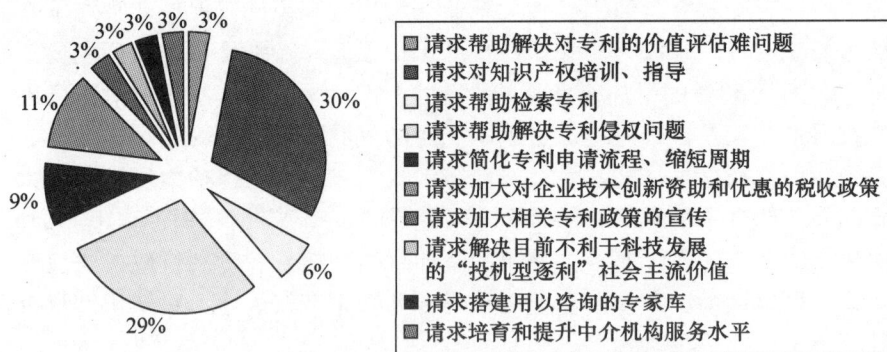

图中图例：
- 请求帮助解决对专利的价值评估难问题
- 请求对知识产权培训、指导
- 请求帮助检索专利
- 请求帮助解决专利侵权问题
- 请求简化专利申请流程、缩短周期
- 请求加大对企业技术创新资助和优惠的税收政策
- 请求加大相关专利政策的宣传
- 请求解决目前不利于科技发展的"投机型逐利"社会主流价值
- 请求搭建用以咨询的专家库
- 请求培育和提升中介机构服务水平

图 6 - 78　企业对政府提出的各项请求及其各自所占比例

调查结果的分析：第一，企业对政府请求最多的是对知识产权培训、指导，占整个请求总数的 30%。这说明：①企业自身对知识产权的把握还比较欠缺。②目前企业对政府在知识产权方面的培训、指导是不够满意的。

在必要性上，我们也认为政府对企业的知识产权培训、指导是必要的。在可行性上，政府有关部门在法理上能否对企业的专利等知识产权进行培训、指导？我国国内法以及我国加入的 WTO 规则均没有禁止政府对企业的专利等知识产权进行培训、指导。实际上我国《宪法》、《国务院组织法》、《地方各级人民代表大会和地方各级人民政府组织法》规定我国政府有权管理辖区内的经济，例如，《地方各级人民代表大会和地方各级人民政府组织法》第 59 条规定县级以上的地方各级人民政府行使下列职权："执行国民经济和社会发展计划、预算，管理本行政区域内的经济、教育、科学、文化、卫生、体育事业、环境和资源保护、城乡建设事业和财政、民政、公安、民族事务、司法行政、监察、计划生育等行政工作。"这里对企业进行知识产权培训、指导应当属于政府的经济、科学、文化行政工作范畴，是合法的。当然，在培训、指导活动中，应当体现不歧视原则。政府不可能对所有企业进行具体培训、指导，因此可能会考虑企业的规模、性质、行业、地域等因素。对哪些企业进行培训、指导，而不对哪些企业进行培训、指导，必须有充足的正当理由，否则就构成"歧视"。对不予培训、指导的企业，政府应当说明理由，这既是约束政府"恣意行政"的需要，也是维护"官民"和谐关系的需要。这也是《全面推进依法行政实施纲要》的要求，其第 20 条明确要求"行政机关行使自由裁量权的，应当在行政决定中说明理由"。调研中，一些企业就反映，政府对企业的一些知识产权培训活动之针对少数企业，没有对可以纳入政府培训的企业的资格条件进行说明，感觉自己企业受歧视。

在操作层面，培训、指导的内容、对象、方式可以是多元的。①关于培训、指导对象。不少企业请求培训基层专利技术人员，但是也有少数企业的技术主管请求能培训企业领导的知识产权知识，包括专利知识，使企业领导具有专利意识等知识产权意识。我们认为，这个建议很好。企业固然需要提高基层技术人员的素养，也需要培育企业领导的知识产权意识。因为，领导是决策者、统筹者，如果领导不具有这方面的意识，那么整个企业的知识产权工作是难于有效开展，很难取得"协同作战"的最佳效果。②关于培训、指导内容。有企业提出，"专利工作需要有技术、法律、产业经济学等综合学科能力，目前企业最缺的是人力，请求政府加大对这类人才的深度培训"。这表面上说的是人才，其实讲的是知识、能力结构问题。我们在调研中发现，很多企业均陈述了这样一个问题：会搞技术研究的技术人员不会写专利申请书，而写专利申请书的行政人员又不太懂技术，因此殷切请求通过政府来培训、指导有关人员，使之既懂技术又懂专利申请写作，成为复合型人才。我们认为，有关问题属实且具有普遍性，政府应予重视。有的企业提出"对专利的价值评估难以实施，没有很好的模式"，因此在专利的价值评估方面应当加强培训、指导。有的企业提出，"专利申请会导致技术机密泄露，平衡点较难把握"，因此请求培训、指导解决技术保密与专利申请书内容公开的平衡点问题。③关于培训、指导方式。调研中，企业对培训、指导方式并无建议。我们认为，可以本着高效原则、便捷原则进行来考虑具体的方式。远程视频培训、录制并发放培训光盘、现场培训等，均可以。

第二，企业对政府的第二大请求是帮助解决专利侵权问题，占整个请求总数的29%。这些企业表示"维权难，主要体现在证据难收索，需要政府部门介入查处知识产权侵权行为"、"侵权证据取证难"、"整个国家的专利保护环境不好，侵权成本低，创新企业获得赔偿也低，导致企业对申请专利的必要性、重要性、严肃性有一定的影响，也可能导致对专利工作的不重视。请求国家加大专利侵权的查处力度，必要时可以采用惩罚性赔偿的标准"、"专利维权心有余而力不足"。

我国的一些大中型企业已经走过了"模仿期"，有了自己独立的科技研发实力并拥有自己的知识产权，特别请求专利权能得到有效保护。可是，由于我国经济尚处于欠发达水平、科技总体并不发达、文化上"拿来主义"以及"师夷长技以制夷"思想严重和诚实信用的缺失、法治建设并不是很成熟特别是长期以来有意或无意间放松了对知识产权的保护等，因此专利侵权现象比较严重。而随着企业要求打击专利侵权行为的压力的增长，专利侵权也越来越隐蔽，仅仅依靠维权企业自身调查取证不仅涉及耗费大量维权成本的问题而且涉及企业没有执法权面临的"私力救济"的种种弊端。这就需要公权力积极介入专利侵权的调查取证。

第三，企业对政府的第三大请求是加大对企业技术创新资助和优惠的税收政策，占整个请求总数的11%。

企业请求加大对企业技术创新资助和优惠的税收政策，理由在于：①技术创新研发和推广应用成本高。②技术创新研发充满了风险，面临许多不确定因素，因此一个成功的技术创新往往建立在反复研发失败的基础之上。③正如有的企业所说"专利维护费用高昂，企业由于申请量大，专利数量较多，仅每年专利年费（特别是第四次年费开始）的支出上就很大一笔费用，致使知识产权在新开发方面面临资金缺少的阻碍"。④"知识产权投入较高，见效较慢。"

当然，政府与企业的角度不完全一样。虽然政府承认企业技术创新在有利于企业自身的同时，也利国、利民，但是作为公共利益的代表者，政府还要考虑其他因素：财政给付能力的大小，创新型企业与非创新型企业之间的相对平衡，政府外在帮助与企业内在发展之间的辩证关系，以防止两者之间沦为"奶妈"与"婴儿"之间的关系。同时，政府也不得不考虑我国已经加入WTO，本国企业与外国企业的竞争必须公平，如果某个行业的产品根据WTO和双边协定、多变协定不允许政府补贴或者不得高于某个额度的补贴，那么我国政府对创新企业的资助及其税收优惠（属于变相资助），就很可能面临外国政府对我国企业的"反补贴"制裁。

第四，企业对政府的第四大请求是简化专利申请流程、缩短周期，占整个请求总数的9%。

企业认为申请程序过于复杂，周期过长。我们认为，就专利申请程序所需时间而言，国家知识产权局通过派驻代办处的方式有效的方便了申请人，发明专利的实质审查时间大大缩短，与发达国家没有差异。所以，就此部分，实际上是企业对发明专利授权审查的世界通行要求和国家近年关于审查速度取得的进展情况不了解。

第五，其他。

请求帮助检索专刊的，占整个请求总数的6%。原因在于：自己单独购买专利检索系统太贵，而多数企业一年就检索几次，因此"划不来"。这种要求是无理的。原因在于：一是关于专利检索等诸多信息公布在国家知识产权局网站、国家工商局商标局网站，在网上可以十分便利地检索。企业应当加强自身的培训和提高。

请求帮助解决对专利的价值评估难问题的，占整个请求总数的3%。原因在于：为数不少的企业有对专利价值评估的需求，但是自身没有能力对专利价值进行评估，而如果请营利性组织进行评估需要很大一笔评估费。包括专利在内的知识产权是否需要专业机构评估，因其是私人财产，评估与否由权利人决定。同时，专业评估机构的评估结果是一个参考的而非绝对的价值额。请求政府帮助对包括专利在内的知识产权进行评估是不适当的。

请求加大相关专利政策的宣传的，占整个请求总数的3%。原因在于：有的企业领导不懂专利政策甚至没有专利意识，有的是技术人员不懂专利政策。我们认为确实需要对不懂专利政策的企业加大宣传力度，这样对于企业、行业甚至国家都有好处。而如果利用网络等媒体宣传，宣传成本并不高。

请求解决目前不利于科技发展的"投机型逐利"社会主流价值的，占整个请求总数的3%。解决目前不利于科技发展的"投机型逐利"社会主流价值，这不是政府科技部门能解决甚至是整个政府在短期内均无法解决的。

请求搭建用以咨询的专家库的，占整个请求总数的3%。实际上，国家建有各种类型的专家库，并且公布了它们的部分资料，在国际互联网上可以便捷查询。当然，这些专家库也需要及时更新。

请求培育和提升中介机构服务水平的，占整个请求总数的3%。由于各种原因专利等中介服务机构在我国发展的时间不长，整体服务水平参差不齐，因此企业请求培育和提升中介机构服务水平是有道理的。同时，提高知识产权中介服务机构的服务水平最主要的是需要其在竞争中自身努力。

25. 对"列举企业在国外专利工作中的三大困难，需要何种支持?"的调查统计结果及分析

问卷的回答中基本上未列举困难而直接向政府提出某种支持的请求。

调查结果的统计：在22份填写了此部分的问卷中，又有6个问卷填写的是该企业无国外专利申请因而不了解，但是没有表达希望了解国外专利的愿望。只有16份问卷表达了获得政府某种支持的请求，这些请求包括22项，6类。具体情况是：请求政府帮助企业了解国外申请专利政策的有12项，请求政府加强发达国家专利实务培训的2项、请求政府培养企业涉外知识产权人才的2项、请求政府帮助企业了解不同国家的专利数据的2项、请求政府免费提供专利相关数据库的2项、希望政府提高对申请国外专利的补助的2项。如表6-1所示。

表6-1 企业获得政府某种支持的请求情况

加强发达国家专利实务培训	培养企业涉外知识产权人才	帮助企业了解不同国家的专利数据	帮助企业了解国外申请专利的政策	免费提供专利相关数据库	提高对申请国外专利的补助
2	2	2	12	2	2

调查结果的分析：企业在申请国外专利工作中对政府各类支持的需要所占比例统计如下：请求政府帮助企业了解国外申请专利的政策所占比例为55%，而请求政府加强发达国家专利实务培训所占比例、请求政府培养企业涉外知识产权人才所占比例、请求政府帮助企业了解不同国家的专利数据所占比例、请求政府免费提供专利相关数据库所占比例、希望政府提高对申请国外专利的补助所占比例均为9%，如图6-79所示。

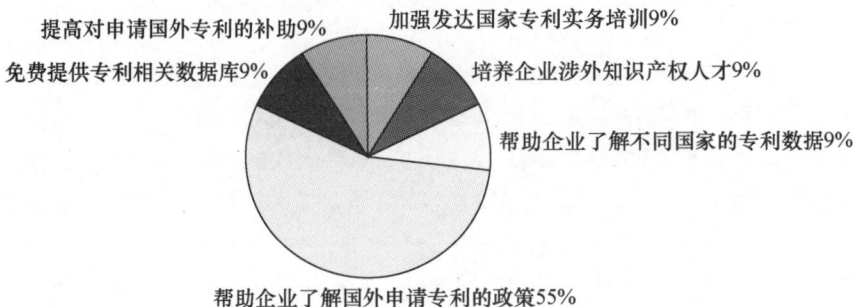

图6-79 企业在申请国外专利工作中对政府各类支持的需要所占比例

这些数据说明：

第一，多数企业对在国外申请专利的政策并不了解，因此才有高达55%的请求是希望政府帮助企业了解国外申请专利的政策。政府帮助企业了解国外申请专利的政策，有利于企业走出国门，有利于企业获得国外的专利并由此获得国外法律的保护。否则，重庆市产品在过境国或目的地国就可能因国外企业在这些国家先获得知识产权而使其沦为侵权产品，进而有关产品被没收，以后也不准相关产品流通到这些国家。实际工作中，我们重庆市的产品就确实遭遇过这种问题。国家知识产权局、商务部、外交部在此方面已经提供了一些信息，在其官网上可以查询。

第二，关于请求政府加强对企业在发达国家申请专利的实务培训。①从必要性来讲，政府对企业向发达国家申请专利进行实务培训，有利于结合有关国家的法律、政策从"实战"角度提高自身在国外申请的成功率，避免"纸上谈兵"。一些受访企业认为政府的一些培训是纯理论的"空对空"，没有多大意义。②从可行性上讲，政府可以聘请有关国家的申请专利实际经验的人员或我国在有关国家成功申请过专利的人员或团队来讲解。特别是邀请我国在有关国家成功申请过专利的人员或团队来重庆为本土企业人员进行短期实务培训，成本不会太高，具有可行性。

第三，关于请求政府培养企业涉外知识产权人才。这说明，相关问题得到了一部分企业的重视。①从必要性来讲，良好的企业涉外知识产权人才是企业在我国加入WTO和有关知识产权保护国际公约之后，企业产品避免在国外甚至国内陷入知识产权国际纠纷的关键。而我国特别是重庆市本土企业的优秀涉外知识产权人才还比较匮乏，因此政府为企业培养涉外知识产权人才是必要的。②从可行性上讲，政府可以请有关专家进行网络教学为主，咨询、答疑、课堂教学为辅的方式为企业培养涉外知识产权人才。这种培训成本不高，具有可行性。

第四，关于请求政府帮助企业了解不同国家的专利数据库。专利数据库因语种而有差异，但是，在中国、美国、欧盟、日本、韩国知识产权局的官网上可以查到世界上绝大多数专利的数据，无须政府帮助。企业可以且应当由自己完成。

第五，关于请求政府免费提供专利相关数据库。现有包括专利在内的知识产权数据库均是开放的、免费，政府已经免费提供。

第六，关于请求政府提高对申请国外专利的补助。①从必要性来讲，我们认为这有利于提高企业申请国外专利的积极性，促进民族企业进入国外市场并得到国外法律的专利保护，避免因专利纠纷而被挤出有关国家的市场，实施"走出去"战略。②从可行性上讲,适当提高一点补助,对政府财力的挑战不大。要大幅度提高,难度就大了。在提高资助费用时,可以区别对待,如考虑市场前景、受理国收费额、申请企业的财务状况确定,也可以根据不同知识产权权利给予不同资助。

26. 对"按照使用频率列举单位知识产权融资的三种方式,需要何种支持?"的调查统计结果及分析

问卷的回答中未列举困难而直接向政府提出某种支持的请求。

调查结果的统计:60份问卷中只有2份填写了利用专利质押来融资、1份填写了知识产权作价入股来融资、1份填写利用知识产权抵押贷款和知识产权信托来融资。其余问卷均表示没有知识产权融资——其中有1份填写的是"银行贷款、合伙、风险投资",这并未说明是利用知识产权来向银行贷款、以知识产权来合伙、以知识产权来风险投资,经进一步电话询问该企业的"银行贷款、合伙、风险投资"确实不是以知识产权作为融资手段的。因此,60份问卷中只有4份是利用知识产权来融资的,其余56份问卷均未利用知识产权来融资,如图6-80所示。

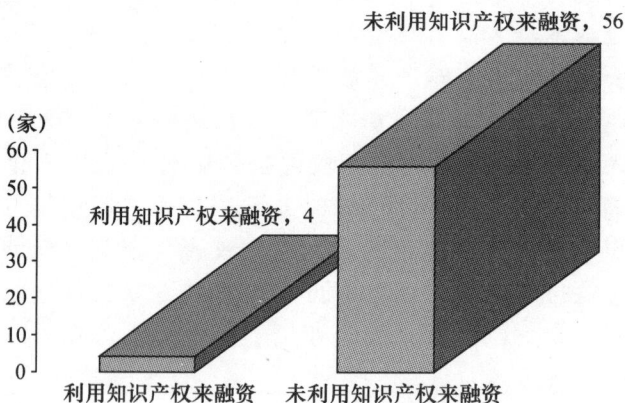

图 6-80 企业采用知识产权融资情况

调查结果的分析:上述统计结果表明受访企业利用知识产权融资的比例太低,只有1/15。究其原因:一是企业自身对知识产权融资政策不够了解,对自身知识产权的评估很少。二是银行等对知识产权融资非常谨慎,认为知识产权的价值不容易准确评估,而且很可能存在知识产权争议的风险。三是知识产权融资仅仅是融资方式之一,企业可以选择知识产权融资,也可以选择其他方式融资。四是我国目前知识产权融资是一项新兴融资,尚未发展

成熟。

调查结果的统计：60 份问卷中只有 10 份表达了在利用知识产权融资方面请求政府支持的需求，其中 2 份填写的是希望政府给予资金支持和补贴，这从严格意义上讲不属于在利用知识产权融资方面对政府的请求，因此只剩下 8 份有效的明确在利用知识产权融资方面对政府的请求。在利用知识产权融资方面对政府提出请求的企业数量与没有在利用知识产权融资方面对政府提出请求的企业数量的比例分别是 13% 和 87%，如图 6－81 所示。

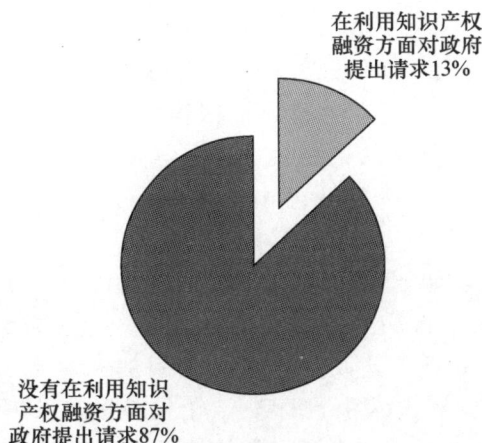

图 6－81　企业在利用知识产权融资时对政府的请求情况

在利用知识产权融资方面对政府提出请求的 8 份问卷中，2 份表达的是"内部融资需要政府政策鼓励、外部银行融资也需要政府政策鼓励"，4 份表达的是"希望得到在知识产权融资方面的培训与指导"，2 份表达的是"推动金融创新并加强金融监管协调"，相应的比例分别为 25%，50%，25%。如图 6－82 所示。

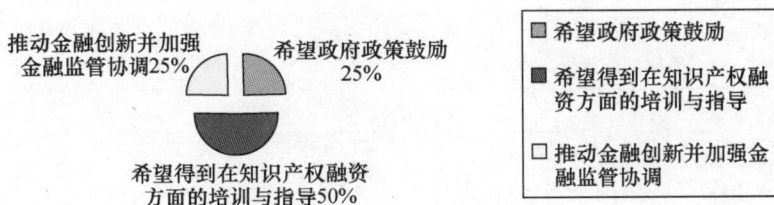

图 6－82　利用知识产权融资方面对政府提出请求各自所占比例

调查结果的分析：上述数据说明多数企业并没有对政府在知识产权融资方面能够对企业提供什么支持产生明确清晰的认识。而已经形成的少数企业的认识有一半的是希望得到政府在相关方面的培训、指导。这说明这些企业对知识产权融资还是缺乏系统、准确的了解。提出"内部融资需要政府政策鼓励，外部银行融资也需要政府政策鼓励"，利用知识产权来质押贷款使银行面临较大挑战和风险，确实需要政府政策鼓励。将知识产权融资寄托在政府的鼓励上是不可行、不可取、不现实的。

27. 对"企业对专利相关立法最主要的三点建议和理由？"的调查统计结果及分析

调查结果的统计：在60份问卷中有22份填写了建议，而其中2份填写的是"专利法的具体条文不很清楚，希望得到培训"、"专利资助的相关规定与流程不清楚；专利管理的典型企业参观学习"。这其实已经偏离了问题，不属于对专利相关立法的建议及理由。在20份关于此部分的有效问卷中，共提出了44项建议，但是基本没有说明理由。

问卷提出具体建议如下：建议加强司法、执法以降低企业维权成本的有12项，建议授予知识产权局能够查处专利侵权的执法权的有4项，建议采用惩罚性赔偿标准的有6项，建议促进政府部门加大对专利的奖励、资助的有4项，建议对企业将专利技术引入标准给予扶持的有2项，建议直接由国家买取专利然后推广的有2项，建议对假冒专利罪、非法使用专利罪进行详细定义和明确触犯后责任的有2项，建议将专利资助给予发明人的有2项，建议立法必须鼓励创新的有2项，建议立法应更具可操作性的有2项，建议构建反垄断法体系的有2项，建议坚持适度立法原则的有2项，建议法与法之间应互补的有2项。如表6-2所示。

表6-2 企业对专利相关立法提出具体建议情况

立法应更具可操作性	授予知识产权局能够查处专利侵权的执法权	加强司法、执法以降低企业维权成本	采用惩罚性赔偿标准	立法必须鼓励创新	促进政府部门加大对专利的奖励、资助	直接由国家买取专利然后推广
2	4	12	6	2	4	2
对假冒专利罪、非法使用专利罪进行详细定义和明确触犯后责任	对企业将专利技术引入标准给予扶持	专利资助给予发明人	构建反垄断法体系	坚持适度立法原则	法与法之间互补	
2	2	2	2	2	2	

调查结果的分析：建议加强司法、执法以降低企业维权成本的占 27%，建议授予知识产权局能够查处专利侵权的执法权的占 9%，这两者其实都是希望加大知识产权执法，二者相加就是 36%；建议采用惩罚性赔偿标准的占 14%；建议促进政府部门加大对专利的奖励、资助的占 9%；其他 9 个类别建议共占41%，如图 6-83 所示。

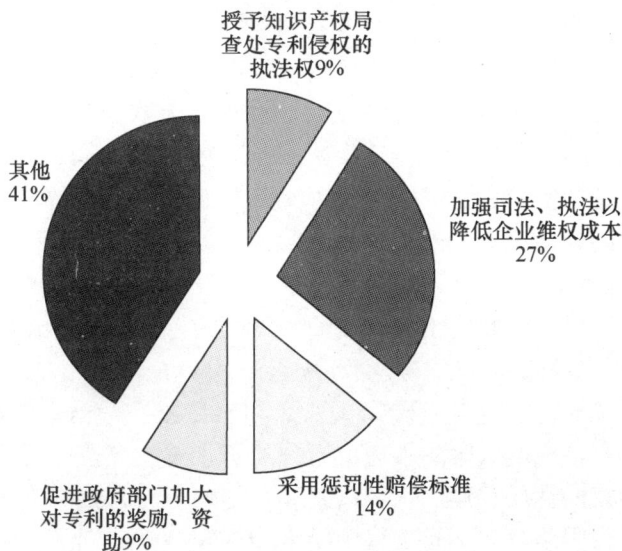

图 6-83 企业对专利相关立法提出具体建议各自所占比例

从上述数据可见：

第一，受访企业对专利立法最关注的还是维权问题。这体现在希望通过公权力的司法、执法来打击侵权——所占比例为 27%，希望通过授权知识产权局能够查处专利侵权的执法权——所占比例为 9%，也体现在希望通过建立惩罚性赔偿标准来解决侵权赔偿低的问题——所占比例为 14%，还体现在希望对假冒专利罪、非法使用专利罪进行详细定义和明确触犯后责任——所占比例为 4.5%。这样受访企业的专利立法建议中围绕专利侵权的建议所占比例共为 54.5%，超过了一半。这是由于现在专利侵权隐蔽性强，跨地域，因此对侵权的调查取证非常困难。而且，地方保护主义也影响到了对侵权行为的调查取证和查处。也就是说，现行状态下侵权不容易被抓住。而且，侵权即使被查实，赔偿也比较低。于是，在研发和维护专利成本非常高而侵犯专利的成本又特别低的情况下，企业申请专利的积极性就大为削弱了。正如有的企业所说："专利侵权行为具有隐蔽性强、取证难等特点，尤其随着互联网技术和物流行业的迅猛发展，专利侵权产品的制造和扩散速度也在不断提高，专利维权难度日益加大，维权收益往往低于维权成本，故意侵权、反复侵权、群体侵权、跨地区链条式侵权等恶性侵权现象时有发生，大大挫伤了专利权人的创新积极性，扰乱了市场秩序，破坏了创新环境，阻碍了创新型国家的建设。"我们认为，企业应当运用现有法律体系保护自身合法权利。同时，提出建议应有科学性、合理性、可行性，不要将应由企业承担的事转嫁给政府。

第二，建议促进政府部门加大对专利的奖励、资助、扶持，是受访企业相对比较关注的另一个问题。这包括建议促进政府部门加大对专利的奖励、资助所占比例为9%，建议对企业将专利技术引入标准给予扶持所占比例为1/22，即4.5%。二者相加就有13.5%。我们认为，站在企业的立场，希望立法来促进政府部门加大对专利的奖励、资助、扶持，无可厚非。

第三，个别问卷建议专利资助给予发明人。关键是企业要形成一套对专利发明人的激励机制。这可以是把政府对企业的专利资助给予发明人，也可以是其他激励方式。通常情况下，政府不能直接奖励发明人，否则，可能涉及侵犯企业经营权等。

第四，个别企业建议直接由国家买取专利然后推广。这个建议是不合理的。其本质是要求国家在极端细微的事项上干预经济、关注企业，而且与专利法的规定、专利权是私权的性质相悖。许多国家和我国均有专利强制许可制度，但实施强制许可受到严格限制。但不是建议中所言的内容。

第五，其他建议有一定意义但是较为空泛。建议立法必须鼓励创新，建议立法应更具可操作性，建议构建反垄断法体系，建议坚持适度立法原则，建议法与法之间应互补。这些建议均有道理，但是对于专利立法没有太强的针对性。

28. 对"企业的其他建议？"的调查统计结果及分析

调查结果的统计：在60份问卷中，只有10份提出了其他建议。其中，1份填写的是"专利权是企业的无形资产，它的状况和企业的生存息息相关"，1份填写的是"希望政府加大对其的投入"；1份填写的是"加大奖励力度支持企业专利申请"；1份填写的是"提供税收优惠和资金支持帮助企业专利实现产业化"；2份填写的是"加强对代理机构资格的评估和服务的监督"。这6份其实均是对前面问题、建议的重复，而非"其他建议"。

调查结果的分析：真正属于"其他建议"的只有4份。①其中2份填写的是希望科技兴国、科技治学、反对行政治学、行政治企等方面的建议。这反映了企业对于企业知识产权大环境的思考。我们认为，"科技兴国"建议当然是合理的，也契合国家政策、社会需求。"科技治学"、"反对行政治学"，也有一定合理性。不过，科技的发达，固然离不开研发技术人员，但是组织管理也很重要，特别是大型科技研发工程，没有良好的组织管理协调，可能就不是"1+1=2"而是"1+1<2"。相反，良好的组织管理工作则可能实现"1+1>2"。这又涉及一个问题，就是行政管理者是否真正懂得对科研和企业的组织管理规律或艺术。否则，就沦为"瞎指挥"。至于反对"行政治企"也要辩证地分析。企业当然需要治理、管理，而治理者、管理者，就是行政领导者。因此反对的不应当是"行政治企"，而应当是不懂企业管理规律的人来管理企业。科技可以兴企，但是由科技人员来治理企业也不会有好的效果，除非他懂管理规律。科技、管理、科技管理，是不同的含义。科技人员、管理人员，岗位不同，要求也不同，但是对于企业来说，两者缺一不可。行政管理人员应当懂得管理规律，尊重科研人员和发挥科研人员的积极性；而科技人员也应当尊重行政管理人员的人格，认为其管理行为明显错误的可以与之沟通。②另外1份填写的是"要推动相关制度的变革和建设，为资本市场的建设创造有利的基础。特别是要进一步完善国有资产管理机制，推动信用体系和诚信文化的建设，为资本市场的可持续发展创造良好的环境"；1份填写的是"积极应对国际竞争，稳步对外开放，增强我国市场的国际竞争力"。我们认为，这些是合理的。建设稳定的资本市场，可以促进市场经济的发展，因为资本是市场经济的基本要素之一。完善国有资产管理机制，可以避免国有资产流失，进而保值增值。推动信用体系和诚信文化的建设，切合我国当下现实需要。至于"积极应对国际竞争，稳步对外开放，增强我国市场的国际竞争力"，这当然是合理的，其意义已经被我国改革开放的实践证明。

第四节　主要结论

1. 知识产权激励政策得到多数受访企业的肯定

如果以受访企业的50%为界，划分重庆市知识产权激励政策绩效的话，那么，根据本报告在前面的详细分析，应当说，重庆市知识产权激励政策的绩效是正面的、积极的、肯定的、基本达到政策制定的目的，收到了预期的效果。大多数受访企业对于重庆市的多数科技政策及其实施是高度评价的。其中集中在对申请获得专利等知识产权资助相关的评价，绝大多数受访企业对于"市资助申请国内发明、实用新型、外观设计专利有利于企业申请专利"、"市资助申请外国发明、实用新型、外观设计专利有利于企业申请专利"、"了解申请专利资助的流程"、"申请专利资助的程序便捷"、"申请专利资助对于贵单位自主创新的帮助很大"等问题是"同意"或"完全同意"的。

2. 知识产权激励政策存在一些亟待解决的问题

调查问卷以及访谈显示，重庆市知识产权政策也存在一些亟待解决的问题。如50%的企业并不是非常了解知识产权质押融资政策，高达53%的受访企业不确定对制定国家标准、国外标准给予补贴的政策执行效果是否很好，60%的受访企业并不确定现行知识产权保护政策是否很好地满足企业融资的需求。

总之，重庆市科技激励政策中，资助获取知识产权是大多数企业好评的，因而是成功的，创造、运用知识产权应是企业使命，其认为获得资助少或者没有是正常的，这不是激励知识产权政策所及的范围，中小企业参与或者主持技术标准工作后获得奖励的企业比例低是因为制定技术标准的工作性质使然，是正常的。利用知识产权融资少，因一是该项工作在我国起步晚，二是其仅是企业融资方式之一，故而正常。企业知识产权工作面临的主要困难是人才、资金、信息、管理。从总体上观察，重庆市科技政策绩效有关知识产权部分基本达到目标。但是，根据调查和分析可知，各项政策在宣传、执行等需要加大力度。当然，面对为数甚众的企业，我们并不奢望所有企业均能对各项政策全知、全满意，完成一项不可能完成的工作。

第五节　主要经验

第一，无论企业性质、行业差异、地域差异如何，在执行过程中以科技成果的权利化、产业化为标准一视同仁。只要其符合有关奖励、补贴、优惠标准，一律平等对待。这是 WTO 的要求，也是国内法的要求，更是市场经济的要求。

第二，物质奖励、补贴、优惠并不纯粹是物质激励，它还是一种精神上的激励。市场经营者对政府行为的"嗅觉"是极为敏感的。重庆市政府及各职能部门激励知识财产权利化的政策，有利于推进创新国家和创新重庆建设。

第三，物质奖励、补贴的对象资格要宽严适度。物质奖励、补贴的对象资格要求过于宽松，不利于鼓励竞争；过于严苛，"跳起来也够不着"也会削弱积极性，同时容易导致资源集中流向极少数企业，不利于竞争和经济的整体发展。

第四，具体的奖励或补贴额度适度。额度过高，意味着财政负担压力大，也不利于平衡不同企业间的利益，且可能与其科技创新的贡献度、产业化前景不相匹配。反之，额度太低，对企业科技创新的激励作用就非常小，不利于实现知识产权政策的激励目的。

第六节 存在的主要问题及改善建议

"政府的业务在于通过赏罚来促进社会幸福"①。

问题与建议一。问题：在各种问题的回答和实地访谈调研中，明显可知企业对激励知识产权政策知晓不足。建议：加大政府宣传知识产权激励政策的力度，优化宣传方式，精炼宣传内容，扩大宣传受众。不仅宣传这些政策的具体内容，而且宣传这些政策对于企业的益处，使企业掌握有关政策，将其运用于工作从而充分发挥知识产权政策激励效果。如果企业不了解相关科技政策，那么由于政策对象太多而且是不特定的，科技部门无法主动去执行有关奖励、补贴、优惠政策。因此，政府全面、准确、及时地公开有关政策是前提，企业经常主动查询政府知识产权激励政策是关键。

问题与建议二。问题：知识产权专业人才缺乏，专兼职人员专业能力较低。建议：人是政策、法律、制度制定和执行的核心要素。执行者对执行政策、法律、制度的认知和把握实际上是其执行效果的关键，而执行者对政策、法律、制度的理解和把握来源于学习。目前，从事企业知识产权相关工作的人多没有受过相关专业训练。从各种情况看，企业的知识产权专业人才和业务能力将在很大程度上决定国家法律、制度和重庆市有关的激励政策的执行及其效果。所以，需要大力开展培养专业人才，使之不断充实到有关专兼职岗位。同时，需要对在职人员加强培训，以提高业务能力。对企业的管理干部需要培训知识产权意识，使之重视知识产权政策在本单位得以实现。

问题与建议三。问题：企业内部的知识产权管理亟待完善，如切实贯彻国家奖励发明创造人、内部考核、资金投入等。建议：正确认识贯彻国家奖励知识产权的法律和政策是企业依法管理的具体表现。政府对此加强监督是依法治国的体现，违法和违规应受到制裁。企业有义务贯彻执行国家的各项规定，如专利法、专利法实施细则及国家知识产权局的行政规章、重庆市地方政府及部门的规定。政府行政部门应对企业的内部管理加强监督和指导。

问题与建议四。问题：技术创新能力不强，难于获得参加制定技术标准的奖励。建议：由于负责或者参加国家、国际技术标准通常是该领域的佼佼者和领头雁，而重庆市企业特别是中小企业具有如此技术实力者寡，因此，众多的企业不

---

① ［英］边沁. 道德与立法原理导论［M］. 时殷弘，译. 北京：商务印书馆，2002.

知道重庆市的此项奖励，最终不能获得该奖励，因此，需要大力推进创新国家、创新重庆建设，提高企业技术能力，有能力积极主持或者参加国家、国际标准的制定工作，推动国家和全市竞争力的提高，提高企业效益，同时获得有关奖励。

问题与建议五。问题：知识产权质押融资少。建议：知识产权质押融资仅仅是融资的方式之一，是否用知识产权质押融资完全是企业自主决定的事。但是，知识产权质押融资在物权法、担保法等中已有规定，并已有相对完善的行政法规、部门规章可循。合理、充盈的资金是企业正常发展所需，运用知识产权融资可以发挥知识产权的交换价值，增加企业的融资渠道，促进企业发展，实现知识产权的资本化。尽管我国知识产权质押融资不甚发达，但重庆市要建设科技高地，应创造条件，做好知识产权质押融资，如做好中介服务、金融机构协助等。

第七章　研究展望

本书从投入、金融、税收、人才和知识产权 5 个方面，对重庆市科技创新政策的执行状况与绩效水平进行了全面深入的考察，对科技政策在执行过程中存在的问题进行了仔细梳理，并系统提出了解决对策。研究对于科学认识和评估重庆市科技创新政策执行状况和实施绩效具有重要的现实意义和政策价值。

课题研究取得了预期的良好效果，但综观课题研究全部内容，我们发现还存在以下有待进一步改进和提高的地方：

（1）科技投入政策实施效果评估指标体系设计存在一定难度。要做到全面、客观科学地评估科技投入政策的效果必须构建合理、可行的评价指标体系，综合考虑定性评估与定量评估相结合、社会效益与经济效益相结合、直接效益与间接效益相结合、当前效益与长远效益相结合、事实维度与价值维度相结合原则，确定出具体的有数据支撑的二级指标体系难度是较大的；在后续研究中，应该通过更加深入的调查研究，拟定出更加科学全面的评估指标体系。

（2）具体政策的针对性分析难度较大。现相关子课题在政策研究方面，侧重于政策的比较研究；在后续研究中，应该舍去政策的比较研究，而是将重点放在政策本身。政策评估应该对每一条、每一款的政策来评估，包括每条政策的数据分布、执行度、满意度、受欢迎程度对企业的支撑力度以及流程的执行效度等。

（3）数据分析工作有待进一步深入。由于各子课题是分别对重庆市科技政策实施绩效评估，因此必须从定量方面来对重庆市科技政策进行较大规模的数据分析，必然面临较大的数据处理任务。现有研究对数据进行了基本全面的分析；后续研究需要在现有研究基础上，进行更加深入的数据挖掘，以便更加科学捕捉重庆市科技创新政策执行状况特征和实施绩效水平的准确评估。

上述问题的存在，为课题后续研究提出了新的任务和方向。我们坚信：上述问题的有效解决，必然有助于推进重庆市科技创新政策的实施效果。在建立创新型国家、创新型重庆市的发展背景下，必然能更加有效地发挥科技创新潜力，为政府出台有效的科技创新政策提供决策参考，为促进"科学发展、富民兴渝"做出积极的更大贡献。

参考文献

［1］包健．高新技术产业发展的税收优惠政策分析［J］．科学管理研究，2008（5）．

［2］陈德权，李博，王术光．推进辽宁科技创新人才政策执行模型研究［J］．科技管理研究，2009（12）．

［3］陈莎利，李铭禄．人才政策区域比较与政策结构偏好研究［J］．中国科技论坛，2009（9）．

［4］陈颖，朱柳萍．北部湾经济区人才政策体系的平衡观探析［J］．市场论坛，2009（4）．

［5］陈永伟，徐东林．高新技术产业的创新能力与税收激励［J］．税务研究，2010（8）．

［6］崔颖．基于模糊综合评价的科技创新人才政策环境评价研究——来自河南省的数据［J］．科技管理研究，2013（11）．

［7］邓金霞．科技人才开发政策法规总体评估：以上海市为例［J］．科技进步与对策，2012，29（19）．

［8］国家统计局，科学技术部．中国科技年鉴（2012）［M］．北京：中国科技出版社，2012.

［9］韩京．激励企业创新税收优惠政策的问题与对策［J］．武汉理工大学学报（信息与管理工程版），2007，29（7）．

［10］金振鑫，陈洪转，胡海东．区域创新型科技人才培养及政策设计的GERT网络模型［J］．科学学与科学技术管理，2011（12）．

［11］匡小平，肖建华．我国自主创新能力培育的税收优惠政策整合——高新技术企业税收优惠分析［J］．当代财经，2008（1）．

［12］李嘉明，乔天宝．高新技术产业税收优惠政策的实证分析［J］．财政与税务，2010（6）．

［13］李映洲，陈凤丽，房亮．鼓励高新技术企业发展的税收优惠政策研究

[J] . 科技管理研究 2009（9）.

[14] 刘波，李萌，李晓轩. 30 年来我国科技人才政策回顾 [J] . 中国科技论坛，2008（11）.

[15] 刘小川，王祎璨. 促进企业技术创新的税收优惠政策失衡分析 [J] . 华南理工大学学报（社会科学版），2010，12（1）.

[16] 刘媛，吴凤兵. 江苏三大区域科技创新人才政策比较研究 [J] . 科技管理研究，2012（1）.

[17] 娄贺统，徐浩萍. 政府推动下的企业技术创新：税收激励效应的实证研究 [J] . 中国会计评论，2009（2）.

[18] 娄贺统，徐恬静. 税收激励对企业技术创新的影响机理研究 [J] . 研究与发展管理，2008（6）.

[19] 娄伟，李萌. 我国科技人才创新能力的政策激励 [J] . 科学学与科学技术管理，2006（11）.

[20] 马海涛，肖鹏. 中国鼓励技术创新税收优惠现状剖析与优化思路 [J] . 大家，2011（8）.

[21] 马伟红. 税收激励与政府资助对企业 R&D 投入影响的实证研究——基于上市高新技术企业的面板数据 [J] . 科技进步与对策，2011，28（17）.

[22] 苗丹国. 1992 年以来部分地方政府吸引与鼓励留学人员政策文件要目概览 [J] . 中国人才，2009（8）.

[23] 石英华. 提升支持自主创新的财税政策有效性研究 [J] . 经济纵横，2009（8）.

[24] 汤志水. 完善促进技术创新企业所得税优惠政策的思考 [J] . 税务研究，2009（9）.

[25] 王磊，汪波，张保银. 环渤海地区高新区科技人才政策比较研究 [J] . 北京理工大学学报，2010（4）.

[26] 文玲艺. 改革开放 30 年我国科技人才战略与政策演变 [J] . 科技进步与对策，2009（6）.

[27] 伍梅，陈洁莲. 广西高层次创新型科技人才政策问题与对策 [J] . 科技管理研究，2011（6）.

[28] 许景婷，张兵，晏慎友. 提升企业技术创新能力的税收优惠政策研究——基于江苏省的宏观分析 [J] . 生产力研究，2013（1）.

[29] 杨路明，李智敏. 我国企业技术创新的税收激励政策研究 [J] . 现代管理科学，2010（2）.

[30] 张江雪. 我国技术市场税收优惠政策效果的实证研究 [J] . 科技与经

济，2010（4）.

[31] 张明喜，王周飞. 推进科技型中小企业发展的税收政策 ［J］. 税务研究，2011（6）.

[32] 赵曙明，李乾文，张戌凡. 创新型核心科技人才培养与政策环境研究——基于江苏省 625 份问卷的实证分析 ［J］. 南京大学学报（哲学·人文科学·社会科学版），2012（3）.

[33]《中国税务年鉴》编委会. 中国税务年鉴（2012）［M］. 北京：中国税务出版社，2012（20）.

[34] 周建中，肖小溪. 科技人才政策研究中应用 CV 方法的综述与启示 ［J］. 科学学与科学技术管理，2011，32（2）.

后 记

　　本书和课题研究过程中得到重庆市科委、重庆市人大财经委的大力支持和指导，在调研过程中得到重庆市各相关职能部门的协助和配合。在出版过程中，得到经济管理出版社的帮助和支持，在此一并表示诚挚感谢。本书由王崇举、陈新力负责总撰，主要内容分别是："重庆市科技投入配套政策执行情况与实施绩效评估研究"（张永鹏、罗航宇）、"重庆市科技税收激励政策执行情况与实施绩效评估研究"（荀启明、孙金花）、"重庆市科技金融支持政策执行情况与实施绩效评估研究"（陈新力、张文爱）、"重庆市科技人才队伍政策执行情况与实施绩效评估研究"（曹华林、徐刚）、"重庆市科技综合政策（知识产权政策）执行状况与实施绩效评估研究"（杨和义、袁维勤、薛薇）。问卷设计由陈海燕、王兰负责。特别值得一提的是，在调研过程中陈海燕、张文爱做了大量前期工作。李颖慧在课题研究中做了大量事务性工作。感谢本书的编辑所做的大量认真、细致、严谨校审、出版工作。由于研究内容设计广泛，本书仍有需完善的地方，书中的一些观点和认识也可能值得商榷。但我们期盼来自各界的批评和建议，并希望以此书来"抛砖引玉"，进一步促进科技政策评估的客观性和科学性。